Coaching de soi

Éditions d'Organisation
Groupe Eyrolles
61, bd Saint-Germain
75240 Paris cedex 05

www.editions-organisation.com
www.editions-eyrolles.com

Du même auteur, chez le même éditeur :

Le Grand Livre du coaching, avec Frank Bournois et Alain Filleron, 2008
Le Coaching du dirigeant, 2007

Du même auteur aux Éditions Demos :

Profession coach, 2003
Le Coaching démystifié, 2001
La Conduite humaine du changement, 2000

© Groupe Eyrolles, 2010
ISBN : 978-2-212-54624-8

Thierry Chavel

Coaching de soi

Manuel de sagesse professionnelle

EYROLLES

Éditions d'Organisation

Sommaire

L'imparfait du subjectif

Le coaching est la réponse à une question qui n'est pas posée. Tandis que l'humanisme instrumental prône le tout-coaching, l'accompagnement individuel en entreprise n'est pas au-dessus de tout soupçon. Ni consultant personnel ni thérapeute du travail, le coach est un drôle de paroissien, ministre officiant d'un nouveau culte du leadership, avec beaucoup de croyants et peu de pratiquants. On serait bien tenté de jeter le bébé coaching avec l'eau du bain utilitariste. Prenons le problème à l'envers : pourquoi y a-t-il des coachs plutôt que rien du tout ? La performance professionnelle que le coaching prétend développer individuellement est un paradigme insuffisant, alors que les traditions dans lesquelles nos pratiques s'enracinent sont à la fois sérieuses et accessibles. Mon expérience de coach de dirigeants m'incite à partager ici un chemin à la fois simple et mystérieux vers le plus juste de soi-même, baptisé « coaching de soi ». Ce livre est né d'un credo et d'une observation : chacun peut réussir en restant humain. L'intention de ce livre est double : vulgariser cette approche du coaching de soi, et témoigner de ce qui marche et ne marche pas dans l'accompagnement professionnel. Qu'est-ce que le coaching de soi, au juste ?

L'insuffisant souci de soi

Les sagesses antiques, notamment stoïciennes, ajoutaient au « gnôthi seauton », le fameux « connais-toi toi-même » inscrit au fronton du temple d'Apollon à Delphes, « epimeleia heautou », le souci de soi-même que Michel Foucault a récemment exhumé. Il renvoie au besoin d'intériorité dans une époque où le monde extérieur semble de plus en plus chaotique, et fait le lien entre la connaissance du macrocosme (sciences dures, conquête du monde) et le soin du microcosme (gnose, développement personnel). Mais le travail sur soi n'est pas qu'intellectuel et mental, il suppose une *reflectio* qui mobilise aussi le corps, le cœur et l'esprit. Ce développement immatériel de l'être, ignoré de la plupart des écoles de philosophie pratique en Occident, est au centre du coaching de soi. En entreprise, le moment est venu aujourd'hui de rouvrir ce chapitre de la présence à soi, de l'ouverture du cœur et de l'exploration des ombres sans lesquelles la lumière n'existe pas.

Hélas, le souci de soi consiste souvent en un repli sur soi, voire de l'égocentrisme. Le coaching de soi, quant à lui, part du *self*, notre centre de gravité phénoménologique, et non de notre ego soucieux d'image et de pouvoir. Il porte la promesse d'un leadership humble, puissant et animé par quelque chose de plus sacré que soi. Cet ouvrage est une invitation à la subjectivité retrouvée, autour d'une dynamique « métamoderne » qui est en train de révolutionner l'action publique et la performance privée : agir sur soi, c'est changer le monde.

L'individualisme finissant de notre époque est hanté par la question de l'autre. Alors, pourquoi privilégier le coaching de soi par rapport au coaching des autres ? Plutôt que l'« alter-égoïsme » d'une moralisation des comportements pleine de bons sentiments et un peu condescendante, je crois que le chemin vers autrui passe d'abord par soi, et par cette autre partie de soi que certains appellent le « féminin intérieur » : nos peurs, nos émotions, nos intuitions subtiles. Toutes les disciplines de l'être qui inspirent le coaching de soi supposent un temps soustrait au monde pour faire un retour à soi, dompter sa ménagerie intérieure et apprendre à s'aimer inconditionnel-lement. Ce livre propose de s'exercer à cela, pour mieux apprivoiser ce que nous nommons « les autres », miroir d'une même humanité. Chaque chapitre peut se lire comme un des neuf arcanes majeurs de cette aventure vers soi et vers autrui : l'intériorité, la simplicité, l'enfant intérieur, la vérité, l'échec, la transmission, la polarité masculin/féminin, la compassion, et enfin la puissance.

Le coaching fait de la vie professionnelle notre théâtre d'expé-rimentation de la matière. Il n'est pas toujours aisé de s'y incarner dans des rôles de leadership, avec des figures impo-sées en termes d'organisation et de logique économique. La réussite professionnelle est-elle compatible avec une éthique personnelle ? Y a-t-il une voie pour être leader sans renier son âme ? Peut-on s'accomplir en trouvant un sens à son action ?

La puissance des failles

L'ambition n'exclut pas l'humilité. Non seulement la fragilité en entreprise n'est pas un handicap, mais elle est une condi-tion nécessaire du succès. Le doute et la conscience de ses propres limites sont au cœur de l'épanouissement personnel et professionnel. En acceptant nos failles, nous nous révélons de bien meilleurs collègues, managers ou experts. Le coaching de soi est une initiation à la puissance immatérielle qui trans-cende notre action. Derrière l'autorité, la responsabilité, l'in-fluence ou la confiance, il y a un acte de foi que le coaching fait émerger : devenir compositeur et interprète de sa vie – en renonçant à en être l'auteur. Car notre destin professionnel est gouverné par des forces qui échappent à notre volonté indivi-duelle, qu'il s'agit de mieux percevoir et d'honorer en cultivant le registre symbolique de notre action : rites et cérémonies, pressentiments et augures, mythes et légendes, tabous et objets sacrés nous accompagnent au quotidien, pour peu que l'on s'y arrête. Comment rapatrier ces instruments du sens dans la rationalité de l'action économique ? L'essentiel est de disposer d'une boussole efficace dans la forêt des signes qui

3

nous environne. *Le Coaching de soi* raconte l'histoire de cadres d'entreprise dont l'aventure professionnelle ne doit rien au hasard. Certains ont invoqué leur ange gardien ou suivi leur bonne étoile, d'autres ont découvert le récit dont ils sont le héros, d'autres encore ont rencontré leur feu sacré, s'y sont brûlés parfois. Les exercices pratiques qui parcourent ce livre et la bibliographie classée en fin d'ouvrage nous entraînent à la rencontre de ces trésors du développement personnel et professionnel qui font grandir.

Remerciements

Je crois que l'on écrit toujours d'abord pour soi, pour pouvoir nommer ce qui nous occupe et passer à autre chose. Destiné à tous les praticiens de l'entreprise – managers, DRH ou consultants –, ce livre ne prétend pas convaincre ou démontrer. Fervent maïeuticien, je ne suis prosélyte que du refus de tout prosélytisme. *Le Coaching de soi* signale une pratique de réenchantement du monde subjectif qui résiste à l'épreuve de la réalité professionnelle. Au fond, le coaching n'est peut-être rien qu'une histoire d'amour. Le procédé peut sembler factice, il est sincère : je tiens à dire ici ma gratitude à toutes les personnes que j'ai le privilège d'accompagner dans leur coaching de soi, chez Alter & Coach, à Paris II ou à HEC ; elles sont les vrais auteurs des pages qui suivent, alors je les leur rends avec émotion. Je remercie également mes compagnons de route qui m'inspirent souvent, tout particulièrement Véronique, Paule, Bernadette, Guillaume, Stéphane et Benoît, et pardon à ceux que je ne cite pas. Je reconnais bien volontiers tout ce que ce livre doit à mes enfants : vous êtes de merveilleux coachs pour moi. Enfin je salue affectueusement Sophie avec qui je partage ce qui m'est essentiel dans la vie. Je dédie ce livre à mon père.

Chapitre 1

Apprendre à s'intérioriser

Dans les canons du management, quoi de plus scandaleux que l'intériorité ? L'entreprise occidentale est gouvernée par l'action visible et tangible. Trois cents ans d'utilitarisme ont façonné un modèle d'action tourné exclusivement vers le résultat, valorisant un leader centré sur l'action démonstrative. Dans un registre où domine la rationalité instrumentale, les faits ne suffisent pas, c'est leur mise en exergue qui fait loi ; avec comme corollaire un idéal de leader extraverti, si possible charismatique et communicant.

Or, les héros sont fatigués : les professionnels stars se démodent vite et les managers narcissiques vivent la fragilité d'un rôle professionnel fondé sur les mirages de la réussite extérieure. Pour durer et s'aventurer sur un chemin professionnel moins accidenté, nous avons à opérer une conversion vers l'intérieur. Ce mouvement ne va pourtant pas de soi. L'intime fait peur, siège de nos inconforts, de nos peurs et de nos zones d'ombre. Pour apprendre à m'intérioriser, je dois rééduquer ma conception de moi et du monde contre les préjugés sur l'égoïsme de l'introspection : d'abord, apprendre à m'écouter ; ensuite, cultiver ma cohérence intérieure, avant de prendre soin des autres en prenant soin de moi.

1. Apprendre à s'écouter

Partons d'un constat inconfortable pour notre ego : nous sommes sourds à nous-mêmes. Portés à analyser et à raisonner objectivement, nous en oublions de prendre la précaution d'exister. Je suis, donc je pense – et non l'inverse. Plus nous sommes éduqués, cultivés et instruits, et plus nous nous décentrons hélas de cette expérience ontologique d'êtres vivants. Une dérive tragique du coaching consiste même « à se prendre pour nos pensées », à créer une réalité par la seule force de nos représentations. C'est efficace en effet, mais cela nous coupe encore plus de ce qui nous relie au monde, au plus près de nos cinq sens.

Reconnaître et accepter

Comment redevenir sensible en entreprise ? Un jour, j'ai accompagné un jeune manager brillant, affecté d'une cécité de naissance, qui travaillait dans un groupe audiovisuel à l'intégration d'une politique de la diversité dans l'offre TV. C'était une situation très ironique et vaguement drôle en apparence. Sauf qu'il faisait l'expérience quotidienne du politiquement correct, de la frilosité de sa direction générale envers tout engagement citoyen et de l'ostracisme subtil de la bonne conscience de ses collègues. J'ai compris que le handicap était du côté des normes managériales, jamais du côté de l'expérience sensible, de l'apprentissage des codes et de la construction d'une légitimité singulière.

La vraie expérience professionnelle est phénoménologique : je ne peux ni expliquer ni comprendre « objectivement » une situation sans écouter, au plus près de mon expérience vécue, ce qu'elle me dit de moi-même.

En premier lieu, je peux renoncer à cette connaissance factuelle, à cette pensée agissante pour commencer par **écouter mon silence ou mon agitation intérieure**. Cela suppose d'aller plus lentement que d'habitude, de prêter attention aux détails de mon contexte de travail, aux signaux faibles de mon entourage et aux microperceptions physiques et mentales que cela suscite en moi.

Vous trouvez cela difficile ? Moi aussi. Et dans cette difficulté à se poser pour écouter le mouvement intérieur de la vie, nous commençons à nous rencontrer. Je suis toujours amusé de voir à quel point les dirigeants attentifs au contenu de leur propos en début de coaching en oublient d'observer ce qui se passe en eux : les lapsus, les actes manqués, les non-dits et les presque dits, les manifestations du langage corporel trahissent souvent qu'ils ne sont pas à l'écoute de ce qu'ils racontent. Plus je parle, plus c'est moi que je cherche à rassurer avec mes mots. Mes clients les plus bavards sont souvent ceux qui ont le plus de choses délicates à taire, qu'ils noient sous le flot rassurant des mots futiles. Je le leur dis doucement, ils sourient en général, bien conscients de ce jeu de dupes, et on peut alors commencer à s'entendre.

Avant de me lancer dans une péroraison savante, avec arguments, convictions et moult démonstrations, je peux prendre cinq secondes pour m'interroger : qu'est-ce qui se passe en moi, en ce moment ? Quelle partie de moi s'exprime, et quelle partie se tait ? Qu'est-ce qui se joue pour moi, à un niveau plus intime, pour que j'y mette tant d'enjeu ?

Cela s'entraîne aisément, notamment avec des techniques de respiration. C'est un peu comme une apnée du cerveau, que la respiration peut à nouveau oxygéner. En outre, en posant une intention avant de prendre la parole (et de la rendre), je garde les idées claires et suis moins pollué par des pensées parasites qui m'assaillent. Un des critères d'avancée d'un coaching est l'attention que la personne développe aux détails, aux précautions oratoires, et aux rituels d'accueil et de prise de congé, de plus en plus importants à mesure que la relation se densifie. L'autre jour, mon client arrive en retard, à bout de souffle. Il refuse un café, et je le vois traverser le couloir menant à la salle d'attente à grandes enjambées. À peine assis, il me décrit scrupuleusement et sans s'interrompre les onze points qui l'amènent ce jour. J'ai l'impression de courir derrière le Chat botté. Nous avons d'abord longuement échangé sur un douzième point : comment se ménager des sas de décompression ?

En deuxième lieu, il s'agit pour nous d'**écouter avec tout notre corps**, et pas seulement avec notre canal auditif : cela s'apparente essentiellement à de l'auscultation savante, tandis que l'écoute holistique n'interprète rien. Elle écoute simplement. La pensée professionnelle, abstraite et nourrie de néologismes, peine à s'incarner. Parfois, quand des clients me parlent, j'ai la sensation qu'ils ne sont pas là, que c'est juste l'hologramme de leur mental qui est en face de moi. Redescendre dans des ressentis concrets, poser ses pieds sur le sol 'et s'asseoir en conscience que l'on est assis n'est pas si naturel. Cultiver la conscience de l'instant présent est même au cœur de certaines pratiques bouddhistes, qui pourraient être un préambule rituel avant toute réunion de travail.

Au cœur de la tourmente boursière en 2009, je me souviens d'une séance de coaching avec un client banquier d'affaires qui avait exceptionnellement laissé allumé son téléphone à messagerie instantanée. À le voir jeter un œil furtif toutes les minutes sur son écran, j'imaginais la tenue d'une cellule de crise ou une interruption imminente pour se consacrer à un dossier brûlant. En fait, il suivait le cours du CAC 40 en temps « réel » ! Ce geste réflexe n'avait aucun sens, sinon d'attester son état d'inquiétude. En l'invitant à se regarder faire, et à saisir l'absurdité de la scène, nous avons pu parler du vrai sujet qui l'habitait : que faire quand je ne contrôle plus rien ?

Écouter l'endroit d'où je m'exprime demande une gymnastique intérieure. Comme un ordinateur dont le processeur central effectuerait des tâches de fond en permanence, notre mémoire vive n'est guère disponible aux autres événements (échauffement du disque dur, attaque de virus, message urgent). En consommant de la CPU, la somme de nos pensées ralentit nos décisions, nécessitant le recours à des processus stéréotypés pseudo-rationnels et désincarnés. L'expression « prendre du recul » est assez inappropriée, tant nous sommes déjà absents à nous-mêmes dans ce déni de soi. Lorsque j'ai le sentiment de répéter les mêmes scénarios, c'est souvent parce que je suis sourd aux signes avant-coureurs des mêmes conditions d'échec. La programmation neuro-linguistique (PNL), la Gestalt et toute psychothérapie sérieuse ancrent notre parole et notre écoute dans un présent non advenu pour sortir de ces routines calamiteuses.

Une vigilance à ma météorologie intérieure est un bon préalable avant de rejouer de plus ou moins mauvaises scènes. Une directrice de la stratégie dans l'industrie démarrait chaque séquence par un check-up intégral des principaux sujets de sa vie, professionnelle, amoureuse, familiale, personnelle, etc. Passé ce bulletin de santé, nous savions l'un et l'autre que l'enjeu n'était pas dans le résumé des épisodes précédents – qui aiguisait, certes, ma curiosité –, mais dans le seul point commun entre tous ces récits : l'unité de son regard, à ce moment précis, sur toutes ces situations de vie. Tantôt belliqueuse, tantôt victimisée, tantôt comédienne, tantôt réellement touchée, ma cliente m'inspirait toujours une intuition synthétique sur son état général face à des événements particuliers ; elle résolvait aussitôt ces derniers avec cette clé de lecture sur sa caméra subjective.

En troisième lieu, cette caméra subjective a pour finalité de **reconnaître et accepter** ce qui est là. Entre s'agiter et s'assagir, il s'agit d'agir. L'action professionnelle est comme un mouvement centrifuge, parfois brownien, qui nous éloigne de notre centre de gravité. Le travail peut même s'envisager comme un divertissement pascalien, où nous sommes souvent coupés de nous-mêmes et de notre environnement perceptif immédiat. L'agenda, comme son nom l'indique, se conjugue au gérondif, pas au présent. Dans le culte de l'impermanence que nous vouons à l'action, les nouvelles technologies forgent une utopie d'abolition du temps et de l'espace. Lire mes e-mails tout en ayant une conversation par messagerie instantanée et en écoutant une réunion plénière est désormais possible. En étant virtuellement partout, je suis effectivement nulle part. Un client dirigeant d'une entreprise de construction s'amusait à dissuader les jeunes managers ambitieux désirant des postes à responsabilité pour avoir plus de liberté ; selon lui, plus on exerce de responsabilités, plus on est pris dans des nœuds de contraintes. Ce fut un beau sujet de recadrage de sa représentation du leadership, autour de la notion de devoir et de risque… Au demeurant, combien d'entre nous sont agis par leur agenda, grisés par le sentiment d'importance que donnent des journées pleines, ivres des sollicitations aux quatre coins du monde ? Ce miroir aux alouettes de l'omniprésence est une subtile aliénation à soi, et donc à tout le sens qui m'environne ici, maintenant. Avant de changer une situation vécue, j'ai rendez-vous avec cette réalité à laquelle je résiste, et qui me pose deux questions simples : que puis-je reconnaître dans la situation présente ? Qu'ai-je à accepter dans ce qui se joue là ?

Il y a quelques années, dans mon séminaire de HEC, je me souviens d'une étudiante sud-africaine mal à l'aise quant à son orientation de carrière après le MBA ; n'ayant ni envie de retourner dans le conseil en stratégie ni de donner suite aux propositions de poste en banque d'affaires, elle se sentait dans un faisceau de choix par défaut. Plus le temps passait, plus le diplôme lui semblait vain, et sa culpabilité grandissait de ne pas vouloir interrompre cette parenthèse d'apprentissage. Avant de mettre fin à cet état d'instabilité, nous prîmes le temps d'interroger cet inconfort actuel : de quel autre choix était-il l'écho ? Quelle question plus sourde et plus intime lui évitait-il de se poser ? Quel était le bénéfice pour elle de cette indécision ? Comme souvent, derrière cette agitation mentale surgit une question fondamentale de son devenir de femme active, entravée par la croyance qu'elle ne pouvait concilier vie de famille et vie professionnelle. L'hésitation professionnelle dissimulait un profond désir de maternité qu'elle ne se donnait pas l'autorisation de réaliser jusqu'ici. Face à ce « *big cake* » personnel, elle fut soulagée de pouvoir nommer et accepter l'utilité de sa situation professionnelle présente.

Identifier ses aspirations profondes

Le présent est fertile de toutes les clés pour avancer, du moment que je m'y attarde. En entreprise, le déni de soi prend souvent la forme d'un interdit émotionnel. Pour la plupart des responsables formés à l'aune des sciences de gestion, ressentir des émotions est incongru, voire handicapant dans son travail. Comment apprivoiser ses réactions émotionnelles ?

Le continent émotionnel est aussi vaste que méconnu. Ce n'est pas tant d'intelligence émotionnelle que d'exploration patiente et attentive de ses territoires intimes qu'il s'agit. On ne gère pas ses émotions, on les identifie, on les décode et on vit avec. Les soi-disant animaux à sang-froid en entreprise sont parfois de grands brûlés du contact humain et des affectifs qui s'ignorent. Un dirigeant des télécommunications, connu pour ses répliques cinglantes et imprévisibles, me confessa un jour qu'accepter d'être un manager affectif, capable d'aimer ses collaborateurs, fut la plus grande découverte de son coaching.

Certaines thérapies brèves ont théorisé cinq émotions primordiales – la peur, la joie, la tristesse, la colère et la honte ; ce sont autant de portes qui ouvrent vers des ressentis plus complexes, parfois mêlés et plus ou moins familiers. La communication non violente (CNV[1]) est un outil efficace pour commencer à accueillir la diversité de nos émotions : me reconnaître comme étant parcouru d'émotions clairement identifiées et accepter qu'elles soient contradictoires est une précaution utile avant d'entrer en relation avec autrui. En général, les dirigeants que je rencontre ont verrouillé leur continent émotionnel par une clé unique : la peur de perdre le contrôle sur leur existence. Certains sont passés maîtres en « *répression des affects* » comme dit Norbert Elias à propos du processus de civilisation moderne. Convaincus d'être ce qu'ils pensent, ils ont assigné leur corps à résidence. Rien ne circule plus de vivant entre la

---

1. Voir bibliographie en fin d'ouvrage.

tête et les tripes. « *No hard feeling, no feeling at all* », pourrait-on dire. Et vous, êtes-vous en conscience de vos émotions à l'instant où vous lisez ces lignes ?

> Or, les émotions sont un sésame magique, qui nous ouvre à la fois la voie vers le corps et l'âme.

Le corps est ce par quoi je peux m'incarner dans ma vie, *a fortiori* dans mes rôles professionnels. D'ailleurs, je préfère parler de « corps » que de « comportement » en matière de coaching, pour éviter l'enfermement behavioriste. Aucun coaching n'est strictement comportemental, ou alors c'est une triste mécanique du vivant dont seul le coach est dupe. En psychologie humaniste, nos émotions donnent accès à nos besoins, eux aussi plus variés qu'il y paraît. Je suis frappé de constater combien d'accompagnements de dirigeants consistent à « *passer de la vie à la super-vie* », pour reprendre l'expression heureuse de Théodore Monod. Tant que je suis dans le fonctionnement réflexe ou la fuite d'une situation douloureuse, je n'ai guère de questions à me poser. Mais lorsque j'ai atteint mon objectif initial de sécurité matérielle ou de réalisation sociale, comment réinvestir un projet de vie ?

Expérimenter la panne d'essence est parfois salutaire pour faire autorité, c'est-à-dire grandir à partir de soi. Un banquier avait connu plusieurs plateaux d'inactivité, consacrés à voyager, à se cultiver en jouant les mécènes, à investir dans des projets hédonistes farfelus, à s'adonner au conseil en stratégie. Une fois l'école buissonnière pleinement éprouvée, il se trouva face à son besoin de bâtir quelque chose de plus pérenne. Une deuxième étape de sa vie professionnelle comme patron de banque d'investissement lui fit goûter le pouvoir en pleine surchauffe boursière des années 2000. Lorsqu'il fut lâché par son conseil d'administration, la fête s'arrêta brusquement. Le moteur du business financier mondial était cassé, mais c'était de bon augure pour son développement professionnel : mis en quarantaine, à tous points de vue, comme un tyran grec en exil, il eut l'opportunité de rester en retrait pour réinventer le métier avec une conscience élargie de la cité et de l'économie réelle. Les blessures de son ego furent son salut.

Accepter la diversité des émotions qui nous parcourent suppose un entraînement. On peut imaginer comment Noé dut apprivoiser la ménagerie de son arche intérieure. Le zoomorphisme du portrait chinois est un détour ludique pour identifier les émotions associées à nos animaux totémiques. J'ai connu des directeurs commerciaux oscillant entre le grizzli et le nounours, des directeurs financiers tantôt loups et tantôt agneaux, des DRH saint-bernard déguisés en renards… Plutôt que de lutter contre mes émotions, leur donner le droit de cité est le plus sûr moyen qu'elles ne me submergent pas.

Vivre en bonne intelligence avec soi consiste à laisser leur place à tous les registres émotionnels de la vie. Un client directeur général réunissait son comité de direction pour élaborer une stratégie commune face à la crise économique de son secteur, alors qu'il était en plein désarroi dans sa vie privée. Il ne put prendre la parole autrement qu'en s'effondrant en larmes. Le sanglot était profond, impérieux et incommunicable. Ce fut un acte inaugural fort pour les membres de cette équipe de direction qui découvraient la fragilité et le courage de leur patron, acte donnant à chacun d'eux la permission d'en faire autant. La confiance qui en résulta fut un ciment collectif inouï pour affronter la crise. La tempête extérieure n'était rien à côté des tourbillons intérieurs partagés désormais par chacun.

Au-delà des besoins vitaux qu'elles dévoilent, nos émotions ne sont pas qu'une manifestation physique, elles nous renvoient aussi à nos aspirations profondes : l'hypothèse du coaching de soi est que je suis la personne la mieux placée à tout instant pour me reconnaître et m'accepter. Souvent, les dirigeants sont leur pire ennemi en étant plus sévères que quiconque avec eux-mêmes. Si l'ambition est le siège de l'ego, l'aspiration renvoie à soi. L'un nous parle de manque à gagner, l'autre est un appel d'être. L'émotion immédiate nous fait contacter ce qui nous enthousiasme et nous révolte, ce qui nous inspire et nous désarme, ce qui nous exalte et nous désespère. J'encourage souvent mes clients à laisser flotter des questions majeures de leur vie, en les laissant irrésolues et en attendant qu'elles se résolvent d'elles-mêmes. Ceux qui pratiquent l'hypnose ericksonienne connaissent bien ce processus d'abandon de la volonté. Je crois que tout coaching conduit à se poser des questions éthiques et métaphysiques essentielles. Si le « soi » dont il s'agit ici nous relie au « tout » originel, alors le coaching est une expérience vocationnelle, bien au-delà des objectifs professionnels affichés (cf. chapitre 9).

Derrière un enjeu professionnel point toujours une aspiration personnelle plus grande. Dès lors, le meilleur des plans d'action est de ne rien faire, et laisser émerger un rapport à soi plus large. Les émotions inscrivent dans le corps une géographie des désirs, des regrets et des aspirations qui ne demandent qu'à exister, sans l'autosabotage de nos pensées limitantes. Un client senior, hanté par la question de la transmission de ses valeurs et de son expérience, se heurtait à chaque séance à la question de son intolérance, qui le mettait très en colère contre lui-même, car il s'auto-dévalorisait d'en être toujours au même point dans sa relation aux autres. Sa colère lui parlait d'un sentiment d'imposture, vieux complexe d'autodidacte qu'il tentait de corriger par une posture de *condottiere* un peu donneuse de leçons, qui rencontrait évidemment peu de succès. Plus il luttait contre ses défauts de jeunesse, plus il touchait les limites de son leadership. En faisant de la colère son alliée, il cessa de reprocher aux autres sa propre singularité ; l'expérience de la limite était ce qu'il avait peut-être de plus utile à transmettre à ses salariés.

Devenir aimable

Et si la grande énigme du deuxième temps du décalogue était dans la difficulté à s'aimer soi-même, davantage encore qu'à aimer son prochain ? Nous savons gratifier notre ego de satisfactions narcissiques, toute la pensée occidentale est peut-être bâtie sur cette illusion-là. Mais savons-nous aimer notre être dans sa totalité, sans jugement ni retenue ?

La confiance en soi n'est rien d'autre que cette acceptation inconditionnelle de soi ; de mon point de vue, c'est aussi la chose la moins partagée des équipes dirigeantes, cherchant à compenser par des gratifications extérieures ce défaut d'amour-propre intime. La proposition de Socrate d'accoucher les esprits recèle une idée extraordinairement subversive pour la formation des adultes : on se développe de l'intérieur, et non de l'extérieur. Comment retrouver le lien avec ce potentiel personnel ?

Être présent à soi conduit à s'aimer bien, en s'accommodant des diverses facettes de sa personnalité. Cela ne va pas de soi d'être en paix avec soi. Pour s'apprécier sans orgueil, il faut se fréquenter soi-même longtemps. C'est pourquoi je crois que la meilleure formation au coaching est le développement personnel du coach, seul face à lui-même grâce au miroir réfléchissant de ses thérapies successives. Plus j'explore mes espaces intérieurs, mes ombres comme mes trésors, et plus je peux rejoindre autrui. Le coaching est un chemin vers autrui qui passe d'abord par soi. Nous verrons au chapitre 5 qu'il nécessite de revisiter nos souffrances intérieures, sans quoi celles des autres nous sont strictement étrangères.

Je me souviens d'un client chez qui je percevais en début de chaque séance une tristesse abyssale, comme s'il vivait jusqu'ici sa vie à côté de lui-même. Je l'imaginais sans doute plus dépressif qu'il ne l'était en réalité ; sa demande était d'être plus performant dans ses relations commerciales, mais son besoin affirmé était de trouver sa voie professionnelle. Après plusieurs *insights* et exercices en état amplifié de conscience, il me fit la remarque suivante : « *Certes, je me connais de plus en plus, mais ce n'est pas pour autant que je m'aime plus.* » Je lui répondis avec émotion que c'était précisément dans cet état qu'il pouvait renoncer à ne compter que sur lui pour se rendre aimable (ou pas). En détaillant ce ressenti de désamour-propre, il commençait à éprouver ce qui le rapprochait le plus des autres, une « communauté d'état inaccompli ».

Formuler la difficulté à s'aimer soi-même, c'est déjà s'aimer un peu. À cet endroit précis, j'accepte inconditionnellement mes imperfections. L'hyperexigence est un frein moteur tellement répandu dans le leadership d'entreprise que l'on ne perçoit même plus son tribut en termes de vide intérieur.

La plupart des outils de développement des compétences entretiennent un système de déresponsabilisation de nos talents propres : par les 360°, *assessments centers* et autres grilles d'évaluation de potentiel, nous confions les clés de notre réussite au regard des autres. Or, l'impact sans intention claire est une comédie de manipulation relationnelle. Les dirigeants que je rencontre ont presque toujours besoin de s'affranchir du conformisme managérial pour retrouver leur propre style. Nous verrons au chapitre 4 que la vérité n'est pas un vain mot en matière de développement personnel. Face à la standardisation des comportements d'entreprise, il n'est pas simple de s'affranchir du regard des autres. Les femmes en entreprise me semblent plus sensibles à la comparaison que leurs homologues masculins. Plutôt que de trancher des dialectiques plaire/déplaire ou conforme/non conforme, le coaching de soi nous invite à prendre prétexte des attentes de la hiérarchie pour aller plus loin dans la connaissance de nos émotions, de nos besoins et de nos aspirations.

La directrice financière de la filiale d'un groupe pharmaceutique conduisait la cession de l'entreprise à un fonds d'investissement international. Loyale et engagée, son coaching avait pour but de l'assouplir dans son impact auprès de ses pairs. À chaque séance, si ses comportements s'adoucissaient en effet, elle paraissait de plus en plus affectée par la violence de son contexte organisationnel : plus elle cherchait à faire bonne figure, plus son système de valeurs était ébranlé. Lorsqu'elle décida que le stress qu'elle subissait était intenable, elle put se détacher de l'impératif de performance qu'elle s'imposait. Peu à peu, prenant confiance en soi indépendamment des événements externes, elle se fixa des limites concrètes et un projet personnel indépendamment du devenir de sa firme.

Quand je me protège du regard des autres, je respecte qui je suis. L'envahissement du désir d'autrui suppose une mise à distance qui n'est pas toujours politiquement correcte. Se soustraire au jugement d'autrui peut sembler contradictoire avec l'exemplarité et l'engagement qui exposent les actes aux yeux de tous, notamment de la hiérarchie et des ressources humaines. Savoir s'intérioriser consiste aussi à assumer de tenir un cap en se faisant confiance, quitte à renvoyer en boomerang les projections d'autrui.

Suite au coaching de son patron, une jeune DRH m'était adressée pour un coaching soi-disant « comportemental » : le point d'entrée, peu commun, était qu'il la trouvait « agaçante ». Ancienne sportive de haut niveau et passée par le marketing grande consommation, elle était trop parisienne aux yeux de cet industriel plus politique qu'entrepreneur. Le coaching de son patron ayant montré ses limites, l'enjeu était pour elle de comprendre ce dernier, d'en tirer un enseignement personnel. Son accompagnement ne tarda pas à mettre en lumière que son esprit de compétition générait, ici et ailleurs, admiration et jalousie. Comment être un bon professionnel sans faire de l'ombre à son patron ? Quel statut donner aux critiques d'un patron dont on ne reconnaît pas l'autorité ? Comment rester fidèle à soi sans provoquer un rejet de son environnement ? À la fin de l'accompagnement, la DRH était reconnaissante à son patron de l'avoir fait progresser en humilité et en compassion, sans doute malgré lui ; quant à lui, il prit conscience de sa peur d'être médiocre et de la charge affective qu'il mettait lui-même dans la relation avec sa DRH…

S'aimer sans haïr les autres est une gageure dans des entreprises gouvernées par la concurrence et les jeux de pouvoir. Devenir aimable à ses propres yeux passe par la « *fin de la plainte* », comme dit François Roustang. Ni victime ni sauveur, on devient témoin bienveillant d'un système d'interactions où l'on est partie prenante. Quand on pratique le coaching de soi, l'apitoiement sur son propre sort est prohibé. Un des grands malentendus autour du développement personnel consiste à croire qu'être égocentrique est un prérequis. C'est plutôt pour en finir avec l'ego qui prétend changer le monde que l'on entreprend de changer sa représentation du monde en thérapie et en coaching. La transformation intérieure demande du courage, certainement plus que la complainte ou la revendication à l'égard du monde extérieur. Toutes les théories sur le changement, au premier chef l'École de Palo Alto, attestent cela. Quand je m'écoute, deux questions surgissent :

- Quel bénéfice ai-je à ce que la situation ne change pas ? (Sinon, je l'aurais déjà fait.)

- Quel est mon objectif face à cette situation ? (Question joker du coach, efficace à coup sûr.)

Ce n'est pas évident de s'écouter profondément sans s'apitoyer sur soi. Le faire sans nier sa souffrance et sans culpabiliser est tout un apprentissage, nous le verrons au chapitre 5. Tant que je m'imagine que la solution est à l'extérieur de moi, je ne veux pas vraiment mettre un terme à la situation de conflit ou d'inconfort que je vis. Après quelques années comme consultant en stratégie, un jeune ingénieur X-Télécom était responsable d'un projet transversal stratégique chez un opérateur téléphonique. Au gré des réorganisations successives, son périmètre se réduisit et il se retrouva dans ce qu'il est convenu d'appeler un « placard ». Passé le sentiment d'injustice, il vit ce qu'il avait à apprendre de cette épreuve : réfractaire à la constitution d'un réseau, volontiers arrogant par l'intelligence analytique, manageant par l'expertise et dans l'ombre, ce *no man's land* professionnel avait le mérite de le mettre seul face à lui-même. Il prit conscience à la fois de son passé refoulé d'alexithymique (sans contact avec ses émotions) et de son besoin de sens dans sa vie professionnelle, au lieu de se laisser griser par la facilité d'une trajectoire opportuniste et ascendante dans l'entreprise.

Passer d'un mouvement centrifuge, aussi grisant et valorisant soit-il, à un mouvement centripète est le sens du coaching de soi. Que faire lorsque je me sens en contradiction dans ma vie ?

Exercice n° 1 : Respirer à l'intérieur de moi

Asseyez-vous confortablement dans une pièce où personne n'est susceptible de vous déranger. Posez les deux pieds à plat sur le sol. À chaque inspiration, vous sentez l'air qui entre dans vos poumons et irrigue tout votre corps ; et à chaque expiration, vous relâchez toutes vos microtensions physiques. Entre un inspire et un expire, faites une courte pause, suspendue dans ce plein d'air, et posez une intention simple, par exemple : « Quand j'inspire, je prends de l'énergie positive du monde extérieur, quand j'expire je donne de l'énergie positive du monde intérieur. »

Que puis-je dire de mon état intérieur ?

....

....

Que me dit ma voix intérieure à cet instant ?

....

....

Compte tenu de cet état intérieur, que vais-je faire de différent aujourd'hui ?

....

....

2. Cultiver sa cohérence intérieure

Où réside l'intégrité personnelle ?

Le coaching de soi procède d'une verticalisation de l'être, entre mes aspirations immatérielles et mes besoins matériels. Cet alignement intérieur de mes valeurs, mes comportements et mes émotions est une composante essentielle du coaching.

À force de fréquenter des dirigeants, confrères et compagnons de fortune dans ce chemin vers soi et vers les autres, j'en oublie que cet alignement intérieur ne va pas de soi. Combien de personnes autour de moi dissocient – croient-elles – leur vie privée de leur vie au travail, sacrifiant l'une au profit de l'autre ? Combien de mes amis adoptent une posture cynique face au management plutôt que d'affronter leur peur et leur manque de confiance ? Combien de mes confrères oublient que nous faisons ce métier non parce que nous sommes des modèles de sagesse professionnelle, mais précisément parce que nous sommes encore plus inadaptés que nos clients au monde du travail et que nous avons renoncé avant eux à faire le grand écart éthique ? Sincèrement, si j'étais en paix avec mon ego, je n'aurais pas besoin de sensibiliser autrui aux dangers du sien !

L'intégrisme n'est pas loin de la recherche de l'intégrité. L'essentiel ici est de se mettre en mouvement, de faire le premier pas et de poser l'intention de sa cohérence intérieure. Quand je commence à me soucier de moi, 50 % du chemin est en fait déjà accompli. Parfois, le coaching n'est que la conclusion portée avec un regard extérieur sur une conversion intérieure presque aboutie. Je me souviens d'un client directeur marketing dans une maison d'édition en conflit ouvert avec son patron, après dix ans d'une relation filiale très fusionnelle pour tous les deux. Sa demande latente de coaching était de trouver la force de s'en aller, sans haine ni ressentiment. Au bout de quatre séances, il était prêt à s'émanciper.

L'alignement vertical de soi consiste à rendre cohérents l'intention et l'impact, la parole et l'action, l'intérieur et l'extérieur. Ce souci de cohérence repose sur une hypothèse : je suis performant dans ma vie professionnelle lorsque je suis centré dans ma vie.

D'une part, cela nous invite à **concilier des paradoxes**. Personne n'est conforme aux types de personnalités que l'on rencontre dans les profils de leadership utilisés en recrutement ou en gestion des compétences. J'ai accompagné un consultant en stratégie obnubilé par le score obtenu dans son évaluation trimestrielle sur la variable « empathie », car sa promotion au grade d'associé en dépendait. L'ennui, c'est que cela ne le rendait pas du tout empathique mais puéril et obsessionnel (mais il n'y a pas d'évaluation de ces compétences névrotiques dans ce cabinet de conseil) ! Le chemin de reconnaissance et d'acceptation dont procède, on l'a vu, le coaching de soi nous invite à mettre à distance l'injonction de l'organisation pour un bricolage intérieur. Nous verrons au chapitre suivant que le fait de laisser des questions en suspens est un instrument très efficace de changement.

L'un des exemples les plus courants dans ma pratique réside dans la question de la timidité : dans un référentiel managérial centré sur l'extériorité, les dirigeants introvertis se vivent parfois comme des handicapés sociaux qui s'efforcent de dissimuler ou de contraindre leur personnalité sous une assertivité factice (cf. chapitre 4). Or, on peut être à la fois confiant et impressionnable, ferme et secret, enthousiaste et timide selon les situations, les personnes et les paliers d'épanouissement personnel. Quand ces catégories toutes faites se dissolvent, des contradictions paralysantes deviennent des paradoxes qui nous libèrent du regard d'autrui et de nos propres introjections.

D'autre part, cette centration consiste à **travailler sur ses qualités** et non sur ses défauts. Cette démarche est orthogonale par rapport à nos systèmes d'éducation et d'apprentissage traditionnels. Être coach de soi, c'est procéder comme un jardinier qui passerait plus de temps à prendre soin des plantes qu'à arracher les mauvaises herbes. Bien souvent, l'entreprise est perçue comme une maison de correction, et les formations managériales comme des stages de rééducation.

Si l'on fait l'hypothèse que j'en sais long sur moi-même et que je connais bien mes défauts, il est plus efficace de consacrer du temps à célébrer mes qualités, à construire et capitaliser dessus plutôt qu'à m'évertuer à me faire violence pour éradiquer des défauts. « *Qu'as-tu fait de tes talents ?* » Cette parabole de l'Évangile suggère une réflexion utile dans la vie professionnelle :

- Quelles sont les qualités intrinsèques que je me reconnais volontiers ?

- Qu'ai-je fait aujourd'hui pour faire croître mes qualités ?

- Quel est le trésor caché derrière chacun de mes défauts ?

Rejetant tout dolorisme, le coaching de soi consiste à regarder nos points faibles comme les ombres de nos points forts, et à rapatrier ces derniers dans notre vie active. Si je n'en fais rien, ils dépériront. Je me souviens d'un client avec un tel degré d'exigence sur lui-même qu'il occultait toutes ses avancées personnelles en se fixant de nouveaux défis, toujours plus difficiles. Il en résultait un pessimisme farouche dans toute sa vie professionnelle. Je lui fis choisir un carnet vierge, avec comme objectif d'y noter, jour après jour, toutes les sources de joie et de satisfaction personnelle. Qui mieux que lui pouvait valoriser ses succès, noter ses propres triomphes au quotidien ? Après quelques semaines d'effort, le carnet se remplit vite et contribua à changer son regard.

Assumer ses propres atouts est une façon de se prendre en main. S'agit-il de renarcissiser son ego ? Je n'en suis pas sûr. Il s'agit de s'aimer inconditionnellement, non de se juger. Le déni d'amour-propre procède d'un ego très rusé, car il faut beaucoup d'orgueil pour se croire humble. La magie du travail sur nos qualités est qu'il corrige par ricochet nos défauts : en coaching, tout frein est un accélérateur mal placé. Et si les premières qualités de toute personne en cheminement intérieur étaient dans l'application, la persévérance et l'effort ?

Exercice n° 2 : Le carnet des trophées

Rappelez-vous un de vos succès incontestables, professionnel ou non.

À l'époque, qu'avais-je pensé, dit ou fait vis-à-vis de moi-même de déterminant ?

....

....

Comment pourrais-je retrouver ce même état d'esprit face à mes enjeux actuels ?

....

....

Que puis-je faire concrètement pour garder aujourd'hui présent à l'esprit ce succès majeur ?

....

....

Concilier libre arbitre et destin professionnel

Dans le travail, le fait de cultiver ma cohérence intérieure accroît-il l'harmonie avec les autres ? Il est de plus en plus difficile de se sentir relié aux autres : les équipes de travail sont éphémères, la confiance est souvent précaire et les promesses de carrière sont rarement tenues. Plus j'investis ma liberté intérieure, plus je me sens détaché des plans sur la comète de la gestion des carrières et des miroirs aux alouettes de la promotion des talents. Le risque est grand de se mobiliser sur des chimères. Comment se motiver ?

D'une part, le **non-vouloir** est une façon d'exercer son libre arbitre professionnel. De même que l'on peut pratiquer l'écoute flottante ou regarder un paysage dans sa globalité sans fixer une partie, on est invité aujourd'hui à concilier notre libre arbitre et notre destin professionnel. La volonté toute-puissante qui siège dans l'ambition professionnelle est un piège ; certaines pratiques instrumentales se réclamant du coaching accréditent cette conception du contrôle de notre vie professionnelle. Plus dure sera la chute, est-on tenté de dire. En étant observateurs attentifs, témoins bienveillants en suspension de jugement des situations professionnelles que nous vivons, nous expérimentons une autre forme de présence à nos buts professionnels, sans tension excessive. Développer son acuité et sa lucidité ne s'accompagne pas nécessairement d'une action volontariste ou d'une résignation docile. L'entre-deux de la pleine acceptation de ce qui arrive, comme étant juste à chaque instant, est au cœur de cette pratique de soi.

Un client directeur des relations presse était désigné et choyé comme élément d'un vivier à hauts potentiels. Il n'en fallait pas plus pour gonfler son ego après une trajectoire sans faute en agence de publicité puis en entreprise. Mais quand il se projetait dans le poste de directeur de la communication qu'il convoitait, il éprouvait un sentiment ambivalent de peur et de désir. S'exercer à ne pas y penser, à y croire sans s'y croire, fut l'enjeu central de cet accompagnement visant à lui permettre de réguler de l'intérieur son thermostat de carrière.

D'autre part, **le but de mon but n'est pas que je l'atteigne**. Tout coach apprend que la fixation d'objectif est un instrument central de sa pratique. Certes, la question : « Quel est votre objectif ? » est un sésame efficace pour vectoriser le temps du coaching, et orienter l'échange dans un cadre pragmatique. Mais le mieux étant l'ennemi du bien, gardons-nous de surinvestir la notion d'objectif. Plus je me fixe d'ambitions, moins je suis disponible à mes aspirations. Que mon objectif se réalise concrètement, au final, a peu d'importance : c'est le chemin personnel que cet objectif m'aura permis de faire qui est primordial. L'objectif est comme l'échafaudage à l'intérieur duquel se construit la maison. Il n'y a pas de petits et de grands projets, seulement un premier pas qui en appelle d'autres.

La succession de petits engagements quotidiens ne signifie pas que mon objectif de vie professionnel sera plus clair, mais elle me fait exercer ma responsabilité en voyant en toute occasion une épreuve pour me mettre en cohérence avec moi-même. Si je ne tiens pas ma résolution de sport hebdomadaire, ou si je ne réalise pas mon rêve d'écrire le livre qui me tient à cœur, cela m'aura fait éprouver la volupté de la tentative, la difficulté de l'inabouti et la confrontation avec mes autolimitations. En cela, j'ai élargi mon champ de conscience professionnelle, j'ai plus de contact avec ma réalité profonde, avec mes espoirs, mes doutes, mes regrets ô combien utiles.

Enfin, le destin professionnel surgit dans cette **attention détachée** à ce qui m'arrive, dans ce passage de l'événement à l'avènement dont parlent Derrida et Habermas à propos du 11-Septembre. Avant d'agir, nous pouvons prendre quelques secondes pour lire ce qui nous est donné de vivre à tout moment. Chaque problème extérieur n'est, pour moi, que le reflet d'un mouvement intérieur.

> Avec quelle épreuve initiatique ai-je rendez-vous ? Et si la problématique que je cherche à résoudre n'était là que pour m'enseigner quelque chose ? Comment voir dans mon tracas une énigme strictement à mon service ? Comment puis-je agir en ayant de la gratitude pour le problème se présentant sur ma route ?

Un dirigeant de banque universelle me contacta un jour sous les auspices suivants : après vingt ans d'une trajectoire ascendante, il dirigeait toute l'activité européenne. Solide et expérimenté, il n'avait peur que de s'ennuyer. Or, la crise financière s'insinua dans son quotidien, avec son lot de tensions, de contraction de l'activité et inéluctablement de restructuration en perspective. Il eut le pressentiment que cette crise lui intimait l'ordre de faire le point sur son propre objectif professionnel. La remise en question du modèle de croissance de sa banque était peut-être une invitation à remettre en cause son propre modèle de développement professionnel. Il se rendait compte qu'il fonctionnait depuis de longues années comme un automate du succès, mais sans moteur profond. À la crise extérieure correspondait une interrogation intérieure qu'il ne voulait pas esquiver.

Trouver le sens au quotidien

La quête de sens est à la mode. Or, tant que l'on recherche un sens à l'aventure professionnelle à l'extérieur de soi – collègues, clients, attributs du poste même –, on s'éloigne de son centre de gravité. Le sens de l'action professionnelle procède de l'intérieur vers l'extérieur : par mon regard, j'induis un sens et je coconstruis ma réalité professionnelle à tout moment. En clair, le travail n'a pas de sens unique, mais je peux trouver le sens qu'il revêt pour moi, dans mon histoire personnelle. Plus gnostique que constructiviste, cette perspective voit dans le monde du travail un univers constellé de signes à mon propre service, à tout instant, pour peu que je m'y attarde.

Pour commencer, rien n'arrive par hasard dans un parcours professionnel. Rompant avec l'opportunisme de carrière, tous les choix que j'ai faits ou subis ont un sens caché, et attestent des épreuves que j'ai franchies parfois sans le savoir : occasion de rencontres et de défis personnels, toute expérience professionnelle est porteuse d'un message quant à mes talents et mes besoins. Une carrière n'est pas un chemin rationnel, elle n'en demeure pas moins un moment de vérité parcouru par un fil rouge à découvrir : qu'ont en commun tous les environnements professionnels que j'ai connus ? Quel est le scénario qui se rejoue souvent dans mes rapports hiérarchiques ? Quels furent mes plus grandes satisfactions et mes plus grands désarrois professionnels à ce jour ? Un client patron de trois activités très hétérogènes d'équipement et de service industriels peinait à s'affirmer dans son rôle de manager ; ingénieur des Arts et Métiers peu confiant dans son leadership, il passait pour effacé auprès de ses équipes. Mal à l'aise dans sa vie de famille, il se dévalorisait lui-même à force de candeur et de peur d'échouer. Au fil des séquences de coaching, il revisita les moments clés de son parcours professionnel, découvrant des fondations solides dans son argile intérieure : sédentaire aimant voyager, homme de concorde sachant identifier ce qui le mettait en péril, il put investir peu à peu le sens de son aventure professionnelle, et notamment assumer ses désirs propres plutôt que de poursuivre le plaisir immédiat, en se conformant aux attentes d'autrui.

Le quotidien agit comme révélateur des pépites de sens que nous portons en nous. Les synchronicités de la vie sont des clés magiques pour avancer dans la quête de sens intérieure. Dans mon expérience personnelle et professionnelle, tout me fait signe et tout me fait sens : les bribes d'une chanson entendue dans la rue, un titre de journal entr'aperçu dans un café, une enseigne ou une publicité qui attrape mon regard particulièrement ce matin, une émotion suscitée par un visage ou par une scène que j'ai croisée sur ma route – tout cela m'est précieux pour collecter le puzzle de ma journée de travail. En tant que coach, je m'amuse des synchronicités magiques entre tous les clients que je rencontre dans une même journée, réunis par le « hasard » de mon agenda : les thèmes se font écho, comme les énergies mobilisées et les fragments mystérieux de ma propre histoire qu'ils convoquent. Sans chercher à comprendre ni à interpréter, je cultive l'attention vive à ce que me dit mon quotidien des actes que j'ai à poser pour avancer. Pour m'intérioriser pleinement, je dispose ici d'un baromètre de ma fatigue professionnelle : ma faculté à garder l'hémisphère droit du cerveau en éveil, pour saisir ces mille coïncidences qui sont des clins d'œil du destin.

Je me souviens d'une séance de supervision avec une coach de dirigeants très talentueuse, qui était embarrassée par l'attitude d'un de ses clients. Dirigeant d'un groupe industriel, il semblait rechercher un registre de séduction et esquivait toutes ses tentatives de cadrer la relation sur son développement professionnel. « *Il parle de choses et d'autres, ça lui passe le temps, tout en me disant "vous m'apportez beaucoup". Je trouve ça très déceptif, et j'ai un peu l'impression de ne pas remplir le contrat vis-à-vis de l'entreprise.* » Ma cliente, très attentive aux autres, se rendait compte qu'elle avait du mal à garder sa bienveillance dans ses feed-back. Or, son client portait le même prénom que son frère. Une mise en situation de type Gestalt lui fit voir ce qu'elle rejouait sur la scène professionnelle de sa fratrie personnelle. À la séance suivante, avec comme seul ancrage de voir son client comme son frère, ma cliente témoigna que son client avait « *décollé* », en parlant volontiers de lui, en confiance.

Nous sommes les mêmes dans la vie privée et dans la vie professionnelle, ces deux faces dialoguent et s'alimentent en permanence. Un client travaillait au cours d'une séance sur sa difficulté à s'installer pleinement dans sa confiance sans en faire trop avec les autres, ce qui provoquait immanquablement un rejet particulièrement douloureux pour lui. En fin de séance, il aborda le cas de sa fille cadette, adolescente qui lui causait de l'agacement depuis peu par son comportement qu'il jugeait désinvolte et impertinent. Que devait-il faire en tant que père ? Nous n'eûmes qu'à voir le lien entre la liberté que s'autorisait sa fille, les signes objectifs d'équilibre et de santé qu'elle manifestait par ailleurs, et son propre désir d'émancipation dans sa vie d'homme. Elle lui montrait la voie ! Pour lui, être adulte était plus important que parent dans cette situation éducative, autant pour lui que pour elle.

En résumé, le travail est un jeu de piste parcouru d'indices pour cultiver ma cohérence intérieure. Voir dans toute situation professionnelle une occasion de progresser dans la connaissance de moi-même et dans l'acceptation du monde extérieur est un renversement de perspective par rapport aux théories classiques de la motivation. À partir du moment où l'on s'y emploie, l'observation des signes dans la vie courante devient un jeu simple, comme nous le verrons au chapitre 2. Au lieu de m'opposer à toute force aux contrariétés, je peux accepter ce qui me résiste dès lors que j'en perçois le sens sur un plan subtil. Cela nous rend-il égocentriques pour autant ?

3. Prendre soin de soi, c'est prendre soin des autres

Le miracle du feed-back, miroir de soi-même

On lit beaucoup de choses contradictoires sur le feed-back : jugement constructif pour les uns, retour d'information encourageante pour les autres, il ressemble souvent à un retour d'expérience hiérarchique ou à une mise au point pour résoudre un conflit. Tout cela est peut-être vrai et utile en management, dans un lien de subordination supposant de manier le contrôle et l'évaluation des résultats.

Il en est autrement en développement professionnel : bien que centré sur autrui, le feed-back ne parle que de celui qui l'émet. C'est l'intention, plus que l'impact, qui est la clé du feed-back. Dans les séminaires didactiques où j'interviens sur cette question, j'insiste sur le choix des mots : « Je vais te faire un feed-back » est bien différent de « Puis-je te donner un feed-back ? ». L'autre ne dit jamais non, direz-vous ? Détrompez-vous, son comportement non verbal répond toujours, m'incitant à graduer ce que je m'apprêtais à lui dire.

Le feed-back est un don, un don de soi puisqu'il y va d'un abandon de sa volonté propre. Quand je donne un feed-back à quelqu'un, j'exprime un ressenti subjectif, rien de plus. La pleine subjectivité s'illustre parfaitement dans cet « effet miroir » qui est avant tout une façon de renvoyer à autrui ce qui m'est essentiel. Je prends le risque de donner à voir ce qui m'importe et ce qui me touche, avec l'espoir que cela « parle » à mon interlocuteur. Et là réside le miracle du feed-back, dans la contagion positive qu'il permet. Quand deux personnes se donnent mutuellement du feed-back, ce sont deux intériorités qui se mélangent ; bien plus qu'un dialogue entre deux cerveaux, ce sont alors deux cœurs qui se parlent et s'écoutent.

Comment pratiquer ce feed-back subjectif en entreprise ?

En premier lieu, je prends **conscience de mes projections**, m'en défaire totalement serait bien difficile. Tout ce que je vois chez mon client, mon patron ou mon collaborateur, en positif comme en négatif, fait écho à quelque chose présent en moi. Essayez l'exercice suivant : prenez une attitude qui vous dérange particulièrement dans votre entourage. En vous intériorisant, que reconnaissez-vous de familier dans ce comportement ? Quelle résonance cela a-t-il avec votre propre système de valeurs ? Que pouvez-vous dire de la partie de vous qui est comme ça aussi, qui en a peur ou qui l'a été par le passé ? Que devient votre besoin de feed-back désormais ?

> Reconnaître que je parle toujours de moi lorsque j'exprime une opinion ou un ressenti est une façon d'éviter trop de projections. Quand je veux que ma réalité professionnelle soit différente, j'ignore souvent que c'est de moi qu'il s'agit et non des autres.

Le directeur d'un département opérationnel dans une entreprise à culture paternaliste se plaignait du manque de confiance témoignée à son égard par le « grand patron », du moins c'est ainsi qu'il le vivait. Demandes de validation incessantes, ordres et contre-ordres, tâches confiées à deux managers en parallèle occasionnant un climat de compétition permanent – il se sentait prisonnier d'injonctions paradoxales qui sapaient sa confiance. En s'arrêtant un instant sur ce que lui renvoyait le président de lui-même, il prit conscience de sa propre tentation de contrôle, et de sa peur de ne pas être à la hauteur qui le rendait particulièrement vulnérable en l'espèce.

Avant de donner un feed-back, il est précieux de repérer si cela concerne l'autre personne ou si j'ai surtout un colloque intérieur à mener…

En deuxième lieu, je peux m'entraîner à parler à la **première personne du singulier**, jamais à la deuxième ! Considérer *a priori* que je ne peux que parler de moi permet une grande liberté intérieure. Personnellement, je ne comprends pas ce que veut dire « objectivement » en matière de relations humaines. M'intérioriser, y compris quand je donne un feed-back, suppose que je m'écoute dans ma responsabilité plutôt que dans ma plainte. Remplacer « ce que tu m'as dit » par « ce que j'ai entendu » est un premier pas salutaire.

Tandis que j'écris ces lignes, mon téléphone sonne : une ancienne cliente, DRH dans l'industrie automobile, trouve que son patron (que j'accompagne) a changé, en passant d'un registre d'écoute empathique à un mode directif et parfois cinglant. Au lieu de voir ce qui la sépare de lui, je l'invite simplement à repérer ce qu'elle a de commun avec lui, en termes de susceptibilité et de perfectionnisme. Sa peur de ne pas être à la hauteur la désarmait complètement. En voyant que son manager vivait probablement la même inquiétude avec son actionnaire, elle put lui donner un feed-back utile, car compréhensif et mimétique.

En troisième lieu, je peux **solliciter du feed-back** auprès des collègues et partenaires de travail dont le regard m'importe. Je suis frappé de voir la difficulté à donner du feed-back et à en demander chez les dirigeants qui n'en ont pas reçu beaucoup dans leur enfance (naturellement, ce constat parle de moi !). Le feed-back s'apprend et s'entraîne : dans la sphère de l'entreprise, rien n'est moins naturel que d'instaurer des relations prenant soin de l'autre. Or, le premier pas est déterminant. C'est souvent pour des raisons virtuelles que nous faisons preuve de retenue à partager notre intériorité. De quoi avons-nous le plus peur, de recevoir des douches froides ou bien des coups de soleil ? Souvent, les dirigeants qui se livrent à l'exercice de solliciter du feed-back de leur entourage sont « déçus en bien », comme disent les Suisses romands. En convoquant les ressentis intimes des équipes, on est loin des outils de 360° qui prétendent mesurer le feed-back et quantifier le management ; mon expérience est qu'ils fabriquent surtout un jeu de massacre narcissique. Un client directeur des ressources humaines me raconta un jour l'impact du feed-back sollicité sur les directeurs de centres de profit qu'il accompagnait souvent sur des vols long-courriers. Passé l'effet de surprise ou de pudeur feinte, tous acceptaient de livrer un feed-back personnel. Non seulement le DRH était touché, mais il découvrait aussi une part d'humanité inédite chez ses clients internes, peu enclins à afficher leurs émotions.

Où suspendre son jugement ?

En clair, le feed-back est un instrument de management compassionnel, qui génère de la bienveillance croissante dans les relations humaines. L'ennui, c'est que nous sommes traversés sans cesse par des jugements qui entravent ce soin d'autrui et de soi. En entreprise, l'absence de jugement est non seulement illusoire, elle serait probablement néfaste : le jugement de valeur gouverne l'avantage concurrentiel, la déontologie comptable et les arbitrages stratégiques. Mais suspendre son jugement le temps de prendre soin de soi et de l'autre est une hygiène mentale nécessaire pour s'épanouir professionnellement.

Pour reprendre les mots d'Hannah Arendt et d'Aristote avant elle, l'énigme de l'épanouissement professionnel est d'en faire une *vita activa contemplativa*. L'un ne va pas sans l'autre. Prendre le temps d'aller lentement est, contrairement au slogan du TGV, une condition indispensable de la performance professionnelle : combien d'entre nous parviennent à se ménager des plages de pause, sans aucune sollicitation ? Il suffit de regarder autour de soi dans la vie urbaine pour voir à quel point les nouvelles technologies de l'information et des loisirs fabriquent un « autisme social » : chacun s'isole dans son monde intérieur, certes, mais en se coupant des autres et en ayant les sens occupés en permanence. La violence relationnelle qui en résulte est évidente malgré l'illusion d'ubiquité qu'entretiennent les outils de communication ; l'agitation constante de notre être est moins tangible, bien qu'aussi redoutable.

Je rencontre beaucoup de dirigeants atteints par le syndrome du hamster : tant que la roue tourne, ils courent. Au nom de l'efficacité immédiate, ils courent un marathon avec l'énergie des sprinters. Avant qu'advienne le *burn out*, il leur est difficile de se ménager des temps de retrait par rapport à l'action, car ils n'en voient guère le bénéfice *a priori*.

Une cliente professionnelle du capital-risque suivait un coaching avec la demande de s'affermir dans son travail, s'endurcir face à des collègues et des clients masculins pas tendres, et s'imposer dans les situations de négociations difficiles. Elle souhaitait se conformer à l'*executive woman*. Plus l'accompagnement avançait, et plus j'avais le sentiment qu'elle avait précisément l'inverse à faire : s'adoucir, s'attendrir et épanouir sa sensibilité comme étant son style propre de leadership, appuyé sur une compétence incontestable. Elle m'annonça un jour qu'étant enceinte pour la première fois, elle comptait bien ne rien changer à ses habitudes : continuer à suivre ses clients avant l'accouchement pour déjouer les putschs internes sur son terrain d'action, et travailler de chez elle dans le mois suivant la naissance pour préparer une levée de fonds stratégique. Je rigolais intérieurement. Nous interrompîmes le coaching le temps de son congé maternité, me contentant de lui donner un dernier feed-back quant au bouleversement imprévisible que signifiait sa maternité, qui la laissa de marbre. Lorsque je la revis six mois plus tard, ce n'était plus la même personne : moins cérébrale, plus tranquille et plus centrée sur ses enjeux personnels. Sa maternité avait recalé ses priorités et transformé son rapport au temps. Elle n'avait pas ouvert son ordinateur en trois mois, sans culpabilité ni manque.

Pour suspendre son jugement, le fait de se confronter aux limites spatiales et temporelles de la réalité est parfois nécessaire. Il est également utile de se fréquenter souvent. À force de réunions et d'événements sociaux, certains managers travaillent en étant à l'extérieur d'eux-mêmes. Ils en oublient de se regarder vivre, d'écouter leur corps et, par conséquent, de s'intéresser à autrui.

Un exercice judicieux consiste à estimer le camembert statistique de son propre emploi du temps, en distinguant le temps professionnel, le temps familial, le temps privé (en couple), le temps social (amis, famille élargie), le temps de loisirs et le temps intime. Quel pourcentage trouvez-vous pour ce dernier ? Rarement plus de 5 %. La connaissance de soi passe par une fréquentation assidue de ses rêves, de ses ombres comme de ses trésors intérieurs. Souvent, le principal bénéfice d'un coaching individuel est de bloquer trois heures pour soi dans son agenda : le faire avec plaisir est une découverte pour la plupart des dirigeants que je côtoie.

Je me souviens d'un client qui annulait une séquence sur deux, happé par un agenda qu'il ne contrôlait plus. Un jour où il était présent, je l'invitai à se lever, face au miroir qui surplombe la cheminée dans mon bureau, et à simplement regarder en silence en face de lui. Passé la gêne, il commença à décrire ce qu'il voyait, d'abord avec beaucoup de jugement auto-dévalorisant, puis simplement descriptif, et enfin il se mit à sourire. Je crois qu'il se voyait ainsi pour la première fois, en totale suspension de jugement.

La bienveillance envers autrui commence par la bienveillance envers l'autre partie de moi-même, que je me refuse à contempler à force de suractivité. La différence entre le coaching de soi et les autres pratiques de souci de soi réside dans la place faite à l'entreprise, écran de projection de nos fantasmes de réalisation matérielle et immatérielle. En quelque sorte, il s'agit toujours de suspendre notre jugement aux « porte-mentaux », de passer de la raison raisonnante à l'émotion pénétrante.

Un ancien élève du MBA de HEC, et diplômé d'une grande école d'ingénieurs, avait souffert de mettre six mois à trouver un emploi de chef de projet dans un cabinet de conseil, qui l'ennuyait profondément. Sa culpabilité ne faisait qu'accroître son sentiment d'imposture et de décalage par rapport aux autres. Il prit l'habitude de noter dans un carnet en moleskine toutes ses impressions, positives comme négatives, au fil du temps. Quand je le revis, trois carnets noircis de notes plus tard, le jugement sur lui-même l'avait complètement abandonné, au profit d'une conscience élargie de lui-même et des autres. Il mettait désormais sa culture générale au service de son sens esthétique plutôt que de son esprit critique.

La suspension de jugement relève d'une esthétique de l'être. Nous changeons le monde du travail en changeant, même imperceptiblement, la façon que nous avons de le regarder. Dans la rationalisation croissante à laquelle sont soumis les processus de travail, rares sont les vraies rencontres humaines. Parfois, nous avons de petites fenêtres de vérité dans le regard, l'écoute et la présence à autrui. Un ancien client décrivait ces moments rares comme une « *volupté platonique* ». J'aime bien cette formule. Le comportement de mes clients au restaurant m'amuse toujours : il y a ceux qui taquinent la serveuse et ceux qui ne la voient même pas ; ceux qui savourent leur plat et ceux qui le mangent mécaniquement ; ceux qui regardent leur montre et ceux qui oublient de payer... L'expérience de la vie professionnelle est à ce point aliénante qu'il s'agit parfois de décoller le nez de la vitre du réel pour sourire et soulager la pression que l'on s'inflige à soi-même.

Un client directeur des études marketing avait pour rituel de commencer chaque séquence par l'énumération des livres, expositions et films qui l'avaient marqué depuis notre précédente entrevue. Cette mise à jour culturelle n'était pas que de pure courtoisie, elle sanctuarisait pour lui le temps et la valeur de ses centres d'intérêt. Peu à peu, il appliqua son sens du beau à d'autres registres de sa vie, y compris dans le quotidien professionnel au siège de son entreprise : Untel lui évoquait tel personnage de roman, un séminaire à l'étranger lui avait rappelé une scène de film, etc. Il recomposait un réel à son goût et à l'insu de tous.

Dans l'impermanence qui agite nos vies professionnelles, l'être est la seule chose immuable. S'attarder à repérer les petits moments de pur émerveillement ne change pas foncièrement notre salaire, notre chef ou notre environnement géographique. Mais cela augmente notre acuité à célébrer l'essentiel, à dénicher l'humain derrière la technique, à voir plus distinctement les êtres avec lesquels on interagit sur un dossier.

35

Suspendre l'avoir pour surprendre l'être ne nécessite pas du temps mais de la présence à soi, à laquelle seul l'ego résiste.

Développer son humilité pour s'épanouir professionnellement

Pour m'intérioriser, j'ai besoin de me protéger de mon ego, qui a toujours mieux à faire. À première vue, que vient faire l'humilité dans la sphère de l'entreprise ? Ambition et loi du plus fort comme seuls moteurs régissant la sphère professionnelle est un préjugé tenace dans l'opinion publique. Je crois, au contraire, que la fragilité et la conscience de ses failles humaines sont un ingrédient essentiel de la réussite professionnelle. En entreprise, personne n'est dupe des managers gonflés par leur ego ; sans angélisme, le vrai combat pour s'épanouir professionnellement est à mener contre nos démons internes, pas externes ! Cela n'exclut pas que des dirigeants violents et pervers continuent à faire des dégâts dans les organisations, en prenant parfois l'apparence narcissique la plus chaleureuse. Mais leur voie est aride, solitaire et dangereuse tant ils craignent l'échec (cf. chapitre 5).

> Comment peut-on cultiver son humilité sans
> se mettre en péril professionnellement ?

D'une part, l'étymologie – partagée avec celle de l'humain – nous invite à garder **les pieds sur terre**. La plupart des tracas du quotidien professionnel proviennent des conjectures et anticipations qui ont pour premier effet de nous fabriquer des angoisses chimériques avant même d'advenir. L'humilité consiste à lâcher prise sur ces peurs virtuelles, en se concentrant sur les enjeux strictement en notre pouvoir. Pour le reste, s'en remettre à la providence est aussi un aveu d'humilité et de responsabilité, comme nous le verrons au chapitre 9.

Souvent, les soucis se dissipent d'eux-mêmes, pour peu que l'on ne fixe pas d'obsession quant à leur résolution. La directrice de la stratégie d'une entreprise de services avait à cœur de sortir d'une relation fusionnelle avec son président, qui nuisait tant à sa relation avec le directeur général qu'à sa tranquillité personnelle. Femme d'intégrité et d'indépendance, l'idée d'être instrumentée dans une relation confuse la mettait en colère et affaiblissait sa confiance en elle. Ayant échafaudé tous les scénarios et jeux d'acteurs, surtout les plus sophistiqués, elle était épuisée de l'énergie mobilisée par cette question. Nous convînmes de réserver et laisser reposer, comme en cuisine, en s'installant dans son immunité et son indifférence à ces manipulations d'état-major. Un mois plus tard, elle n'aborda même pas la question au cours de sa séance de coaching : le président avait, de son propre chef, présenté ses excuses et proposé un nouveau mode de fonctionnement.

L'humiliation volontaire n'est pas inutile quand mon ego m'incite à « partir dans les tours » de mes préjugés, de mes croyances auto-limitantes et de mes peurs paralysantes. Comment puis-je en enlever plutôt qu'en ajouter ? Il m'est arrivé de donner comme seul feed-back provocateur à un client particulièrement disert et analytique sur sa problématique, après avoir marqué un silence : « *Je suis épuisé de vous entendre, ça fait quarante-cinq minutes que vous parlez sans vous interrompre.* » Interloqué, il partit dans un grand éclat de rire et relativisa la situation, pas si grave en effet. En revanche, il prit conscience d'un sérieux besoin d'être entendu, et d'un souvenir traumatique de manque d'attention et d'amour inconditionnel, qu'il comblait à l'âge adulte en saoulant de paroles ses collaborateurs...

D'autre part, l'humilité professionnelle nous incite à une *reflectio* qui allie le geste (génuflexion renouvelée) à la parole (miroir intérieur réfléchissant). Pour regarder en mon for intérieur, j'ai besoin de mettre un genou ou deux à terre. Faire un arrêt sur image pour voir l'enseignement d'une situation délicate est le plus sûr des préalables à un plan d'action, à mon sens. Écouter la voix intérieure qui se réjouit d'un défi à relever derrière une charge de travail alourdie, qui démasque l'opportunité de temps derrière un rendez-vous annulé, ou encore qui voit le chemin parcouru depuis le précédent événement similaire : autant de points d'étape qui nous sont précieux pour cultiver l'humilité dans l'action.

Dans une entreprise high-tech, le directeur marketing d'une *business unit* commençait un coaching de « haut potentiel », car il était promis à un poste de directeur marketing de plus grande ampleur. La machine de ce brillant HEC était en surchauffe, et il donnait des signes inquiétants d'épuisement physique et moral. À la deuxième séance, il m'apprit que les choses tournaient mal pour lui : une réorganisation surprise supprimait son poste, et l'entreprise lui proposait un placard ou une transaction de sortie. Le Capitole n'est pas loin de la roche Tarpéienne, et sa disgrâce s'avéra aussi rapide que sa starification. Ayant le choix entre suivre un outplacement et poursuivre son coaching, il choisit la seconde option. Il lui fallut à peine un mois pour clore le chapitre précédent, tant il était soulagé d'avoir échappé, bon gré mal gré, à une spirale dangereuse. Rétrospectivement, la solution à son besoin de coaching était servie par la suppression de son poste. Choisissant de dire la vérité immédiatement à ses proches – dont la réaction lui semblait plus angoissée qu'il ne l'était –, la première chose qu'il fit fut de s'octroyer trois mois d'inactivité débridée, pour la première fois en vingt ans de carrière, où il se consacra à prendre soin de lui et de ses enfants comme jamais auparavant.

Pour rythmer ce chemin d'humilité, une règle d'airain consiste à oser et doser. S'exercer à l'humilité passe par des exercices d'intériorisation simples.

Se doter de talismans intérieurs peut être un recours utile. Un jour, suite à une séance de supervision personnelle, j'ai accroché dans ma penderie une feuille de *paperboard* sur laquelle j'ai inscrit « ce n'est pas grave ». Tous les jours, lire cette phrase m'a dissuadé de trop gamberger. Je n'ai pas honte d'utiliser des techniques aussi comportementales si elles contribuent à dédramatiser avec légèreté mon quotidien. J'apprends à faire simple. Et vous ?

Exercice n° 3 :
Prendre rendez-vous avec moi-même

Prenez votre agenda, parcourez les deux semaines qui viennent.

Puis-je libérer une plage horaire d'une heure environ de temps libre pour moi-même, sans rien à faire de précis ?

....

....

Qu'est-ce que j'attends de ce rendez-vous avec moi-même ?

....

....

Comment vais-je m'y préparer ?

....

....

Chapitre 2

Faire vœu de simplicité

Le management se meurt de sa sophistication. À force de produire des outils d'automatisation de la décision, le « faire » a dévoré l'« être » en entreprise : asphyxiés par les processus complexes, les projets informatiques pharaoniques et les dispositifs de management de plus en plus globaux, les managers témoignent d'un détachement croissant à l'égard de la promesse économique de l'entreprise. Face à un appel d'être dont les outils de communication interne se font l'écho – baromètres de climat social, entretiens d'appréciation et autres canaux d'information –, la réponse mécaniste et instrumentale ne soulève plus beaucoup d'enthousiasme. Une DRH avait éclaté de rire en découvrant dans la presse que son coûteux programme de définition des valeurs *corporate* auprès d'un cabinet de conseil en stratégie avait débouché sur les cinq mots-valises identiques à d'autres multinationales sans lien avec son secteur d'activité… Plutôt que d'en rajouter dans les comportements types, les valeurs clés, les visions transverses et autres « projets 2012 », il s'agit peut-être d'en enlever ; moins de discours, plus d'actes en conscience.

Mais la conscience est toujours conscience de quelque chose ; *a fortiori* la conscience professionnelle ne se décrète pas, elle suppose une « conversion à soi » qui, précisément, ne va pas de soi dans la vie professionnelle. Tout coaching comporte donc un volet didactique implicite de rééducation à la simplicité du

41

choix conscient. Comment faire simple sans simplisme ? Comment aller à l'essentiel sans céder à la facilité ? Comment se simplifier la vie professionnelle sans ignorer les autres ?

1. Le coaching, simple comme bonjour

Se « dé-penser » est sans doute la grande affaire du développement des dirigeants aujourd'hui. À force d'acquérir des compétences dans des spécialités de plus en plus pointues, les élites managériales ont perdu le sens pratique de l'ellipse et de l'épure : à côté d'un coaching vécu comme une préparation mentale, qui fait du cerveau un concentré tout-puissant de nous-mêmes, le coaching de soi propose une approche plus légère et plus humble. Cessons de penser un instant pour vivre pleinement et simplement une expérience : la rencontre entre notre monde intérieur et la « réalité » du travail. Pour cela, il nous faut déprogrammer nos routines mentales, sortir du pilotage automatique de la pensée instrumentale et commencer par les évidences sous nos yeux : la délicatesse, la curiosité et le sourire sont à notre portée.

Faire preuve de délicatesse

À quoi cela sert-il d'être civil en entreprise ? Les relations gouvernées par l'intérêt, depuis la célèbre formule d'Adam Smith sur « *la bienveillance du boucher, du marchand de bière et du boulanger* », ont pour conséquence un « *effacement progressif des consignes de courtoisie* », pour paraphraser Vincent Ravalec. Si l'on fait abstraction de tout état d'âme, « *no hard feeling* » comme disent les Anglo-Saxons, on peut légitimer des comportements strictement efficaces en entreprise, mélange de commandement militaire et de précipitation infantile. Mais peut-on vraiment faire abstraction de nos états d'âme ?

Je suis effaré de la prolifération des comportements brutaux qu'autorise la logique de la performance en entreprise : une formation à la rédaction d'e-mails sera bientôt un chapitre de tout livret d'accueil à l'embauche, par prévention des risques psychosociaux. Qui prend le temps d'écrire des formules de politesse, une ponctuation et des mots cordiaux, même en abréviation ? Un client ayant des fonctions électives et politiques nationales composait avec la surcharge de son agenda en échangeant presque exclusivement par SMS avec ses interlocuteurs, dans un temps soi-disant « réel ». Il s'inquiétait de son impact sur ses collaborateurs, pour qui sa présence était rare. Mon sentiment était qu'il pouvait simplement s'enquérir en début d'e-mail d'un « comment allez-vous ? » sincère et chaleureux.

On sous-estime l'impact des modes de contact sur nos relations en entreprise. Un e-mail est souvent une grenade, sans parler de l'arrosage automatique en copie. Vous trouvez cela accessoire ? Quelques secondes perdues à prendre soin de son interlocuteur, à lui manifester un peu d'égard avant de plonger dans le contenu du message sont pourtant décisives dans la qualité du dialogue qui en résultera.

Je fais l'hypothèse que l'entreprise n'est pas un monde civilisé, mais que ce n'est pas une fatalité pour autant. Les DRH ne sont, hélas, pas tous exemplaires en termes d'accueil et de soin apporté à la relation. Je suis amusé de distinguer ceux de mes clients qui saluent les serveuses et hôtesses au restaurant de ceux qui les ignorent purement et simplement. Simple question d'éducation, me direz-vous ? Je crois que c'est surtout par préoccupation égocentrique que l'on en vient à cette « *violence des échanges en milieu tempéré* », pour paraphraser un récent film. Le glissement de l'indifférence vers la désinvolture, puis vers la franche grossièreté est un phénomène dont beaucoup font l'expérience ; j'ai rencontré dans des cabinets de conseil en stratégie bien sous tous rapports des normes de comportement bien plus violentes que chez des équipementiers automobiles supposés rustres. Pourquoi manifester du soin dans la relation professionnelle quand rien n'y prédispose culturellement ? Je suggère le triptyque « attentif, attentionné, attendri » comme fil rouge de civilisation des mœurs professionnelles.

D'une part, être attentif consiste à **prendre le temps** de s'installer dans un moment professionnel chaque fois neuf, comme dans un restaurant ; sentir l'atmosphère et les énergies positives ou négatives du lieu, choisir l'emplacement où l'on va s'asseoir et la position que l'on va prendre, repérer les détails extérieurs de la décoration et se laisser imprégner par ce qu'ils nous inspirent, ouvrir ses cinq sens au monde extérieur avant de s'absorber dans l'intellectualisation du monde… Quand vous commencez à regarder pleinement votre environnement, vous savourez l'instant, nul besoin de leçon d'épicurisme pour cela. Certains sages appellent cela la pleine conscience, d'autres l'éveil à soi ; notre environnement de travail est un terrain de jeu formidable pour cultiver notre attention, qui est aussi « a-tension » : sans effort, respirer intérieurement l'esprit des lieux permet de se centrer avant toute réunion ou séance de travail. Dans un exercice de simulation de cohésion d'équipe que je propose dans mon séminaire de HEC, mes étudiants sont souvent piégés par la tentation d'exécuter la consigne du jeu, au lieu de prendre un instant pour se donner un cadre de travail et des règles de parole et de comportements – à 25 étudiants en MBA de 15 nationalités différentes, c'est pourtant un enjeu de taille ! Quand le fond envahit la forme, tout est permis dans les attitudes en présence.

D'autre part, faire attention conduit à **être attentionné**. Quand je dis « bonjour » à quelqu'un, je lui souhaite littéralement une bonne journée. Dans la vie professionnelle, ce mot est vidé de son sens, il est dit par conformisme et sans grande intention de délicatesse. Une cliente directrice générale dans l'aéronautique s'était fait une solide réputation de manager dans un monde d'hommes ingénieurs pour la plupart, en prenant du temps avec chaque assistante, chaque subordonné avec qui elle devait échanger. En deux ans dans l'entreprise qu'elle était censée restructurer, elle connaissait le nom et des morceaux de vie de tout le personnel du siège, au grand dam de son comité exécutif qui méprisait ces égards perçus comme du patronage. Son système de valeurs était, au contraire, profondément respectueux de tout collaborateur nonobstant sa position hiérarchique, sans déma-gogie ni calcul. Tout l'enjeu était, pour elle, de persister dans cette forme sans se mettre en danger avec ses pairs.

L'égard envers autrui détonne aujourd'hui, c'est presque un acte de résistance que de saluer, serrer la main et prendre congé avec sincérité. Et pourtant, ces actes quotidiens modi-fient en profondeur la façon dont nous sommes accueillis, car l'attention bienveillante est contagieuse. Ici encore, être atten-tionné commence avec soi. Se soucier réellement de soi est à la fois simple, et pourtant tabou dans nos cultures. Le coaching est avant tout un apprentissage de sa propre météorologie inté-rieure, qui sert ensuite de sésame pour communiquer avec autrui. Les managers qui ont la réputation, souvent justifiée, d'agir en tueurs, sont, en général, d'une grande violence envers eux-mêmes.

Un directeur du contrôle de gestion dans le secteur de l'éner-gie était sommé de faire un coaching pour arrondir son impact professionnel, jugé trop élitiste et trop cassant par sa hiérarchie. Autodidacte et triathlonien, il se percevait comme victime de l'inertie organisationnelle et mettait une motivation héroïque au service de la performance des projets qu'il pilo-tait coûte que coûte. Il n'avait pas conscience de sa dureté envers autrui, parce qu'il n'avait pas même conscience de son niveau de sévérité avec lui-même.

Enfin, faire preuve de délicatesse nous encourage à nous **atten-drir**. En regardant dans les yeux les personnes à qui je m'adresse, j'y vois des choses qui me touchent et me per-mettent d'être au contact de mes émotions directes. Ce n'est plus une résolution de problèmes impersonnelle et pseudo-objective, mais la rencontre de cœur à cœur, qui peut advenir à tout moment d'une journée de travail. J'ai la croyance profonde que c'est l'essence du coaching de dirigeants que d'offrir un moment de tendresse à des patrons d'autant plus isolés qu'ils sont entourés, courtisés mais pas protégés de la brutalité des états-majors. Le besoin de reconnaissance si populaire dans les stages de management s'incarne dans des actions simples

45

comme bonjour : faire attention à mettre les formes, c'est agir sur le fond. Un client directeur d'un projet de refonte du système d'information dans un groupe de grande consommation se heurtait à d'incessants conflits entre maîtrise d'ouvrage et maîtrise d'œuvre, passant plus de temps à dénouer les querelles internes qu'à piloter les consultants et équipes dédiées à cette mission à haut risque. En prenant lentement conscience de sa propre sensibilité à fleur de peau, il commença à exprimer ses attentes et ses réactions avec douceur. La communication non violente fut une découverte salutaire pour ce quadra, professeur en grande école d'ingénieurs et qui fustigeait la médiocrité comme la peste : en changeant quelques choses simples dans son attitude, il cessa d'éteindre les incendies qu'il allumait involontairement par son âpreté et son déni des affects.

Paradoxalement, il est utile de s'affranchir du conformisme managérial : ce n'est pas en usant de précautions hypocrites et politiquement correctes que je m'attendris, mais en étant vigilant à créer un cadre de respect et de considération dans ce que les gestaltistes nomment le « précontact » et le « postcontact ». La recherche authentique d'harmonie ne nuit pas à l'efficacité ; au contraire, elle me conduit à ajuster mon mode d'être sur un cadre plus vaste de bienveillance mutuelle. Je m'amuse de voir à quel point les séquences de coaching avec mes clients jouent un rôle d'assouplissant relationnel, quand ils arrivent tendus et âpres au contact, et repartent avec la respiration moins courte, le visage plus détendu et les pensées moins envahissantes. J'ai des confrères et consœurs qui prêtent un soin extrême au cadre de leur accueil, de la décoration du bureau à la qualité du café, en passant par les formules de politesse employées en amont et en aval du coaching lui-même.

Exercice n° 4 : Agir en douceur

Dans vos prochaines occasions de travail en équipe et de communication en cercle restreint, vous allez pouvoir veiller à adoucir vos interventions, en vous réservant cinq secondes avant de prendre la parole, notamment pour reprendre votre souffle et être présent à vous-même. Puis, posez-vous intérieurement les quatre questions suivantes :

Puis-je renoncer à dire « mais » en début de phrase ?

....

....

Comment pourrais-je marquer les silences sans couper la parole ?

....

....

Comment pourrais-je dire à autrui ce que j'ai besoin d'entendre ?

....

....

Comment privilégier les phrases interrogatives par rapport aux négatives ?

....

....

S'abreuver à toutes les sources possibles

Faire simple n'est pas qu'une question de cadre de courtoisie, c'est aussi une ligne de conduite qui guide notre développement professionnel. En prenant conscience que la plupart des sources d'inquiétude et d'obstacles à notre épanouissement naissent dans notre tête, nous pouvons modifier notre vision du monde, comme le suggèrent la PNL et ses dérivés. Mais la conséquence est que cela fait de notre imagination créatrice un démiurge tout-puissant ; cesser de se croire le centre du monde est un défi de simplicité professionnelle et personnelle, sans quoi le coaching ne fait que contribuer à gonfler notre ego.

Une façon de renouer avec l'héliocentrisme passe par la curiosité pour toutes les voies disponibles en développement professionnel. Tandis que nous vivons une explosion des sources de sagesse et des pratiques de conscience élargie du micro- et du macrocosme, l'ouverture pluridisciplinaire est un visa utile. Comment s'y retrouver dans le patchwork idéologique de l'épanouissement professionnel ? Pour éviter la confrontation avec soi-même, deux voies sont possibles : le papillonnage New Age et l'orthodoxie d'une tradition. Dans le vagabondage spirituel comme le prosélytisme du canon psychologique, la prétention d'exclusivité des modèles de coaching professionnel fait florès et inquiète, à juste titre, car elle dissimule des enjeux de pouvoir et d'argent. (C'est pourquoi j'invite à fuir les stages et ouvrages truffés de mots copyrightés.) Le pragmatisme de l'entreprise incite à la simplicité comme garde-fou.

Premièrement, la **simplicité** de certaines techniques n'en atteste pas moins de leur efficacité. Un principe fondateur consiste à se fier à ce qui nous fait du bien, immédiatement. Le coaching de soi procède d'une recherche sans préjugés, mais avec un critère de performance à court terme. Tester, expérimenter, découvrir, persévérer, échouer même (cf. chapitre 5) sont, en soi, des occasions d'élargir sa puissance intérieure, quelle que soit l'issue. Parmi mes clients, laïcs ou pieux, qui ont effectué le pèlerinage de Saint-Jacques-de-Compostelle, tous retiennent que le chemin est la destination : au gré des rencontres, des moments de synchronicité et des épreuves de solitude, les réponses à ce qui motivait leur quête surgissent toujours, de façon impromptue et récurrente.

Le président d'un cabinet de conseil en management peinait à trouver des leviers collectifs pour faire grandir ses associés et ses managers dans leur appréhension du métier de consultant : entre cynisme et opportunisme, l'identité du cabinet restait floue, et la cohésion même des équipes était menacée à l'approche de périodes moins fastes que précédemment. Habitué à proposer des spectacles culturels et des formations innovantes, et à organiser des séminaires à thème dans des lieux prestigieux et inattendus, du cercle polaire au Sud-Saharien en passant par le carnaval de Venise, il était en panne de sens. Ma suggestion fut, plutôt que d'alimenter la machine cérébrale à sens unique, de faire réfléchir chaque membre de l'équipe à la question centrale qui l'occupait : « Que pouvons-nous faire concrètement pour sortir de nos sentiers battus ? » Les retours furent variés, riches et sources de plans d'action immédiats pour le management stratégique et commercial du cabinet.

Au lieu de se lancer dans des *think tanks* et des réseaux de réflexion, c'est parfois dans des questions simples que résident les solutions à des enjeux complexes.

Deuxièmement, on peut privilégier un **bricolage** personnel entre divers courants de développement professionnel. Certains auto-ancrages cognitifs, conjugués avec des acronymes comportementaux glanés ici et là, sont des véhicules rapides pour progresser dans son efficacité professionnelle. Qu'importe l'anachronisme de techniques et de courants de sagesse, pourvu que l'on articule cela autour d'un référentiel symbolique qui nous est propre, d'une cohérence entre nos tripes, notre cœur et notre esprit. Quand nous ne le faisons pas nous-mêmes, la vie se charge de nous simplifier nos options de travail. Une dirigeante se destinait à devenir coach professionnelle, mais était partagée entre sa carrière actuelle et sa vocation récente vers le développement des managers. Tandis qu'elle hésitait entre démissionner, défendre un poste de coach interne et mener clandestinement son projet, elle fut atteinte d'un cancer qui stoppa net son élan, pour la confronter à sa survie et ses peurs immédiates. Puis, en articulant peu à peu le sens de sa maladie dans sa vie, elle simplifia son projet professionnel, et planifia son temps en s'offrant une psychothérapie, une supervision et des formations à des outils d'accompagnement qui, toutes, servaient à la fois sa guérison et son projet de reconversion professionnelle. Son critère de choix identique était : « Qu'est-ce qui me sécurise aujourd'hui et nourrit ma force de demain ? »

Troisièmement, la simplicité nous fait apprendre à **changer d'avis**. Au nom d'une prétendue constance dans nos actes, nous nous enfermons parfois dans une « escalade d'engagements » bien connue des psychologues sociaux. Oser changer d'avis est une expérience pourtant très libératrice. Elle nous entraîne à distinguer l'essentiel de l'accessoire dans nos actes, à assouplir notre sévérité envers nous-mêmes et à inventer des scénarios de vie plus ouverts. Le leadership est une science de l'accommodement ; notre résistance à changer d'avis est souvent morale, car nous associons cela à de l'inconstance, voire de l'inconsistance. Or, dans la logique floue qui gouverne les jeux sociaux dans l'entreprise, rester fidèle à soi consiste justement à changer de cap pour ne pas se perdre en cours de route. Renoncer simplement à nos croyances limitantes est souvent plus simple à faire qu'on ne l'imagine, car le premier pas est décisif. Je me souviens d'un client directeur financier qui peinait à s'imposer aux côtés des autres membres de son comité de direction. À chaque fois que son directeur général lui proposait de piloter un projet en première ligne, il déclinait l'offre en préférant laisser d'autres sur le devant de la scène, et il se le reprochait inévitablement. *« Je suis un très bon numéro 2, mais pas un numéro 1 »*, m'affirmait-il. *« Avez-vous un frère aîné ? »*, lui demandai-je. Interloqué, il me répondit par l'affirmative. *« En effet, vous êtes un bon numéro 2 ! »* Il n'avait encore jamais fait le rapprochement…

En s'exerçant à la gymnastique de laisser varier nos orientations, on opère un mouvement intérieur qui nous fait entrevoir d'autres scénarios possibles que les contraintes « impossibles » que l'on s'impose. Resituer chaque décision professionnelle dans une alternative permet, mécaniquement, de réfléchir à une option alternative : « Et si je faisais autrement ? » est une question sésame pour beaucoup d'énigmes professionnelles.

Une cliente, après dix ans dans le conseil en management, prenait des fonctions de directrice d'exploitation dans un groupe mutualiste, encadrant près de 200 personnes dans un contexte de changement organisationnel et de crise de gouvernance. Ambitieuse et déterminée, son objectif de départ était ferme ; elle n'envisageait pas de rester plus de deux ans dans ce secteur qu'elle jugeait sévèrement, et craignait d'être vite engluée dans l'univers culturel qu'elle subissait au quotidien. Après plusieurs mois de coaching, son point de vue changea en faveur d'une lecture plus large de la situation : sa précipitation et son perfectionnisme n'étaient pas étrangers à son constat de départ. L'expérience managériale en tant que telle la passionnait de plus en plus, et atténuait largement le cadre strict qu'elle s'était fixé.

Quatrièmement, nous pouvons **apprendre d'autrui** à chaque instant, de nos amis comme de nos ennemis. À tout moment, la vie professionnelle nous donne l'opportunité de tirer un enseignement de ce qui nous fait réagir. Si je suis heurté ou admiratif au contact d'autrui, une question cruciale est : « Comment puis-je m'employer à faire pareil/ou différemment que lui/elle ? »

Pirater les bonnes pratiques de notre entourage professionnel n'est pas puni par la loi, et c'est plus efficace que de se plaindre ou s'extasier. À la Renaissance, les auteurs qui redécouvraient les textes de l'Antiquité parlaient d'« innutrition ». Le plagiat est apparu avec l'âge de la propriété intellectuelle, et le copyright nous rend frileux face à cette contamination positive des qualités observées ici et là. Un exercice simple consiste à regarder les qualités, et non les défauts, des personnes de notre entourage professionnel avec lesquelles nous avons le moins d'affinités. En pratiquant le coaching de soi, on prend conscience que la jalousie et l'admiration sont proches, et on découvre ainsi que nos ennemis sont aussi de formidables alliés, si l'on fait vœu d'humilité.

Un directeur des ventes dans les télécommunications que j'avais accompagné par le passé souhaitait à présent que je coache sa directrice régionale la plus performante car elle fonctionnait, selon lui, de façon opaque et clanique vis-à-vis du siège parisien. Débordée par son agenda professionnel et personnel, elle s'absorbait tellement dans l'opérationnel qu'elle manquait régulièrement à l'appel des réunions commerciales et des projets nationaux transverses. Elle accueillait ce coaching d'un œil méfiant, y voyait une sanction et une tentative de contrôle alors que, pour elle, la problématique était dans la relation hiérarchique entre elle et son patron. L'accompagnement consista essentiellement à repérer ses points communs avec lui, qualités comme défauts. Prenant ses distances par rapport aux injonctions paradoxales qu'il lui envoyait, elle comprit rapidement qu'il lui reprochait les défauts qu'il avait lui-même dans son management ! Peu à peu, la bienveillance s'installa entre eux, car chacun comprit qu'ils étaient bien plus semblables que différents. Je reste aujourd'hui encore étonné de l'enthousiasme du directeur des ventes à la fin de ce coaching qui, par ricochet, avait surtout fait changer son propre regard.

Exercice n° 5 :
Coacher les bourreaux, pas les victimes

Prenez une situation de conflit qui vous tracasse particulièrement, et dont vous ne voyez pas l'issue favorable sans dégâts. Concentrez-vous maintenant sur votre adversaire dans ce conflit, en vous connectant à l'état intérieur qu'il fait naître en vous (rage, colère, peur, abattement, etc.).

Qu'ai-je dépassé dans ma vie et que je reconnais dans le comportement de mon adversaire ?

....

....

Quelle part d'ombre de moi-même puis-je repérer dans l'attitude qui m'agace chez cette personne ? Puis-je éprouver de la compassion ou de la gratitude à cet endroit ?

....

....

Soigner son humeur et son humour

Le regard du coaché sur sa propre situation consiste en un allégement. Plutôt qu'une clinique de l'être, il invite à regarder la réalité comme un jeu de piste parcouru d'occasions de progrès. « *Tout est illuminé !* », pour paraphraser le titre d'un roman de Jonathan Safran Foer. Pour moi, une situation professionnelle est sérieuse, mais elle n'est jamais grave : l'entreprise n'est pas un lieu où les questions vitales de l'être se posent, elle est le théâtre où se cristallisent nos drames de vie. La nuance est importante : je me souviens d'un client secrétaire général d'une banque universelle qui croulait sous les contraintes et les contrariétés des moyens généraux et des ressources humaines ; un problème succédait toujours à un problème, et il se percevait de plus en plus comme le « Monsieur Malaussène » de Daniel Pennac, guichet des complaintes de l'entreprise. Un jour où il se montrait à son tour plaintif et désabusé, je pris un air tragique à mon tour et m'enquis de la santé de sa femme. « *Ma femme ? Elle va très bien, merci.* » « *Mais non, elle a une sclérose en plaques. C'est épouvantable, sans parler de l'accident de voiture de votre fils et de la greffe que vous avez subie la semaine dernière, etc.* » Il sourit et comprit où je voulais en venir : plus il regardait la situation avec gravité, plus elle s'assombrissait. Il prit le parti d'en rire et de prendre moins à cœur les problèmes qui occupaient son temps professionnel.

Relativiser pour remettre en perspective les difficultés professionnelles nous aide à les résoudre. La solution la plus efficace est parfois la plus légère et la plus élégante, comme on le dit des formules mathématiques les plus économes en équations.

Cultiver sa bonne humeur est une façon efficace d'aborder tranquillement des situations dites « complexes » : le but du coaching est de simplifier le réel, pas d'en rajouter dans sa complexité. Se fixer un seul objectif, plutôt que de tenir à tout prix plusieurs enjeux, est souvent salutaire. « Qu'ai-je envie d'obtenir ici ? » est une question qui permet d'élaguer beaucoup de fausses charges et de promesses illusoires que je porte. Plaire ou m'écouter ? Résoudre ce problème ou faire qu'il ne se reproduise plus ? Avoir raison ou me faire entendre ? Ces nuances subtiles permettent d'y voir clair dans une situation confuse, parce que traversée d'enjeux affectifs, éthiques et historiques lourds. La réponse la plus adaptée à une situation donnée est celle qui s'impose à nous, comme une évidence. Quand j'ai ruminé cent fois une décision d'orientation professionnelle, fait tous les tests et interrogé tous les oracles possibles, que me reste-t-il ? L'écoute de mon for intérieur, l'attention aux faisceaux convergents de signes, la lecture émerveillée des suggestions imaginaires, symboliques, voire spirituelles.

Le recours à l'hémisphère droit du cerveau est probablement l'autoroute de l'information que chacun porte en soi pour aller à l'essentiel. La métaphore et la libre association nous permettent de lire une situation sur un autre plan de conscience que l'arbre de décision rationnel. Utiliser son intuition pour repérer les détails de son entourage et y lire une clé n'est pas qu'un jeu romanesque, c'est probablement une aptitude à lire les signaux faibles de notre réalité professionnelle.

Mon hypothèse est que tout ce qui se passe en cours de séance de coaching est potentiellement lié à la problématique de mon client : le sens commun de tous mes rendez-vous d'un jour donné, les premiers mots qu'emploie un client, son secteur d'activité, les personnes qu'il nomme ou pas, les vêtements qu'il porte ce jour-là, les allitérations lacaniennes, les bruits dans la rue, jusqu'aux incidentes qu'il raconte à côté de « sa » question du jour – tout lui fait signe et tout me fait sens. En développement professionnel, il n'y a jamais de coïncidences fortuites.

Un client directeur de la création dans le secteur de la haute joaillerie souhaitait trouver un registre moins conflictuel dans sa relation avec ses pairs. Perçu comme atypique et fauteur de troubles, il avait à cœur d'atténuer cet impact pour s'intégrer dans l'équipe de direction. Il était féru de développement personnel et d'ésotérisme, mais se gardait bien de le laisser transparaître au travail. Alors qu'il me faisait part de son embarras face à sa faculté de lire dans les pensées de ses interlocuteurs, racontant l'origine et les manifestations de ce don, mon regard fut attiré par la fenêtre donnant sur rue : sur le mur de la maison d'en face, un rai de lumière en forme de diamant se reflétait à la verticale au-dessus de lui (heureusement pour ma santé mentale, ce n'était pas en forme d'auréole). Issue du reflet du soleil sur la vitre d'un voisin, cette forme n'est jamais apparue auparavant ni après ce moment précis avec aucun autre client. Cela nous conduisit à un plan d'action évident : comment canaliser son talent à l'extérieur de la vie profession-nelle, en explorant la possibilité de s'exercer et de se former concrètement à l'usage de ces champs de conscience subtils ? Il était soulagé que j'accorde du crédit à cette étrangeté qu'il vivait douloureusement et clandestinement. Mais rien ne m'étonne en coaching.

Habile manipulation du hasard ? Pratique divinatoire ?
Le coaching de soi nous amène à être sérieux sans nous
prendre au sérieux ; cela nécessite une solide aptitude
à décrypter le champ symbolique, comme nous le
verrons au chapitre 6.

L'humour est aussi un instrument pertinent pour se simplifier le cours des choses professionnelles. Je suis frappé de voir à quel point les états-majors préfèrent la dérision à l'ironie, alors qu'elle est beaucoup plus néfaste que cette dernière : la dérision est l'instrument cynique de l'ego, elle est donc toujours autodérisoire, destructrice de lien et de sens, tandis que l'ironie socratique fait émerger des pépites de vérité au cœur de la vraisemblance du réel. Se laisser surprendre par des situations cocasses, ubuesques ou pathétiques permet d'en rire plutôt que d'en pleurer. Quitte à outrer un peu le trait pour provoquer un rire positif. Un haut fonctionnaire de l'Éducation nationale me racontait hier que sa surcharge de travail actuelle était occasionnée par le chantier de recensement de toutes les circulaires en vigueur dans les lycées et collèges depuis 1910 : en rapprochant l'urgence du rapport actuel avec l'absurdité de ces circulaires accumulées au fil des ans, nous avons éclaté de rire tous les deux devant cette perle kafkaïenne.

En quoi ma situation professionnelle prête-t-elle, à chaque instant, à rire ? En pointant mes opinions contradictoires, en prenant ma mauvaise foi en flagrant délit, ou encore en acceptant ma tendance à me caricaturer, je commence à me détacher un peu de la problématique que j'entends résoudre. L'intégrité pouvant conduire à l'intégrisme, même en développement personnel, l'humour est une soupape importante pour garder ses distances par rapport à des perturbations de la vie courante.

Une cliente reconvertie en ressources humaines menait un coaching pour développer ses compétences managériales. Une des remarques incessantes de son manager était qu'il la trouvait « agaçante », bien qu'il ne lésinât pas sur les moyens qu'il lui mettait à disposition pour se développer. Interloquée, vexée, puis franchement déstabilisée, elle prit le parti d'en rire quand elle comprit ce que cet agacement dissimulait de peur et de désir inavoué. Cela lui resta même comme un ancrage de drôlerie lorsqu'elle poursuivit sa carrière sous d'autres horizons.

L'ironie et l'humour surgissant à l'improviste servent de talismans dans un chemin de développement : une image joyeuse, une chanson fétiche, un moment de rencontre profonde laissent une trace vivace et rémanente dans l'esprit de la personne coachée. Comme l'image dessinée à la craie sur le trottoir dans *Mary Poppins*, ces situations heureuses sont à notre portée si nous nous rappelons de la formule magique du rire en toutes circonstances. Pour cela, il nous faut parfois oser perdre connaissance.

2. Oser perdre connaissance

Rien n'est plus difficile pour les managers contemporains que de cesser de faire l'intelligent. Non seulement le système éducatif, mais l'idéologie moderne valorisent le savoir cognitif et la pensée abstraite avant toute chose. Ce qui n'est pas rationnel n'a pas droit de cité dans la sphère de direction, prétend-on. Engoncés dans une mécanique du vivant qui assèche leur motivation, leurs rêves et leurs espoirs, ils viennent au coaching pour demander l'asile poétique.

> En sortant de l'intellectualisation, on peut s'abandonner
> pour s'adonner complètement aux risques du métier.

Contre Voltaire

Tout particulièrement en France, nous vivons à la fois sous le règne et sous le joug des Lumières. Certes, il n'est pas question de remettre en question leur héritage philosophique : la pensée universaliste, le progrès de la connaissance et l'avènement des libertés humaines ont permis une démocratisation du savoir des Encyclopédistes et une émancipation sociale heureusement irréversibles. Mais cette marche de l'humanité vers la raison éclairée trouve aussi sa part d'ombre dans une idéologie rationaliste et matérialiste niant toute autre forme de connaissance. En approfondissant « *l'erreur de Descartes* », selon l'expression de Damasio, Voltaire a notamment marqué l'avènement d'une conception radicale de la raison contre la foi, du politique contre le religieux, du progrès contre la tradition et du profane contre le sacré. Depuis la Révolution française, nos élites sont éduquées dans l'idolâtrie de la raison exclusive de toute autre forme de réalité, jugée superstitieuse. La science moderne, désormais confondue avec la technique, s'est coupée de la tradition et d'une conception plus large de la sagesse humaine, plus mystérieuse et plus gnostique. Orphelins de cette vision holistique de l'homme et du cosmos, nos managers ont perdu les instruments non rationnels pour réenchanter l'entreprise : les systèmes d'information, les concepts marketing et autres outils de gestion créent un surcroît de richesse matérielle au prix d'un appauvrissement symbolique. Obscures Lumières qui nous apportent la puissance, mais nous privent du sacré.

Enraciné dans la phénoménologie, le coaching de soi procède-t-il d'une pensée réactionnaire ? Il suppose, en effet, que la raison ne peut s'autolégitimer, et qu'il lui faut une référence qui transcende l'action économique. Dans un précédent ouvrage[1], j'ai proposé de fonder le leadership sur une « métamodernité » qui dépasse le post et le moderne en retrouvant le lien métaphysique dans l'économie. Avec la crise économique planétaire qui est manifestement une crise des fondamentaux de notre système, cela semble d'autant plus d'actualité.

Concrètement, comment être « métamoderne »
dans son développement professionnel ?

Primo, je privilégie **mon intuition** par rapport à mon analyse rationnelle. Ne nous y trompons pas, elle précède toujours cette dernière, même dans les cerveaux les plus formatés à la logique hypothético-déductive. Pour reprendre la magnifique formule de Philippe Léotard, il s'agit de sortir de la « *clinique de la raison close* ». Avant de se demander ce qu'il en pense, le coach de soi interroge : « Qu'est-ce que je ressens ? » L'intelligence émotionnelle de Daniel Goleman est surtout une attention à nos tripes et à notre âme, sans souci de rationalité pure et parfaite.

---

1. *Le Coaching du dirigeant*, Eyrolles, 2008.

© Groupe Eyrolles

Un directeur du développement des ressources humaines dans un groupe industriel, ingénieur de formation, m'appelle un jour pour me faire part de son dilemme : le Groupe lui propose un poste de DRH opérationnel en province avec une forte composante de relations sociales qu'il ne connaît guère, mais qui représente une aspiration majeure sur son curriculum vitæ, avec son lot de contraintes familiales. L'alternative est d'attendre une promotion à un poste de ressources humaines *corporate* ou d'aller voir ailleurs. Opportuniste et volontiers cynique dans sa vision de l'entreprise, il affecte une rationalité d'animal à sang-froid. Ayant pesé le pour et le contre, il a des doutes sur le choix juste par rapport à ses capacités et ses désirs. Au cours d'un bref échange, je l'invite à s'intérioriser et, par diverses techniques de visualisation et de constellation systémique d'entreprise, à se représenter sa situation professionnelle à venir, en faisant table rase des options en présence. Son idéal très profond de service et d'intérêt général émerge alors. Cette opportunité de carrière lui pose, en fait, des questions abyssales de vocation et de contribution à un sens collectif. Au terme d'un coaching individuel centré sur cette quête essentielle, il fera un *coming out* intellectuel et éthique magnifique, avec une confiance et une sécurité intérieure plus denses.

J'ai beaucoup de tendresse pour les cadres d'entreprise qui affichent une vision cynique du monde, car je sais d'expérience qu'ils sont presque tous des idéalistes résignés. En ravivant la flamme intérieure, en réparant et en consolant ce qui peut l'être (cf. chapitre 3), ils accèdent de nouveau à leur puissance intérieure.

Secundo, je suspends mon jugement pour **écouter mon cœur**. On a vu au chapitre premier combien la suspension de jugement est constitutive du coaching. En général, le « pourquoi ? » causal laisse la place au « comment faire ? » pragmatique et instrumental. Mais au-delà de cette approche inspirée par les thérapies brèves, la question du « comment » est, elle aussi, insuffisante. Les quatre rationalités de Max Weber nous invitent à d'autres formulations : « Pour quoi faire ? » (téléologique), « au nom de quoi ? » (traditionnelle), « ému par quoi ? »

(émotionnelle), « en vertu de quoi ? » (ontologique). Dans tout choix professionnel, ma verticalité, allant de mes ancrages à mes aspirations, croise mon horizontalité, équilibrant la raison et les sentiments. L'intelligence du cœur est au centre de cette croix décisionnelle.

Il m'arrive de rencontrer les enfants de mes clients au moment de leur orientation professionnelle, avant un examen ou un concours. En écoutant ce qu'ils taisent, en m'imprégnant de l'infra-verbal et en regardant ce que leurs yeux expriment, je perçois parfois ce qui les appelle ici et là, et je leur restitue cela : besoin d'émancipation, désir de conformité à une figure parentale, envie de relever un défi pour gagner la fierté d'autrui, passion sourde et muette, fragilité affective ou confiance débordante dans la vie, ils viennent simplement s'entendre dire ce qu'ils n'osent penser, mais qui les anime intérieurement. De ces rencontres je ressors perplexe quant aux codes actuels de l'orientation professionnelle, qui interrogent si peu la gourmandise muette de ces jeunes gens. Et je leur prescris parfois la lecture d'un roman, d'un poème ou d'un conte qui peut les autoriser à s'autoriser d'eux-mêmes. On ne sait jamais.

Le raisonnement cartésien conduit à une aporie métaphysique – autrement dit une impasse désespérante. Le coaching n'est peut-être rien d'autre, en définitive, que la transmission d'outils pour bien penser, c'est-à-dire plus en conscience de toutes les facettes rationnelles et irrationnelles de l'existence. Professionnellement, cela conduit à prendre soin des détails, à emprunter des chemins de traverse avant de décider et à convoquer d'autres registres que le *one best way* taylorien qui gouverne peu à peu toutes les décisions de l'entreprise. Il est peut-être irrationnel de passer du temps à la machine à café quand on n'a pas le temps de faire une pause, de prendre une journée de congé pour marcher en forêt quand on a mille raisons de ne pas le faire, d'annuler une réunion quand on n'a rien à y apprendre. Et pourtant, c'est dans ces moments suspendus que surgissent les « flashs », ces intuitions fugaces et intenses quant à nos choix clés.

Tertio, je **renonce à tout contrôler**. Le volontarisme voltairien fabrique un monde hominocentré et un humanisme égocentrique. Je ne suis prosélyte d'aucun dogme, sauf l'absence de prosélytisme lui-même : si l'erreur de Descartes était la division du corps et du mental, « la faute à Voltaire » fut alors d'adjoindre la volonté à la raison. Or, les situations les plus critiques se dénouent souvent involontairement, lorsque je renonce à vouloir agir dessus. Personnellement, je m'applique à ne pas choisir mes clients (sauf incompatibilités et cas pathologiques). J'imagine que si le contact doit se faire, il se fera. Entre fatalité et libre arbitre, la position spinoziste m'a toujours semblé judicieuse (cf. chapitre 9). Lorsque je m'en remets à une puissance qui me dépasse, je peux choisir en toute responsabilité.

Reprenons le cas déjà introduit du consultant en stratégie, manager dans un cabinet anglo-saxon, qui suivait un coaching avec l'objectif de progresser sur la variable « empathie » dans l'évaluation trimestrielle par ses subordonnés et associés : si son score ne dépassait pas 6.2, il ne pouvait prétendre au grade supérieur (je n'invente rien). Par loyauté autant que par naïveté, il faisait de réels efforts pour gommer son image de tueur, et rechutait brutalement à chaque mission sous pression, ce qui aggravait sa note immanquablement. Il pleurait de cette émotion réelle, mais totalement bloquée. Un jour, n'y tenant plus, il décida de renoncer à cet objectif : le consulting n'était décidément pas fait pour lui, il allait rejoindre une banque européenne et jetait l'éponge de son cabinet prestigieux. Comme par miracle, il se surprit à parler avec son cœur, à partager avec les autres des morceaux de vie privée et même à sourire sans se forcer. Quelques semaines plus tard, il m'appela pour m'annoncer qu'il était coopté manager.

Enfin, j'interroge mon intention profonde en invoquant **mon Panthéon personnel**. Invoquer une volonté qui transcende mon raisonnement est, précisément, la condition pour m'en tenir à une ligne de conduite claire. Convoquer ses mentors intérieurement, invoquer anges et archanges, s'en remettre à la divine providence. Peu importe la cosmogonie personnelle de

chacun, il s'agit avant tout de se poser la question magique :
« Quelle est mon intention ? » De là découle le sens de mon
action. Comment éviter les promesses d'intention qui n'aboutissent jamais et nous laissent encore plus perplexes ? En
renonçant à être auteur-compositeur de ma vie professionnelle :
seulement interprète. Mon intention est alors de laisser s'exprimer quelque chose qui me porte et me dépasse – vocation,
aspiration, destin. C'est un retournement complet par rapport
à la gestion volontariste des carrières.

S'abandonner pour dénouer l'impensable

Faut-il cesser d'être intelligent pour s'épanouir professionnellement ? En un sens, oui : quand nous arrêtons de déployer
des logiques sophistiquées mais désincarnées, nous commençons à retrouver l'inspiration. Mais cela nécessite un abandon
de la volonté, qui peut nous faire revivre des abandons plus
profonds. Parfois, nous sommes orphelins du bonheur inconditionnel et entendons bien le rester.

Les personnes les plus réfractaires au bonheur simple sont
quelquefois les coachs eux-mêmes, qui sacralisent leur outil,
ou s'abritent derrière une technique ou une méthodologie
pour se rassurer ou impressionner leurs clients.

Je suis amusé et agacé par le coaching à tiroirs : les manuels
de progression débutant/confirmé/expert, les protocoles stricts
inspirés des régimes minceur, les recettes miracles des stages
américains. Le coaching n'a pas réponse à tout. Je suis sceptique sur les techniques quand je sens mes confrères fascinés,
tributaires, voire prisonniers de leur appareillage pseudo-
scientifique. Dans le développement personnel, je considère
que les dérives sectaires commencent avec les copyrights sur
tous les supports de travail. Le seul outil indispensable du
coach, c'est lui-même. Cultiver la générosité et la lucidité
envers soi-même ne s'embarrasse pas de procédés sophistiqués et décourageants.

J'avais dissuadé un jeune diplômé de l'INSEAD, brillant expert en marketing, de son souhait de devenir coach ; féru de behaviorisme et d'arts martiaux, il maîtrisait des techniques qui l'avaient aidé à surmonter ses angoisses, et souhaitait les faire fructifier pour autrui. Derrière cette louable intention, je voyais surtout une confusion entre son besoin personnel de coaching et son ambition professionnelle marketing. Trois ans plus tard, directeur marketing d'une entreprise internationale de média, il me recontacta pour engager son coaching, en vue de son expatriation. Au terme de ce coaching managérial classique, il arriva à la conclusion qu'il avait besoin d'engager un travail psychothérapeutique plus approfondi, sans honte et sans fard.

Parfois, certaines personnes qui ont été « coachées » ont fait le chemin inverse du coaching vers soi : grâce à des techniques séduisantes et sécurisantes, ils ont verrouillé leur être pour tenir bon, sans aller regarder, reconnaître et accepter leur part d'ombre.

Une alternative judicieuse consiste à trouver sans chercher. Avec un peu d'entraînement, la solution – qui est toujours en nous, comme le problème – est à notre disposition, juste au coin de la rue : une rencontre inattendue, une lecture au hasard d'un livre providentiel, une question apparemment triviale mais abyssale suite à un mot entendu au détour d'une conversation – tout ramène à soi. La pensée des Présocratiques nous invite, par exemple, à cultiver l'attention aux signes et aux détails qui peuvent orienter nos actes. Un client directeur de fusion-acquisition s'échinait à mener à bien un projet de réponse à un appel d'offres, dont dépendait en grande partie la stratégie d'avenir de toute l'entreprise : c'était la grande opération en banque commerciale du moment à Paris. Dans un contexte morose, le projet de cet appel d'offres était un îlot de sens et d'espoir pour ses équipes, qu'il avait fortement mobilisées pour l'occasion. Au bout de dix-huit mois de tractations, d'approches et de lobbying, il estimait ses chances de réussite à 70 % ; au cœur de l'automne, lorsqu'il apprit qu'une offre concurrente avait été retenue à ses dépens, le monde se déroba sous ses pieds : il savait qu'il jouait son poste sur cette aventure. Il œuvra à cultiver la patience, à saluer l'effort des équipes et à ne pas se morigéner inutilement. Quelle ne fut sa surprise lorsqu'il reçut, quelques mois plus tard, un appel téléphonique du président de la banque cliente, qui lui proposait de prendre la direction de l'activité relative à l'appel d'offres. En trois mois, il quitta son entreprise pour continuer l'aventure de ce projet, chez son client. L'échec collectif s'était avéré un succès personnel, aussi inattendu que triomphant.

> Il est parfois difficile de discerner si un projet a réussi
> ou échoué, selon le sens personnel que revêt le projet.

Une façon simple de prendre soin de soi est de vivre avec l'aléa, non pas contre. Beaucoup de théories de développement personnel attestent l'observation suivante : plus la problématique semble inextricable, plus la méthode pour la résoudre se doit d'être simple. Qu'il s'agisse de la logothérapie de Victor Frankl, du bonheur selon Andrew Cohen, de la fluidité chère à Mihaly Csikszentmihalyi ou de la fin de la souffrance préconisée par Byron Katie, les questions à se poser sont souvent d'autant plus simples qu'elles touchent l'essentiel de notre vie. En entreprise aussi, la simplicité consiste parfois à revenir aux évidences, c'est-à-dire à ce qui fait le vide en nous. Être juste présent à ce qui se passe, et attendre d'en cerner le sens est parfois l'action la plus efficace pour changer sa vie professionnelle. Pour s'aligner dans sa vie professionnelle et personnelle, le premier pas consiste sans doute à faire une pause et à prendre conscience que tout problème contient sa propre solution. À condition de prendre le risque d'être heureux au travail.

S'adonner aux risques du métier

Suis-je prêt à cesser d'être mon pire ennemi ? Beaucoup de démarches de coaching procèdent selon un mouvement centrifuge ; à partir d'un point d'origine traumatisant – échec scolaire, blessure affective, histoire douloureuse, etc. –, le travail consiste à bâtir une réussite pour s'en éloigner : ascension sociale, blindage émotionnel, renarcissisation de l'ego, etc. Ces démarches prônent l'affirmation de l'ego et la négation du soi, car elles nous éloignent de nous-mêmes, de l'endroit où s'originent nos peurs et nos espoirs, nos hontes et nos fiertés, nos échecs et nos réussites.

À ce constructivisme psychologique, je préfère une dialectique centripète : revenir incessamment à l'endroit où la question centrale de notre vie s'est posée la première fois, qui fonde notre être au monde.

> Le monde professionnel n'est qu'un théâtre – et pas des moindres – pour franchir l'épreuve majeure de sa vie, s'accomplir et se réaliser en acceptant, consolant et réparant ce qui peut l'être.

Dans chaque coaching, à chaque séquence de travail, se repose toujours la question clé, différente pour chacun, du sens de notre vie : à chaque occasion d'y répondre, nous avons un peu plus de ressources et de conscience de nous-mêmes. Cette posture, consistant à revenir sur ses traces selon un temps cyclique et non linéaire (cf. chapitre 4), suppose le courage de se mettre en danger par rapport à ses zones de confort professionnel.

Le coaching de soi promet une plus grande fluidité, mais au prix d'une insécurité pour notre ego ; beaucoup des participants aux cycles didactiques que je coanime attestent cette impression de plaisir et de souffrance mêlés. Renoncer aux chimères du statut, au confort de la routine, aux sirènes de la répétition des mêmes scénarios professionnels, tout cela demande une lucidité et un effort sur soi qui ne sont pas faciles. Alors, comment le faire simplement ?

D'une part, l'**action** est plus simple que le discours. L'intérêt du plan d'action est qu'il incarne nos pensées en actes. Ainsi, nous expérimentons d'autres façons de fonctionner à l'occasion d'actes symboliques apparemment anodins : si j'ai pu me mettre en risque avec mon coach, alors je peux le faire aussi dans la vraie vie. Expérimenter des émotions qui me sont soi-disant étrangères telles que la colère ou la rage, tester un comportement empathique même si je me crois misanthrope, m'exercer à parler avec le cœur quand l'idée me semble impensable, voilà quelques exemples où l'on s'exerce à agir différemment, pour se découvrir d'autres facettes rapidement.

Une directrice des ressources humaines manifestait de l'usure face aux dysfonctionnements de la filiale du groupe industriel européen où elle travaillait, et traduisait cela « naturellement » en une attitude sévère, intransigeante et tenace. Avec un passé juridique, elle s'imposait dans son comité de direction par son expertise et son exécution sans faille. Mais elle était arrivée au bout de sa logique de « reine amazone des pompiers ». En explorant occasionnellement un plus grand lâcher prise sur le management par et dans l'urgence, elle se découvrit d'autres centres d'intérêt et d'autres talents. Elle put réinvestir son temps personnel, et découvrit en peu de temps là où le bât blessait : sa mentalité de manager de PME étouffait dans son univers actuel, qu'elle avait accepté pour sécuriser sa carrière, croyait-elle. Elle revisita avec simplicité son ambition, et vit qu'elle ne pâlirait pas en prenant le risque de se faire plaisir dans un univers à taille plus humaine.

D'autre part, l'accomplissement est toujours la conséquence d'un **choix**, même inconscient. L'énigme à résoudre est à la fois l'origine et la destination du voyage du héros. Prendre cons-cience que l'on a déjà choisi avant de rationaliser une situation permet de s'y abandonner sans peur du risque. Si je fais l'hypo-thèse que je ne fais pas ce métier par hasard, dans cette entre-prise et dans ce secteur, alors j'ai déjà un projet implicite qui me lie à mon travail. Voir ce qui se joue dans mon inconscient professionnel me conduit à être moins dupe des échafaudages tels que plans de carrière, bilans de compétences et autres éva-luations de potentiel. Déconstruire les stratégies de carrière pour dévoiler le sens caché de toute vocation professionnelle est moins sophistiqué et plus authentique.

Un directeur de centres de profit dans l'ingénierie électrique et ferroviaire avait connu en début de carrière une période professionnelle très dure sous l'autorité d'un manager tyrannique, qui avait presque cassé son moteur interne. Par la suite, il avait privilégié systématiquement les postes à responsabilité sans risque, cherchant refuge dans la sécurité de la routine et de l'expertise technique. À chaque occasion de prendre une nouvelle orientation professionnelle, il préférait dire non en s'abritant derrière des alibis familiaux ou géographiques. Lorsqu'il prit conscience que le fil directeur de son parcours avait été le voyage, son ciel intérieur s'éclaira : vu sous cet angle, son dernier poste n'avait été qu'une escale en attente d'un poste non sédentaire. Quand il dut choisir entre un poste en région et un poste à l'étranger, l'évidence de cet axe le soulagea de la peur d'échouer et de s'autosaboter à nouveau. L'appel du lointain donnait depuis toujours un sens à son travail.

Enfin, repérer la **cohérence entre le fond et la forme** rend nos choix plus simples. Combien d'entre nous choisissent un poste en fonction de critères objectifs (salaire, contenu du travail, localisation, etc.), en ignorant leurs capteurs sensoriels quant aux personnes avec qui ils travailleront ? À tout instant dans notre activité, nous avons des informations quant aux distorsions entre ce qui est affiché rationnellement et ce que nous ressentons profondément. De peur d'être déçus, certains renoncent, tandis que d'autres ignorent les signaux faibles en se persuadant que leur choix est le bon. Prendre un risque suppose de perdre connaissance rationnellement pour assumer sa pleine subjectivité. Le bon ou mauvais pressentiment se cultive chez nous tous en écoutant le bruit de fond plutôt que la mélodie principale.

Il y a de célèbres conférenciers en développement du leadership et en développement personnel, auteurs de best-sellers et galvanisant les foules, notamment dans le monde anglo-saxon. À chaque fois que j'assiste à leur show, je suis attentif à une chose principalement : l'énergie dégagée par la personne et que je reçois est-elle en ligne avec ce qu'elle professe ? Hélas, je ressens souvent une immense violence à convaincre, à s'imposer et à faire de l'effet, alors qu'ils nous parlent de paix et de sagesse intérieures ! Cela n'enlève rien à la qualité et à la force de leur pensée, mais cela me dissuade de travailler avec eux.

3. Travailler à l'essentiel

Le travail comme terrain de sagesse

Notre relation au travail est, par définition, paradoxale, faite d'aliénation et de réalisation sociale. Certains se débattent dans les contradictions de l'aventure professionnelle, d'autres tirent un trait sur cet univers en « se blindant », croient-ils. Et si le coaching de soi consistait simplement à tenir cette ambivalence irréductible, cet entre-deux de plaisir et de souffrance ? Reconnaître et accepter la fragilité nécessaire à la performance professionnelle est une clé d'épanouissement en trois étapes.

Premièrement, **sortir des alternatives culpabilisantes**. La notion de « gestion du temps », qui a fait tant florès en entreprise, préconise souvent des solutions analytiques séduisantes à première vue : tableaux de bord, matrice important/urgent, hiérarchie des priorités, techniques de délégation des tâches, etc. Hélas, ces recettes ne marchent que superficiellement, car la cause est rarement strictement rationnelle. Croire que l'on gère son temps *ex nihilo* donne un sentiment de toute-puissance illusoire, mais qui se traduit vite en abattement devant les impondérables : notre agenda nous échappe souvent, entre les aléas du quotidien, la contagion des temps d'autrui et l'effet boule de neige des imprévus. Il est plus juste, sans doute, de se rendre à l'évidence ; le temps ne m'appartient pas, mais il en dit long sur moi : derrière la gestion du temps se profile toujours la peur de la mort, symbolique ou réelle. C'est pourquoi nous pouvons accueillir ce qui nous résiste comme une occasion de sagesse, plutôt que de s'échiner à lutter contre la réalité et à échouer dans la mise en œuvre de recettes managériales.

> Par exemple, si rien n'est urgent ni important, la question devient : « Qu'est-ce qui est essentiel pour moi ? »

Le directeur régional d'une agence de 500 salariés dans le BTP souffrait d'une surcharge chronique de travail, et commençait un coaching sous ces auspices de « gestion du temps ». Père de six enfants et ayant effectué une carrière de nomade, il était sur tous les fronts : commercial, exploitation, siège. Mais chacun de ses interlocuteurs lui reprochait d'être injoignable, voire de ne pas tenir sa parole, tant il était débordé en permanence. Il prit conscience du bénéfice qu'il avait à ne jamais se poser, mû par un désir de satisfaire les autres qui le dévorait. La question du temps cachait une question plus essentielle de légitimité et de confiance en l'avenir. En renonçant à l'équivalence « je suis ce que je fais », il vit peu à peu le bénéfice qu'il aurait à honorer des engagements librement consentis, et apprit à déplaire sans défaillir.

Deuxièmement, **je suis le même au travail et dans la vie personnelle**. C'est étrange combien cette affirmation suscite d'incrédulité : plus que le désir d'ubiquité évoqué plus haut, le travail nous fait vivre la promesse d'étanchéité. Or, si nous adoptons des comportements apparemment différents dans la sphère privée et dans la sphère professionnelle, nous véhiculons cependant le même système de valeurs et jouons une même partition de la vie. C'est pourquoi ce que nous arrivons à mettre en acte dans la vie personnelle nous est aussi accessible dans le travail, et réciproquement. Nous pouvons expérimenter dans l'un ce qui nous semble insurmontable dans l'autre, et puiser ici l'énergie nécessaire pour progresser là.

J'avais un client consultant en nouvelles technologies qui souffrait de procrastination sévère : une psychanalyse orthodoxe de dix ans lui avait permis de comprendre sa mélancolie profonde, mais il ne parvenait pas à en sortir devant chaque tâche professionnelle à enjeu, induisant ainsi une carrière morne qu'il se reprochait de saboter. Le cycle devenait infernal, et contaminait peu à peu sa vie privée, très riche en activités culturelles et en loisirs créatifs. Polytechnicien, parisien issu d'un milieu intellectuel et marié avec une Normalienne, il aspirait à une vie aussi exaltante que dans la littérature et la poésie qui le passionnaient, mais qui se heurtait immanquablement à la trivialité de son monde professionnel. Un beau jour, il décida de se soucier davantage de sa vie personnelle, en se lançant un défi formidable : devenir maître instructeur à la prestigieuse école de voile des Glénans. Pour quelqu'un qui pratiquait peu le sport et qui n'avait jamais mis les pieds sur un bateau, cela frisait l'inconscience. Il s'investit dans son projet avec passion, passant ses vacances comme des retraites en mer, découvrant une culture et des hommes loin de ses référentiels intellectuels. En deux ans, le pari était tenu. Son regard sur son travail s'en trouva plus nuancé, et cette réussite personnelle lui servit de parabole de dépassement des contrariétés professionnelles par quelque chose d'infiniment plus beau à ses yeux. C'était comme si le capitaine Achab avait enfin vaincu Moby Dick…

Troisièmement, **tout acte professionnel est un acte éthique** en soi. Le travail nous offre un chemin d'humanisation permanent, car il procède d'une succession de choix qui engagent notre relation aux mondes, intérieur comme extérieur. Le chemin le plus court vers la performance économique est la barbarie policée, la cruauté managériale, la brutalité de tous contre tous. Il suffit d'observer les comportements sociaux en période de crise pour se persuader de la justesse des travaux de René Girard sur la violence symbolique comme état naturel de l'humanité. Et pourtant, la conscience individuelle allant croissante, l'entreprise nous offre presque à chaque instant une occasion de rompre ce cycle, en se posant des questions simples : « Comment traiter autrui de la façon dont j'aimerais être traité moi-même ? Qu'ai-je à apprendre de la situation présente ? Ma décision présente alimente-t-elle de la haine ou de la bienveillance envers mon entourage ? » Il ne s'agit pas tant de moraliser les pratiques de management, que de reconnaître qu'elles posent toutes des questions morales, car travailler ensemble suppose un code implicite sur la façon de vivre ensemble. Le sens de l'action professionnelle réside dans cette pleine conscience que tous nos actes ont une portée éthique. L'entreprise est une école de la vie grandeur nature.

Le directeur général d'une banque d'investissement était régulièrement sollicité par les journalistes, pour des interviews ou des portraits qui le flattaient et l'effrayaient à la fois : il prenait le risque de froisser d'autres dirigeants de la banque en s'exposant trop, voire de mettre en porte-à-faux la direction de la communication du Groupe qui voyait d'un mauvais œil ces confidences stratégiques échappant à son contrôle. Il commença à avoir des soupçons précis à l'égard de certains dirigeants de la banque lorsqu'il découvrit une succession de rumeurs et de bribes de désinformation dans la presse, qui avaient manifestement pour objet de lui nuire personnellement. La campagne de déstabilisation enfla, et lorsqu'il fut débarqué par son conseil d'administration, son premier réflexe fut d'appeler un journaliste de ses amis : il entendait régler ses comptes et laver son honneur en publiant une pleine page de réponse dans un grand quotidien du soir. À la réflexion, il comprit la vanité de son impulsion : plutôt que de laisser son ego aggraver la situation par un acte de vengeance stérile par presse interposée, il voyait dans ce silence obligé et brutal un enseignement de patience et d'humilité, une occasion de rebâtir sa vision du métier plutôt que de ruminer un sentiment d'injustice. Il laissa passer un mois sans répondre à aucune interview, puis décida de solliciter les médias pour faire entendre sa voix sur l'intérêt général du secteur, avec une fierté recouvrée.

Tisser une commune humanité

L'entreprise n'est pas qu'un terrain d'exercice pour notre éthique individuelle, elle est aussi un amplificateur des dynamiques collectives. L'aptitude à jouer collectif est même devenue un sésame dans les compétences de base de chaque collaborateur, du fait des nouvelles technologies et des organisations en mode projet qui s'implantent ici et là. Nul ne peut aujourd'hui se soustraire à l'intelligence collective au travail, même le plus solitaire des experts. Comment composer simplement avec ces nouvelles règles ?

D'une part, en abordant la vie dans l'équipe comme une **expérience psychosociale**. Se frotter aux autres professionnellement est, là encore, une fractale de notre vie dans d'autres communautés d'existence – famille, école, amis, etc. Nos réactions et nos attentes y sont exacerbées par le temps que nous passons au travail et les enjeux – de statut, de reconnaissance, d'appartenance – que nous y mettons. Une amie se plaint incessamment de ses collègues de travail, depuis quinze ans que nous nous connaissons. D'une entreprise à l'autre, d'un secteur à l'autre, ce sont toujours les mêmes scénarios d'injustice subie et de révolte infligée qu'elle met en acte. Comment ne pas voir que ces contrariétés lui offrent sans cesse l'occasion de résoudre une question plus essentielle d'acceptation inconditionnelle par les autres ?

Composer avec les autres est un principe de réalité parmi les plus douloureux de l'existence. Parfois enracinée dans une expérience traumatisante dans sa fratrie (cf. chapitre 3), la blessure du contact avec les partenaires de travail est souvent vivace. Il suffit d'une réunion houleuse, de l'arrivée d'une nouvelle recrue urticante pour moi ou d'un énième séminaire d'équipe pour nous exclure du jeu. Personnellement, je suis un introverti pour qui tout séminaire à animer en résidentiel a longtemps représenté une épreuve difficile : la perspective d'être en représentation à temps plein, d'apprivoiser l'énergie d'un groupe et d'en soutenir l'exigence fut longtemps désarmante, jusqu'au jour où j'ai compris qu'il ne tenait qu'à moi de vivre autrement ces aventures. Chaque intervention en équipe est un parcours initiatique, une énigme à mon service, un mystère qui se présente à moi pour que je le résolve. Tous mes voyages extérieurs ne me parlent que d'un voyage intérieur. Un séminaire difficile à Chypre devint réjouissant quand j'appris que cette île divisée était dans la mythologie la résidence d'Hermaphrodite, fils des dieux du soin et de l'amour ; une action auprès d'une équipe en crise dans les Alpes suisses prit son sens quand je « vis » dans la chaîne des montagnes un cénacle d'ancêtres, réunis pour nous voir grandir ; un séminaire sur la côte Est américaine avec une équipe multiculturelle me fit renouer avec la facilité de parler vrai à Babel. Et ainsi de suite...

Un de mes clients a pour coutume d'emmener toute son équipe en séminaire annuel dans des lieux propices au ressourcement : d'Annecy à Rome, du Sud-Marocain à l'Écosse, ce n'est pas tant d'exotisme qu'il s'agit, mais de refuges géographiques pour se voir et se découvrir différemment. Lors du séminaire dans le désert, j'ai cessé de lutter avec lui sur la pertinence de ces team-buildings répétitifs où chacun se force un peu à donner le change au reste de l'équipe : la nature était agissante en soi, elle créait une plus grande harmonie entre tous. En tant que coach, je n'avais rien d'autre à faire que célébrer ces moments et les donner à voir aux collaborateurs de l'équipe.

> Expérimenter une autre façon de vivre ensemble est parfois l'unique et simple bénéfice d'un séminaire de cohésion d'équipe.

D'autre part, le travail nous offre une **communauté de tentatives**. Nous frottons nos espoirs et nos doutes, et il en ressort parfois des succès, souvent des déceptions. La montée de l'obligation de résultats dans les référentiels du management n'y pourra rien : l'entreprise est fondée sur une obligation de moyens, une « convention d'efforts » comme disent les économistes. Prendre à l'essai l'expérience du travail à plusieurs nous rend moins vulnérables aux agressions de la vie en communauté.

J'ai connu une start-up informatique, montée par d'anciens élèves de Télécom Paris et des Arts et Métiers en pleine bulle Internet. Se rêvant entrepreneurs, ils étaient surtout d'anciens consultants en stratégie qui abordaient froidement et rationnellement l'aventure à plusieurs. Manipulant les *business plans*, organisant des *war rooms* et écrivant des dizaines de *brown papers*, ils n'avaient de cesse de mettre en place tous les instruments de gestion et d'organisation qu'ils avaient appris à l'ENSAM et à l'ENST. En quelques mois, ils disposaient d'une gouvernance digne de General Electric, mais leurs clients étaient rares et leurs investisseurs trop modestes pour boucler les premiers tours de table. Les fondateurs ne cessaient de se critiquer les uns les autres et commencèrent à se reprocher mutuellement la situation. Je me souviens que même les départs successifs de plusieurs directeurs du comité de direction ne suffirent pas à confronter les associés fondateurs à l'écart entre leur ambition et le décollage médiocre de leur entreprise. Il leur fallut patienter et déchanter sur la promesse de valorisation vertigineuse de leur projet pour voir leur réalité en face : ils étaient les managers d'une PME certes innovante mais à croissance lente, ancrée dans des problèmes pratiques et non stratégiques. En apprenant dans la douleur à recaler leurs rêves de grandeur, ils grandirent ensemble et commencèrent à s'apprécier dans leurs failles respectives.

La communauté humaine est souvent une communauté de souffrance, et le monde du travail n'y échappe pas, nonobstant les incantations managériales à la performance continue. On y apprend, après tout, une discipline qui en vaut d'autres : la persévérance dans l'espoir, la tempérance, la constance dans l'effort sont des vertus rarement enseignées dans les écoles de gestion, à tort. Apprendre à durer et à endurer serait pourtant une simple leçon de sagesse pour tous les responsables d'entreprise.

Enfin, le travail donne **l'opportunité de la rencontre**, avec l'autre et avec soi. Il ne s'agit pas de socialisation ici, mais de la vraie utilité de l'aventure professionnelle : découvrir l'altérité. Je crois même que c'est la spécificité des organisations apprenantes que d'offrir des occasions permanentes de bricoler à plusieurs, sous prétexte de résolution de problèmes. Paradoxalement, c'est malgré les organisations que des moments de grâce peuvent émerger, dans lesquels une rencontre a vraiment lieu : une solidarité en actes, une complicité émouvante, une euphorie manifeste. C'est pour recréer ces états vibratoires précieux et rares que nous travaillons. Plus encore que l'inertie bureaucratique des structures formelles, nous sommes souvent notre pire ennemi en la matière, engourdis par nos routines mentales et nos autosabotages.

Le directeur des achats d'un groupe audiovisuel était un jeune manager, propulsé en quelques années à un poste clé qu'il n'avait pas réellement convoité. Attentif à son équilibre de vie, il peinait à asseoir son autorité sur ses anciens collègues, et se persuadait qu'il n'était pas à la hauteur du poste. Victime d'un syndrome d'imposture, il travaillait d'arrache-pied pour dissimuler son incompétence, croyait-il. Il avait surtout peur de réussir seul. Lorsqu'il découvrit qu'il pouvait partager ses doutes et ses craintes avec son équipe sans fragiliser son leadership, bien au contraire, il se décontracta et prit du plaisir à organiser divers temps forts pour rythmer la vie de l'équipe : réunions hebdomadaires de service, partage de bonnes pratiques, séminaires *outdoor*, etc. En deux ans, il avait réconcilié en lui-même le bon élève solitaire avec le coéquipier sympathique.

En entreprise comme chez Levinas, le chemin vers soi passe par l'autre. La magie de la rencontre, qui nous surprend toujours en flagrant délit de découragement ou de toute-puissance, est un des trésors de la communauté de travail. Mais l'expérience professionnelle nous rend-elle moins seuls ?

Faire de la solitude son alliée

On distingue combien la simplicité prônée ici est loin de la facilité en pratique. Il faut du courage pour faire vœu de simplicité. La chose essentielle que nous partageons avec nos compagnons de fortune en développement personnel et professionnel, c'est la conscience d'être seuls au monde. Voilà l'un des grands paradoxes du coaching de soi : plus nous sommes nombreux à travailler en nous, plus nous découvrons à quel point ce chemin est solitaire, voire incommunicable. Écrire un livre sur l'ineffable d'une expérience de coaching est encore plus paradoxal peut-être.

D'un côté, dans les périodes critiques de notre vie professionnelle, nous sommes appelés à révéler notre **courage individuel**.

C'est le moment de faire simple. Je crois que le sentiment de danger que nous éprouvons tous à certains moments de notre carrière est une invitation de la vie à révéler des qualités enfouies. Le propos de nombreux survivants de la Shoah, et notamment de Bettelheim, est de nous inviter à utiliser des ressources exceptionnelles en situations exceptionnelles.

La directrice générale des soins d'un groupe mutualiste avait la réputation de « napalmiser » les organisations et les personnes sur sa route. Gestionnaire hors pair, médecin de formation et dotée d'un parcours international solide, sa réussite et son ambition suscitaient beaucoup de jalousies et attisaient les conflits entre les différents corps intermédiaires de l'entreprise. Plus la situation se tendait, et plus la DG se raidissait dans une position intransigeante. Peu à peu, toute l'équipe de direction la lâcha. Elle savait qu'elle revivait un scénario bien connu de fuite en avant qui lui aliénait son entourage. Son coaching lui fit entrevoir qu'elle n'était pas si originale à expérimenter cet héroïsme tragique. « *Je ne suis pas la seule à être victime émissaire* », disait-elle en riant. Au lieu de s'en plaindre, elle s'installa dans ce rôle de composition pour lequel elle avait beaucoup d'atouts : combativité, loyauté à l'organisation, énergie et intégrité. En acceptant sa solitude face au danger, elle put aussi choisir les batailles qui méritaient qu'elle les livre, et les armes à employer : ni kamikaze ni samouraï, elle avait une « feuille de route » simple qui consistait à manager la crise sans se sacrifier. Elle tint bon et se fit regretter par son équipe quand elle quitta l'entreprise, quelques années plus tard.

D'un autre côté, les épreuves que l'on affronte en solitaire sont **difficilement partageables**, sauf avec ceux qui sont passés par là. C'est l'effet « alcooliques anonymes » du coaching de soi. Accepter de faire face à la situation, quelle qu'elle soit, est un acte de responsabilité qui nous sort de la plainte et de la dépendance à une aide extérieure. Qui mieux que moi connaît mes ombres ? En quoi la situation présente me parle de moi, et non du monde extérieur ? Qu'ai-je à dépasser personnellement à cette occasion ?

Je me rappelle un directeur marketing qui avait signé une transaction avec son entreprise pour incompatibilité d'humeur après dix ans environ de bons et loyaux services. À la fois scientifique et créatif, il avait une conception globale de son métier, mais était trop épris de liberté et d'exigence pour rejoindre une agence d'études et de conseil. Foisonnant de projets culturels, industriels, sociaux, littéraires mêmes, il était optimiste mais hésitant quant à sa prochaine étape professionnelle. Petit à petit, son accompagnement de transition lui fit expérimenter sa solitude croissante ; son ancien employeur ne serait finalement pas son premier client, ses partenaires potentiels s'éloignaient et les promesses de contact s'évanouissaient avec le temps. Les clés de son succès futur n'étaient décidément pas à l'extérieur de lui, mais en lui-même, dans l'audace du choix conscient. Plus il avançait, plus il abandonnait des projets qui se révélaient chimériques, non sans regret. Mais il gagnait en contrepartie de la confiance dans ses propres forces et son talent pour concrétiser un projet original. Il lui devenait plus facile de concilier business et recherche, qualitatif et quantitatif, goût des autres et singularité.

La solitude est ontologique, pas l'isolement. En présence du coach, l'expérience de la solitude dans une démarche d'accompagnement professionnel reste un passage nécessaire pour s'affranchir de certains réflexes infantiles, et s'assumer plus complètement. Seul face à moi, j'apprends à me passer de la ronde sociale et à me suffire à moi-même pour aller vers plus d'intégrité et de sincérité. J'expérimente à nouveau que personne – ami(e), conjoint(e), thérapeute, collègue – ne peut plonger dans la piscine à ma place. Tant que je suis entouré, consolé, supervisé, je ne suis pas vraiment disponible à moi-même, et je repousse le moment de me prendre en main. À chaque fois que j'étreins la solitude de mon expérience de vie, professionnelle ou pas, j'apprivoise ma sauvagerie et je me ménage plus d'espace de liberté intérieure. Avant de partir sur la route de Saint-Jacques, sommes-nous prêts à ce pèlerinage de la *reflectio* intérieure ?

Exercice n° 6 : Être seul à être moi[1]

Prenez un instant pour vous isoler, coupez votre téléphone et éteignez votre ordinateur. Tentez maintenant de répondre aux questions suivantes, sans esquive.

Suis-je en paix quand je suis seul avec moi-même ?

....

....

Quelles pensées m'assaillent quand mon bureau est vide ?

....

....

Quel serait mon pèlerinage intérieur ? Qu'aurais-je à y dompter ?

....

....

In fine, la solitude est notre alliée pour nous accomplir professionnellement. Ni les départements ressources humaines ni le management hiérarchique ne peuvent aujourd'hui se substituer à notre propre gestion de carrière. Dans une logique où chacun est seul tributaire de son employabilité, l'individualisation grandissante de la gestion des talents rend caduques les politiques collectives de formation et développement des compétences en entreprise. Mais cette situation a aussi un avantage : l'emprise de l'organisation sur nos désirs et sur nos aspirations personnelles s'amenuise. Que faire de cette liberté gagnée devant l'éventail des possibles ? En interrogeant ce qui m'est essentiel dans mon travail, je découvre l'effet « boîte de Pandore » du coaching de soi : une question anodine en

---

1. Pierre Pachet, *Être seul à être soi*, Revue *Esprit*, décembre 1992.

appelle une plus cruciale, et ainsi de suite, du plus superficiel au plus intime. Vu le continuum professionnel et personnel que l'on parcourt en coaching, nous voici entraînés dans un questionnement en abyme, vers le plus juste de nous-mêmes.

Une cliente était la directrice financière d'une entreprise de télécommunications. Soumise à un stress et un volume de travail très conséquents, elle se mettait souvent en péril avec un niveau d'exigence démesuré, et vint me rencontrer à deux doigts d'un sévère *burn out*. Diplômée de HEC, perfectionniste et très synthétique, elle n'avait, à ce jour, déployé que des compétences et des attitudes rationnelles dans son travail : coupée de ses capteurs physiques et sensoriels, elle perdait ses moyens aussitôt qu'une émotion incongrue se manifestait en elle. L'effet sur son action professionnelle était catastrophique, et le spectre de son échec professionnel augmentait son angoisse. Soudain, elle me fit la confidence de sa tentative de tomber enceinte qui échouait depuis longtemps, de sa culpabilité et de sa peur de souffrir de nouveau. Tant et si bien qu'épuisée physiquement et moralement, elle fut mise en arrêt maladie par son médecin. Passé la rage d'être à genoux, elle vit combien la question de son alitement en ouvrait d'autres, de plus en plus vastes : sur le soin qu'elle prenait d'elle-même en tant que femme, notamment. Trois mois plus tard, elle tomba enceinte et lâcha prise sur sa course-poursuite professionnelle.

En général, ce ne sont pas les réponses qui manquent, mais c'est la question. Par un coup du sort étrange, nous avons à chaque instant toutes les ressources nécessaires pour résoudre les énigmes qui se présentent à nous. Cela suppose un retournement intérieur qui consiste à identifier l'énigme, tout simplement. Deux mouvements s'offrent à nous.

D'une part, un mouvement centrifuge, qui consiste à chercher des solutions latérales (travail, logement, couple, loisirs, etc.) pour compenser, réconforter ou nous éloigner du problème : « Je suis fatigué mais je pars en vacances demain, ça va passer. »

D'autre part, un mouvement centripète, qui nous conduit à revenir sur nos traces, à interroger notre croyance fondamentale sur nous-mêmes et sur la vie, à reconnaître, réparer et revisiter inlassablement le problème qui nous est posé : « Je suis fatigué et je connais bien cet état qui a quelque chose à m'apprendre ; j'écoute ma fatigue et je l'honore comme vecteur de sens et de progrès. » Quelle voie souhaitez-vous emprunter ?

Chapitre 3

Reconnaître son enfant intérieur

Sur quoi fonder mon autorité ? Critiqué de toutes parts, le modèle hiérarchique a vécu. Le respect des anciens passe pour has-been et toute référence à l'autorité traditionnelle est suspectée de dérive autoritaire. Bien avant Mai 68, cette crise s'enracine dans le XVIIe siècle, où l'« enfant roi » Louis XIV effrita la représentation du pouvoir royal en la sécularisant absolument. Depuis, nous n'en finissons pas d'être régicides, oscillant entre contestation radicale et soumission arbitraire, pareils à des « enfants tyrans ». Dans une société apparemment « adulescente », les besoins de l'enfant sont la cible privilégiée du marketing de masse. L'entreprise n'échappe pas à cette infantilisation qui fragilise l'autorité managériale : les comportements fusionnels ou claniques, avec leurs logiques de vengeance, d'allégeance au plus fort et de cruauté autorisée, sont le quotidien des états-majors en mal de légitimité.

Paradoxalement, cette difficulté à agir et décider en adulte trouve sa source dans l'oubli de notre enfant intérieur ; en perpétuant l'abandon de l'enfant naturel qui sommeille en eux, les leaders s'interdisent de faire autorité, c'est-à-dire littéralement de grandir.

À tout instant, l'enfant que l'on a été vit en nous. Quelle place trouve-t-il dans la vie professionnelle ? Comment faire sans enfance ? Et au passé, présent et à l'avenir, comment faire avec ?

1. L'enfance de l'art :
renouer avec l'enfant que l'on a été

L'enfance de l'art du leadership ne siège pas dans les dynasties familiales, les stages en entreprise ou les formations de type MBA : elle réside dans l'art de reconnaître l'enfant que l'on a été, d'en prendre soin et de s'en souvenir.

Une amnésie collective

> Combien de cadres dirigeants
> se souviennent d'avoir été des enfants ?

La vie en entreprise gomme les générations : en dehors des grilles de rémunérations et des classifications par grades, l'ancienneté n'intervient guère dans la performance quotidienne. Au nom d'une équité louable, l'âge n'interfère pas officiellement dans les actes de management. Que l'on soit jeune ou vieux, les exigences et les archétypes du pouvoir sont intemporels. Le coaching renforce cette représentation, prétendument réservé aux cadres prometteurs – entendez : de 20 à 60 ans.

« *La jeunesse n'est qu'un mot* », selon la formule de Pierre Bourdieu. Ce mot véhicule d'autres fantasmes que l'état civil, et cache des *habitus* et des dispositions sociales bien plus signifiants qu'une appartenance générationnelle. Mais dans l'entreprise, l'abolition des différences d'âge signifie aussi l'effacement des codes d'apprentissage et des rites de transmission du savoir et de l'autorité. Le modèle implicite est celui d'un professionnel autonome, expert et expérimenté. Tout se passe comme si les hommes et femmes au travail avaient éternellement l'âge adulte.

Or, l'expérience professionnelle n'est qu'une succession de premières fois. Vivre, c'est apprendre à mourir et à renaître, ici comme ailleurs. Comment procéder ?

D'une part, le coaching de soi consiste à **revisiter ses premières fois**. Aucune mission ni projet ne surgissent *ex nihilo*. Si je suis impressionné, voire terrassé par un enjeu immédiat ou par un conflit latent, je peux me rappeler que j'ai nécessairement vécu auparavant une expérience plus difficile – à commencer par ma propre naissance ; peu s'en souviennent, mais l'exercice consistant à revivre sa ou ses naissances intérieures, qu'il s'agisse du *rebirth* de Leonard Orr, de la respiration holotropique de Stanislas Grof ou du TIPI de Luc Nicon, nous fait accéder à des mémoires anciennes de nos précédentes premières fois. Plus simplement, imaginer l'exploit qu'a été notre venue au monde vaccine contre la plainte et le découragement face à des contrariétés professionnelles. D'autres souvenirs plus ou moins douloureux de l'enfance sont à notre disposition pour se défaire de la peur d'échouer face à de nouvelles premières fois.

Un directeur du contrôle de gestion dans une entreprise d'électronique grand public peinait à trouver sa place entre un directeur financier expert et directif et un directeur général ex-directeur commercial, qui attendait de la finance qu'elle soutienne les opérations, non pas qu'elle les contraigne. Sa passion pour le business opérationnel le mettait en porte-à-faux avec son responsable hiérarchique. Pris dans cette double contrainte, il se décourageait peu à peu, perdant ses moyens à chaque intervention devant le comité de direction. Quand je l'invitai à se remémorer des situations réussies de présentation en public, il se vit instantanément à 17 ans, dans le groupe de rock punk qu'il animait dans son lycée. Son visage s'éclaira, transfiguré par la nostalgie des concerts et des moments intenses qu'il avait traversés. En ancrant cette image physiquement, il retrouva sa sérénité et sa puissance au cours des prochaines réunions financières.

La PNL et d'autres techniques simples permettent de rester
au contact de nos images mentales, souvent remisées
au grenier de la vie préprofessionnelle.

D'autre part, le coaching de soi permet de **raviver la flamme de notre enfance**. Comme un disque dur d'ordinateur, notre mémoire morte est souvent fragmentée, avec une discontinuité qui nous rend parfois orphelins de notre passé, et dans tous les cas égarés face à des bribes d'un puzzle mémoriel discret, au sens statistique. Or, la mémoire de notre enfance est intacte, toujours disponible pour peu qu'on la convoque en conscience. Nous portons toujours en nous des souvenirs d'enfance qui, souvent à notre insu, sont agissants, nous verrons cela plus loin dans ce chapitre. Quand je me coupe de mes souvenirs d'enfance, je refoule probablement des événements et des épreuves que je m'empêche ainsi de dépasser en tant qu'adulte. Je me souviens d'un jeune avocat fiscaliste dans un cabinet anglo-saxon prestigieux qui était coaché comme préalable à sa promotion comme *international partner*, un grade qu'il convoitait énormément. Le processus était scolaire et régressif, mais les associés gérants du cabinet lui reprochaient sa brutalité, notamment avec les femmes qu'il côtoyait : chacune de ses secrétaires partait en congé maladie au bout de quelques mois à subir ses humeurs. Le coaching consista essentiellement à envisager qu'il ne passerait pas à l'échelon supérieur, et à recontacter les émotions que cela lui faisait vivre : la peur de l'échec scolaire, qu'il avait enfouie derrière une carrière très réussie au plan matériel, le rattrapait chaque fois que son comportement était en jeu. Survivre à un « zéro de conduite » serait-il à sa portée, aujourd'hui plus qu'hier ?

Enfin, l'oubli de notre enfance a un sens qu'il convient d'explorer, pour **ne pas être complice d'abandon**. La première fonction de la mémoire, c'est l'oubli ; sans ce tri naturel, nous serions submergés par des souvenirs du passé. Parfois, les souvenirs d'enfance sont si douloureux et toujours à vif, que la seule issue pour se construire un destin professionnel est de s'en éloigner. Beaucoup de thérapies centrées sur le mental, qu'elles soient brèves ou psychanalytiques, nous font faire un mouvement centrifuge de mise à distance de cette enfance blessée ou blessante. Dans le coaching de soi, il s'agit d'opérer un mouvement centripète, de retour à soi, juste avant que notre enfance fût bafouée ou simplement désenchantée. La vie professionnelle est un théâtre pour rejouer, ou pas, cet abandon. Le film *Hook* de Steven Spielberg parle de ce qu'il advient à un brillant homme d'affaires quand il renonce à celui qu'il a été enfant : Peter Pan. Il ignore ses enfants, s'enflamme pour des choses dérisoires et peine à ouvrir son cœur à la joie, la gratitude et la tendresse. Pour qu'il sorte de son amnésie, ses enfants vont retourner au Pays imaginaire et le forcer à venir combattre le Capitaine Crochet à nouveau. Mon expérience est que beaucoup de cadres dirigeants sont alexithymiques : ils ne savent plus ressentir d'émotions. Plutôt qu'apprendre à « gérer ses émotions », retisser le fil de l'enfant perdu est parfois nécessaire pour sortir de cette amnésie.

Un directeur de projet stratégique X-Télécom voyait son projet s'éteindre au gré des fusions et acquisitions, des revirements stratégiques et des révolutions de palais. Laissé-pour-compte dans un bâtiment à l'abandon, bientôt sans équipe hiérarchique, il subissait la situation qu'il analysait très lucidement mais sans réagir. Rien ne semblait l'émouvoir, alors qu'il souffrait manifestement de cet état. Une sinusite chronique dont il ne se défaisait pas nous mit sur la piste d'un blocage émotionnel, sans doute très ancien, lorsqu'il lâcha : « *Je n'ai pas souvenir que ma mère m'ait jamais pris dans les bras.* » Il reproduisait ce schéma d'abandon inconsolable sans le savoir. Peu à peu, il se livra à une rééducation personnelle, rapatriant des souvenirs sous des couches d'études supérieures, d'expatriation et de vie de famille solides. S'autoriser à pleurer le petit garçon qu'il avait été plutôt que s'apitoyer sur l'adulte qu'il était libéra son énergie pour s'incarner dans sa vie.

Des fêlures à la source de l'autorité

Que faut-il pour devenir un dirigeant d'entreprise ? Plus d'ego, donc plus de fragilité originelle à protéger et à défendre. Je crois que la seule qualité critique d'un responsable en entreprise est de connaître et reconnaître ses fragilités, pas d'être résilient à tout prix. C'est la différence entre la survie et la vie professionnelle, comme nous le verrons au chapitre 5. On ne développe pas son leadership malgré ses failles, mais grâce à celles-ci. La construction des parcours professionnels nous absorbe tellement dans l'enveloppe extérieure (diplômes, périmètres d'autorité hiérarchique, taille des *business units*, etc.), que nous en oublions presque les manques, les blessures et les cicatrices intérieures qui ont orienté ces parcours. De quelles fêlures s'agit-il au juste ?

Pour rechercher de l'autorité, il faut un moteur sérieux : le **manque de tendresse maternelle** en est un. La recherche de reconnaissance et de confiance s'enracine souvent dans ce vécu douloureux, au contact d'une mère perçue comme distante, absente, froide ou pas aimante. Le déficit de sécurité affective, surtout dans les premières années, laisse des traces à vie. Il est toujours temps de revenir sur les traces de son passé pour réparer un tel manque affectif. L'exercice consiste ici à devenir notre propre mère consolatrice, plutôt qu'à la projeter inlassablement à l'extérieur, notamment dans le travail. Comme le dit le bouddhiste vietnamien Thich Nhat Hanh à propos de la colère, cela consiste en quelque sorte à bercer notre enfant blessé pour le consoler, et cela nous est accessible à tout instant. Souvent, cela nous demande de cesser de vouloir guérir ou soutenir nos propres parents : quel enfant ai-je été si je me suis employé à être le père de ma mère ? Les états-majors d'entreprise sont parfois une galerie de portraits d'enfants brisés. L'un ne se remet pas d'avoir eu une mère glaciale, dans un milieu intellectuel et calviniste où les affects ne s'exhibaient pas ; l'autre se sent coupable de la maladie de sa mère qui l'emporta peu après sa naissance ; l'autre encore voue une haine à sa mère pour ne pas l'avoir autant aimé que ses frères ; Untel tente de toutes ses forces de dissoudre avec toutes les femmes de son entourage son lien avec une mère abusive et castratrice ; tel autre se ruine en achat de toiles de maîtres pour se rapprocher de sa mère artiste peintre... Le roman du XXIᵉ siècle, qui reste à écrire, sera peut-être la nouvelle comédie inhumaine de ces enfances déchirantes.

Une cliente se reprochait d'être trop maternelle avec ses équipes, ce qui lui faisait fuir certains conflits de peur de n'être pas aimée par ses troupes. En se penchant sur son passé, elle prit conscience que suite au divorce de ses parents lorsqu'elle avait 6 ans, elle avait pris peu à peu la responsabilité de protéger sa mère, qu'elle imaginait, encore quarante ans plus tard, fragile et sans défense. Peu importe quelle était la réalité, son vécu était manifestement de se substituer à la tutelle de sa mère en échange de sa protection affective. Cette prise de conscience changea non seulement son attitude envers ses équipes, mais aussi envers son propre fils et son mari avec lequel elle était en cours de divorce.

L'absence de réconfort maternel, le traumatisme d'un divorce parental ou encore le souvenir d'un sevrage affectif violent provoquent de tels séismes qu'ils alimentent une quête éperdue d'affection, reportée souvent sur la scène professionnelle. Pour éviter de se blesser à nouveau sur les mêmes épines, mieux vaut cueillir les roses à la racine et faire de son enfance un bouquet vivace.

Un autre moteur puissant de réussite professionnelle réside dans l'**excès d'autorité paternelle**. Nous verrons plus loin que l'infanticide est une tentation archaïque de l'humanité, qui resurgit dans l'entreprise si elle n'est pas civilisée. C'est un tel poncif dans la vulgate œdipienne qu'il semble inutile de mentionner que la figure du père autoritaire influence notre rapport à l'autorité, en tant que fils ou fille. Et pourtant, c'est moins l'attitude objective du père qui est en procès ici que l'expérience vécue par l'enfant que l'on a été.

Un client directeur financier cherchait à développer sa confiance en lui, à l'occasion d'une prise de fonction à haut risque. Malgré une thérapie longue, il ne parvenait pas à prendre son envol vis-à-vis d'un père grand patron, entrepreneur de haut vol qui n'avait cessé de rabaisser ce fils, trop littéraire et trop sensible à ses yeux. Construire sa carrière professionnelle avec la croyance que « rien ne pousse à l'ombre d'un chêne » n'est pas chose aisée : entre autosabotage et sentiment d'imposture, il s'évertuait à réaliser le scénario d'échec pour lequel il était sûr que son père l'avait programmé. Il lui fallut du temps pour déposer les armes, s'autoriser de lui-même et pardonner. Il le fit en revisitant cette relation conflictuelle pour ce qu'elle était probablement aussi : un père lui-même en rébellion familiale, qui n'attendait qu'une chose : que son propre fils résiste à sa propre tyrannie.

Je vois d'ici le sourcil sceptique de certains lecteurs : si j'ai eu une enfance heureuse, sans trouble ni accroc, suis-je condamné à n'avoir pas d'avenir en tant que leader ?

D'une part, je ne connais personne qui puisse soutenir que son enfance a été un long fleuve tranquille. Il n'y a pas d'échelle objective de la souffrance : c'est l'intensité avec laquelle on vit des événements plus ou moins douloureux qui détermine la gravité de l'expérience.

D'autre part, j'ai souvent vu derrière cette objection d'enfance lisse la peur d'aller mal, ou d'avoir manqué de quelque chose, qui cache un déni encore plus grand. Nous verrons au chapitre 5 que le chagrin est un processus essentiel pour s'en défaire.

La motivation pour être leader est une chose, la réussite d'un leader en est une autre : en tant que coach, je ne rencontre pas un panel représentatif de tous les cadres dirigeants. Sans doute certains traversent-ils avec fluidité leur vie professionnelle, porteurs de dons assumés et de talents intacts. Ceux-là existent probablement. Si vous en rencontrez, ne les lâchez pas !

> La question à se poser est peut-être : où ma quête professionnelle trouve-t-elle son origine ? Dans la plupart des cas que j'observe, l'enfance est une clé de lecture essentielle.

Exercice n° 7 : Quel enfant étais-je ?

En fermant les yeux, je peux convoquer l'enfant que j'étais vers 7-8 ans.

Quelle image ou quelle situation me vient spontanément ? Quel jugement puis-je lui associer ?

....

....

En me souvenant d'épisodes joyeux ou tristes, qu'en ai-je fait au cours de ma vie adulte ?

....

....

Suis-je aujourd'hui l'enfant de mes parents, ou leur fils/fille ?

....

....

Combien de cadres supérieurs ont été des « enfants tristes », au sens du syndrome de Peter Pan analysé par Kathleen Kelley-Lainé ? Accueillir et nommer une dépression infantile non soignée, pouvoir lui donner un sens rétrospectif, guérir enfin d'un silence assourdissant : il n'est jamais trop tard pour faire ce travail, et le coaching de soi est parfois la première occasion de feuilleter cet album photo oublié.

Ancien conseiller technique à Bercy, un jeune banquier d'affaires inspecteur des finances suscitait son propre rejet dans toutes les équipes qu'il manageait par son mépris affiché, ses postures cyniques et son élitisme intellectuel farouche. Installé dans une logique de mercenaire, il ne se souciait que de son excellence auprès du client. Le reste des rapports humains lui était, apparemment, totalement indifférent. Il nous fallut à tous les deux beaucoup de patience, d'indulgence et de confiance pour interroger cette fatalité. Né dans une famille d'intellectuels de gauche et de monarchistes déshérités par la guerre, il était le cinquième enfant, chétif et introverti, d'une fratrie où tout ce qui concernait le corps était banni. En trouvant refuge dans les mots et l'intelligence cérébrale, il avait tenté de respirer un peu dans cet univers qu'il décrivait comme un mélange de Mauriac et de Sartre. Grandissant sans amour, mais avec une exigence de retenue et de sang-froid absolus, il avait été enfant comme un adulte miniature. Prendre conscience que cela n'était pas une enfance « normale » ébranla son esprit ultralégitimiste. Il résista un temps, puis s'abandonna à une vérité profonde et longtemps interdite : en tant qu'handicapé de l'amour, il avait l'âge de sa blessure, soit 9-10 ans. Le coaching allait lui offrir de grandir en accéléré.

Que sont les bons élèves devenus ?

Comme le dit Françoise Dolto, « *il n'y a pas d'enfants sages* ». Une façon de s'éloigner d'une enfance blessée, par une séparation trop vive ou par un sentiment d'abandon tenace, est de faire d'excellentes études supérieures. Pour gagner l'amour de mes parents, je vais tout faire pour satisfaire leur fierté parentale en obéissant à leur désir, plus ou moins manifeste, de bon élève : substitut d'amour et de réconfort affectif, la réussite scolaire fait le lit de la carrière professionnelle. Certains sont les objets programmés par leurs parents pour réussir socialement par substitution, avec tant d'insistance qu'ils obéissent inconsciemment à cette injonction jusqu'à nier leurs propres besoins. Alice Miller a développé des travaux célèbres dans cet esprit sur « *le drame de l'enfant doué* ». Que deviennent les bons élèves en entreprise ? Est-ce une chance ou un écueil que d'avoir été précoce, surdoué ou hyperactif ?

Force est de constater que les grandes écoles fabriquent une **élite scolaire à vie**. Quand on est dans une dynastie de Polytechniciens, on naît sous X : quoi qu'il arrive, notre succès ou notre échec sera lu à l'aune de cette lignée d'ingénieurs supérieurs. Les témoignages en ce sens sont nombreux. Je me

90

souviens d'un client X-Télécom issu d'un milieu très modeste, qui avait vu toute sa famille changer radicalement de regard sur lui le jour de son entrée dans la prestigieuse école : donné en exemple aux neveux et cousins, admiré, convoité, voire jalousé, il avait été profondément heurté par cette virevolte qui ignorait sa personne pour s'intéresser à l'étiquette.

Dans d'autres cas, les grandes écoles fonctionnent comme un instrument de reproduction sociale vécue comme un carcan étouffant. Je me rappelle un autre client – beaucoup de dirigeants sont Polytechniciens en France – doué pour les mathématiques et la pure abstraction, dans une famille de chercheurs et d'intellectuels. Admis à l'École normale supérieure et à Polytechhnique, il sentit qu'en choisissant l'école d'ingénieurs, il allait respirer et inventer sa vie professionnelle hors des sentiers balisés de l'enseignement universitaire. Vingt ans après, son père ne lui pardonnait toujours pas d'avoir refusé l'École de la rue d'Ulm.

Comment échapper à cette « noblesse d'État » mortifère ? Les études brillantes sont un passeport de libération, sinon elles nous aliènent. Décrocher un diplôme prestigieux est une amère réussite si elle nous prive de notre liberté de tout réinventer du jour au lendemain. Apprendre à relativiser le diplôme sur son CV est un exercice salutaire pour certains managers. En provoquant un peu, si je ne tolère pas que l'on critique l'institution qui m'a formé, c'est que je suis encore sous la dépendance de ce statut illusoire d'« ancien élève ». Pour se distancier d'un parcours de bon élève que l'on a parfois subi ou sublimé pour s'en affranchir, voici trois suggestions simples à mettre en pratique :

- fréquenter un cercle plus large que le sérail d'où je suis issu ;

- apprendre à taire mon pedigree dans diverses situations pour éviter l'effet de halo ;

- établir un bilan en conscience des bons et mauvais acquis de ces études, et m'interroger : les conseillerai-je à mes enfants ?

L'effet pervers des grandes écoles françaises réside dans l'état de **régression permanente** qu'elles entretiennent : comment peut-on encore définir un dirigeant de 50 ans par les heures qu'il a passées à résoudre des équations autour de 18 ans ? On est à vie dans une logique de concours et de compétition une fois que l'on a connu un formatage si jeune. Certains dirigeants ne s'en remettent jamais, sélectionnant leurs équipes de façon strictement endogamique : les inspecteurs des finances et les grands corps de l'X s'en sont fait une spécialité.

Quel rapport cela a-t-il avec notre enfant intérieur ? Probablement le suivant : pour accéder à mon autonomie professionnelle et personnelle, je dois me réapproprier l'enfant réel que j'ai été, avec ses rêves, ses angoisses et ses expériences intimes. Et pour cela, il me faut m'émanciper de ce que les adultes ont projeté sur moi comme enfant idéal.

Quand les études supérieures ne suffisent pas, certains destinent leurs enfants à devenir sportifs, de haut niveau de surcroît. Les anciens champions sportifs se reconvertissent en entreprise non sans mal une fois leur carrière olympique échue. Le coaching de soi semble bien loin des stéréotypes du coaching sportif.

À l'instant où j'écris ces lignes, mon téléphone sonne : une amie directrice d'un projet stratégique dans l'industrie m'appelle au secours. Énarque et ancienne athlète professionnelle, elle se sent au plus mal, alors qu'« *objectivement ma vie est merveilleuse* », me dit-elle : une vie matérielle aisée, deux enfants magnifiques, un couple harmonieux avec un mari lui aussi énarque et très en vue, une relation positive avec ses parents (son père est énarque aussi). Broyant du noir, épuisée par un travail auquel elle s'adonne sans compter, et coupable de l'être, elle a de nouveau rendez-vous avec ses anciens démons de l'anorexie-boulimie. La thérapie classique entamée récemment n'a rien empêché, au contraire. Au cours de notre échange, nous avons partagé deux choses : d'une part, la bonne nouvelle d'oser aller mal, le courage de m'appeler, de présenter son ombre à ses proches, de s'avouer fragile et d'entrouvrir peu à peu l'armure de la championne toutes catégories ; d'autre part, le sens à trouver dans les symptômes du corps et dans l'état d'esprit qu'elle traverse. Quelle part irrésolue de son adolescence meurtrie par la « perf » se rejoue ici ? Comment s'autoriser à souffrir pour s'autoriser à vivre ?

Les anciens sportifs professionnels que je rencontre témoignent tous des failles suivantes à la source de leur vie professionnelle :

- un niveau de compétition et d'exigence de succès intériorisé très jeune, aux dépens des activités normales de l'enfance ;

- une solitude éprouvée très tôt, les relations de camaraderie étant affectées par les entraînements et les voyages pour les matchs ;

- un rapport perturbé au corps, soumis au regard et au soin d'adultes à l'heure de l'éveil de la sensualité.

Avec cynisme et un peu d'inconscience, les DRH valorisent les qualités d'endurance, de dépassement de soi et de goût de la compétition d'anciens sportifs. Nous verrons au chapitre 5 quelles conduites à risques ces talents peuvent dissimuler.

Enfin, un autre marqueur social de la concurrence intériorisée par les bons élèves est celui des fratries. La **place dans la fratrie**, le sentiment d'avoir été trop ou pas assez désiré, ou encore la comparaison entretenue par les parents entre frères et sœurs sont quelques-unes des prémisses structurant un désir de réussite professionnelle plus ou moins névrotique. Nul besoin d'être un « enfant médicament », né pour réparer l'absence ou la maladie d'un aîné, pour être marqué de façon différenciante au sein d'une fratrie. Comment en sortir ?

D'une part, en identifiant le **bénéfice que l'on y a trouvé** jusqu'ici : sans quoi, on s'en serait défait d'une façon ou d'une autre. Un jeune client directeur de la communication avait un profil de « premier de la classe » qui commençait à lui nuire au sein du comité de direction, attendant de lui plus de combativité et moins d'assurance dans ses attitudes. Gentil et détaché, il passait pour opportuniste et superficiel. En explorant d'où venait cette confiance passant pour de la morgue, nous découvrîmes que sa sœur était son double lunaire : face à des parents intellectuels, il fallait être brillant pour être digne d'affection. Selon ce mythe familial, l'échec scolaire de sa sœur aînée, née probablement d'une grossesse non désirée, avait nourri son besoin d'amour exclusif : à lui la confiance, à elle la modestie et l'indépendance farouche. Chacun s'était construit l'un contre l'autre, piégés par un drame inconscient. Avant de prendre congé de cette surconfiance, il lui fallut reconnaître ce qu'elle lui avait apporté comme instinct de survie.

D'autre part, en **changeant de répertoire**. Aucun rôle assigné, de fils préféré à fille maudite, n'est confortable et constitutif de notre personnalité. Endosser un autre rôle suppose de la patience pour que la conscience émerge, du dialogue au sein de la fratrie et du courage pour s'affranchir du script familial inconscient. Une cliente directrice générale dans les biotechnologies nourrissait pour sa sœur cadette une jalousie profonde et apparemment partagée. L'une avait fait l'ESCP, l'autre l'ESSEC ; l'une avait fait de l'audit, l'autre du *corporate finance* ; l'une avait eu des facilités, et l'autre (ma cliente) avait connu des études laborieuses. Elle en voulait à sa sœur d'avoir capté toute l'attention de leurs parents. Au cours d'un exercice de coaching, elle vécut l'expérience de se mettre à la place de sa sœur, et de ressentir la réalité vue de sa fenêtre. Cela lui fit voir instantanément quel système d'escalade l'une et l'autre entretenaient. Et si elle défocalisait sur l'« avoir » pour regarder l'« être » ? Elle pouvait vivre indépendamment de sa sœur, ce qui fut une découverte libératoire… pour toutes les deux.

Enfin, en regardant **ce qui réunit plutôt que ce qui divise** dans le passé commun des frères et sœurs. La compétition est une forme pervertie de complémentarité dans une fratrie, qui n'a pu s'exprimer hier, mais peut toujours s'accomplir dans la vie adulte. Dans les entreprises familiales, les frères et sœurs travaillent ensemble, siègent au conseil d'administration côte à côte, voire codirigent l'entreprise. Accéder à ce qui nous rapproche ne nie pas les querelles passées, mais cela nous permet de cohabiter. La maturité professionnelle, dans ces environnements assez clos, est parfois à ce prix.

Un client dirigeant dans la grande distribution gouvernait l'entreprise familiale avec son frère, sous la férule active d'un père ayant largement dépassé le seuil de la retraite, mais qui ne manquait aucune occasion de créer des conflits entre ses fils, tous les deux issus de brillantes études. En prenant ses distances avec la vie des affaires, il les laissait orphelins de cet aiguillon, chacun à la tête d'un territoire construit l'un contre l'autre. Lorsqu'ils décidèrent conjointement de renouer avec leur passé commun et joyeux, ils purent peu à peu retisser un lien de confiance, et virent leurs différences comme des chances à composer ensemble.

2. Épanouir sa vie adulte en laissant vivre son enfant intérieur

L'enfant intérieur dont il s'agit ici n'est pas tant le petit garçon ou la petite fille que l'on a été, que la partie de nous vivante, inspirée et connectée à une force qui nous transcende : l'inno-cence, la spontanéité, l'enthousiasme, l'engagement sont autant de qualités professionnelles qu'il est malaisé de déve-lopper sans cette connexion intime. En chacun de nous, à tout âge, vibre cet enfant intérieur qui sait jubiler, s'écarquiller, comme s'attrister et s'attendrir. Comment le solliciter par le coaching ?

Le coach, nouvel objet transitionnel

En référence aux travaux de Winnicott, on pourrait prétendre que beaucoup d'entre nous jouent à être managers adultes parce qu'ils ont été privés un peu vivement de leur doudou : l'interdit de pleurer, l'obligation de ravaler son chagrin ou encore l'absence de réconfort émotionnel dans la petite enfance nous apprennent, parfois tôt, à chercher à l'extérieur ce qui nous a fait défaut à l'intérieur. Combien de cadres dirigeants sont de grands brûlés de la tendresse, des rescapés de la séparation parentale, des orphelins de la confiance ? Le coach sert alors parfois d'objet transitionnel pour ce mouvement affectif interrompu, pour remettre en ordre ce qui peut l'être entre mon histoire personnelle et ma vie professionnelle.

D'une part, cela consiste à passer **d'un registre d'obéissance à un registre d'autorité**. Quand le lien éducatif a été brisé ou malmené dans leur enfance, beaucoup de responsables peinent à trouver leurs marques dans l'exercice de leur leadership : tantôt autoritaires, tantôt laxistes, ils n'ont pas de repère structurant quant au juste dosage de leur influence sur autrui. Or, faire autorité et se faire obéir sont deux choses distinctes ; d'un côté, on fait appel à l'intelligence et à la confiance, de l'autre à la domination et à la crainte. C'est parfois d'une véritable rééducation qu'il s'agit alors pour passer de l'un à l'autre.

Un chef de mission dans un cabinet prestigieux de conseil en stratégie ne parvenait pas à encadrer les équipes sans heurts : immanquablement, il faisait réécrire certains travaux destinés au client le week-end ou jusqu'à 4 heures du matin, dans un climat de stress et de terreur qui le rendait impopulaire auprès des consultants juniors et seniors. Affecté d'une surdité congénitale qu'il tentait de cacher, il parlait fort et privilégiait l'analyse rationnelle par rapport aux effusions relationnelles qui le mettaient mal à l'aise. Il ne comprenait pas les critiques dont il faisait l'objet, vu la réussite de son passage par un bureau étranger de la firme. En s'engageant dans un coaching, il vit émerger que la figure de son grand-père maternel, personnalité intransigeante et dominante de sa famille, industriel de renom qu'il admirait beaucoup, avait occulté dans son enfance son propre père, universitaire qu'il méprisait un peu. À chaque évocation de son grand-père défunt, ce consultant de 37 ans pleurait à chaudes larmes, inconsolable. En faisant le deuil de ce mentor tutélaire, il fut soulagé de cette charge et put incarner son propre style de leadership, s'autorisant la fragilité, l'indulgence et la sensibilité qu'il occultait jusqu'alors.

> Pour faire autorité, il est parfois bon de renoncer à se faire obéir. En analyse transactionnelle, on nomme cela passer d'une relation « parent-enfant » à une relation d'adultes.

D'autre part, il s'agit de **se consoler soi-même** plutôt que de chercher un dérivatif de consolation dans la relation à autrui. La nouvelle de Francis Scott Fitzgerald, et plus encore le film de David Fincher *Benjamin Button* sont une parabole lumineuse de cet enfant éternel qu'il s'agit pour nous d'honorer à mesure que l'on vieillit : les blessures de l'enfance, et notamment la privation d'affection, nous accompagnent et s'amplifient avec le temps, jusqu'à nous ramener à des comportements infantiles (colère, rage, impotence, etc.) avec la sénescence. Comme l'indique la Gestalt, les événements du passé nous invitent à « 3 R » : reproduire ou reconnaître et réparer. Pour réparer ses propres manques, la consolation passe par la rupture des cycles de reproduction, et la reconnaissance inconditionnelle de nos besoins inassouvis.

Le directeur d'une raffinerie de pétrole s'était retrouvé mis à l'écart dans son entreprise, avec un périmètre de management de plus en plus réduit, pour la raison officielle d'un manque d'organisation et de synthèse dans sa communication. En cours de coaching émergea sa difficulté à choisir dans toutes les situations de sa vie, et donc sa tendance à subir des décisions d'autrui sans réagir efficacement. Un détail attirait mon attention depuis longtemps : il avait la voix cassée, apparemment depuis toujours. En explorant l'origine de son manque de confiance en lui, il vit que sa « voie cassée » trouvait une origine douloureuse dans son adolescence : aîné d'une fratrie de six, et ayant quitté le foyer à 17 ans pour s'émanciper comme interne en classe préparatoire, il ne vit pas son père dans les deux dernières années de sa vie. Depuis, malgré l'École polytechnique et un parcours brillant, il était resté en manque de cette guidance paternelle, sans se l'avouer. Il lui restait à convoquer intérieurement son père et à renouer ce lien pour achever sa croissance, vingt ans plus tard…

Face au manque originel, se pose la question suivante : **vivre avec ou vivre sans** ? Je ne partage pas l'usage brutal et banalisé du mot « deuil », comme s'il n'y avait qu'une page à tourner définitivement, dans un temps linéaire et fixe. Dans la réalité, un deuil radical est illusoire, tandis qu'un sevrage serait plus approprié. À tout moment, nous avons l'opportunité de « transmuter » en quelque chose de positif des pertes ou des absences douloureuses. Garder la part éternelle d'une figure d'autorité ou d'affection pour se détacher de la part périssable est bien l'enjeu de ce coaching comme objet transitionnel.

Un directeur de collection dans une institution culturelle menait, à 61 ans, un coaching pour continuer à progresser dans son management : encadrant 200 personnes avec des profils aussi différents que conservateurs du patrimoine, documentalistes, secrétaires et surveillants de musée, il rencontrait des difficultés lorsque certains « collègues » – c'est ainsi qu'il nommait ses subordonnés – lui manquaient de respect. À chaque fois qu'il mentionnait les conflits, voire les disputes qui l'opposaient à l'un ou l'autre de son département, une même souffrance originelle resurgissait, avec un inconsolable manque d'affection maternelle. Chaque fois la même plaie vive, chaque fois le même abîme de tristesse. Alors, à quoi bon ? Au fil des séquences de travail, il apprivoisait son enfant blessé, le reconnaissait dans sa plénitude pour éviter de rejouer la même scène originelle aujourd'hui. Il était désormais en paix avec ce manque, sans attente de réparation ni d'actualisation.

> Le danger, quand j'ignore un besoin d'amour non assouvi,
> c'est qu'il freine ma vie d'adulte. Or, il n'est pas inéluctable
> d'avoir éternellement l'âge de mes chagrins d'enfance.

Contre l'infantilisme, laisser secret l'enfant sacré

Le monde professionnel est souvent un espace de brutalité et de naïveté mêlées, qui ressemble plus à une cour de récréation qu'à une cour royale : alliances faites et défaites au gré des affinités du moment entre des « bandes » adverses, règlements de comptes entre « bons » et « mauvais élèves », querelles paroxystiques pour des broutilles, décisions humaines ramenées à des gamineries… Le management d'entreprise est souvent un jeu d'enfants, cruel et candide, où la moelle épinière est plus utile que le cortex. Comment sortir de cette tentation infantilisante ? En intériorisant son enfant blessé, en lui faisant un jardin secret dans son propre univers symbolique (objets, photos, souvenirs sur le bureau). De façon magique, l'enfant blessé ainsi préservé devient sacré, intime et inaliénable. Et surtout, on cesse de faire l'enfant si l'on accepte qu'il vit en nous, soustrait au regard d'autrui. C'est exactement le message du *Petit Prince*. Comment faire comme l'aviateur Antoine de Saint-Exupéry dans la réalité professionnelle ?

D'une part, en s'émancipant du besoin d'autrui, par **nos tutelles imaginaires**. Beaucoup de managers sont des prématurés de l'autorité : ils n'ont pas fini leur croissance affective quand ils sont en situation d'exercer du pouvoir. Ils recherchent chez autrui du réconfort, de la réassurance ou encore de la protection avant d'agir. Naturellement, cette situation conduit à un management séducteur, mû par un désir de plaire à autrui, un conformisme et une quête de légitimité parfois démesurés. Combien d'entre nous ont subi des patrons « sales gosses », cruels avec autrui et avides de reconnaissance pour eux-mêmes ? Qui n'a pas baissé les bras devant leurs petites obsessions, leurs privilèges mesquins et leurs décisions inconstantes ? Ces managers sont comme des mineurs, attendant des autres un rôle parental qui les exempte de leur maturité professionnelle. Pour en sortir, rien de tel qu'un réveil à la réalité présente ! C'est à moi de convoquer une tutelle symbolique, dans ma mémoire ou dans mon imagination, pour éviter d'exiger cela de mes partenaires professionnels.

Autodidacte génial de 58 ans, le directeur général d'une société financière était l'archétype du manager paternaliste, s'épuisant à la tâche sur tous les fronts, et reprochant à ses équipes leur manque d'initiative. Son management sentimental et autocratique l'empêchait même de préparer sa succession, et préoccupait ses actionnaires. Ayant sacrifié une large part de sa vie privée à l'entreprise, il ne comprenait pas que son comité de direction n'en fasse pas de même. Lorsqu'il fut terrassé par un infarctus, huit jours avant la convention annuelle de l'entreprise, le sol se déroba sous ses pieds. Absent au séminaire pour la première fois en vingt ans, il découvrit que l'équipe de direction pouvait se passer de lui, et respirait même de la distance forcée que prenait le DG. Il écourta sa convalescence, mais revint au bureau trois mois plus tard en homme différent ; la maladie l'avait rapproché de sa fille, de ses frères et sœurs, et détaché des attentes démesurées qu'il mettait dans ses relations professionnelles. Peu à peu, il entendit d'une oreille apaisée et bienveillante les témoignages de sympathie et de rétablissement de son équipe. Grâce à son cœur fragile, il lâchait enfin son rôle d'enfant terrible pour assumer celui d'ancien respectable. Il forma un tandem avec son directeur des opérations, dauphin naturel dont la légitimité n'en fut que plus grande.

D'autre part, en dosant sa **distance au pouvoir**. Certains managers privés de repère quant au juste exercice de l'autorité ne parviennent pas à trouver leur place. C'est une demande classique de coaching de prise de fonction que d'aider un expert fraîchement promu à un poste à responsabilités à s'affirmer dans son leadership. Cette demande cache parfois un retard de croissance de certains managers en herbe, qui ne s'autorisent pas de leur propre autorité. Ils attendent une autorisation externe, qui ne vient évidemment jamais. Après un parcours de conseiller technique au service du Premier ministre, un jeune énarque était directeur de cabinet d'un patron d'entreprise, pour lequel il avait négocié deux contrats stratégiques, trophées qui lui valaient maintenant la promotion au rang de directeur général d'une filiale de l'entreprise. Ses premiers faits d'arme furent calamiteux, car il oscillait entre une docilité totale envers son président et une timide prise de parole qui laissait toute la filiale perplexe. Il confondait fermeté et arbitraire, écoute et exécution, comme c'est souvent le cas. En assumant sa volonté de grandir hors de la sphère d'influence de son mentor, lointain écho à son sentiment d'impuissance face à un père écrasant, il se découvrit des trésors de sensibilité au métier de la filiale et de volonté non conformiste pour choisir un destin de dirigeant à sa mesure. Il prit ses distances, s'élança dans quelques bras de fer symboliques et tint bon.

Enfin, en s'interdisant la **toute-puissance**. Certains entrepreneurs fuient l'autorité hiérarchique en tentant d'être leur propre patron. Mais ils sortent rarement d'un registre « adulescent », ni vraiment ado ni vraiment adulte : dans le jeu et le désordre, mal entourés car trop influençables, ils s'épuisent à inventer un registre d'autorité sans référent ni effet modèle. Derrière l'agitation, l'hyperactivité ou la rage se cachent alors une candeur et une vulnérabilité de petit garçon. Comment rattraper le temps perdu et finir son adolescence dans le jeu des affaires ?

Un créateur d'entreprises dans l'Internet grand public souhaitait être accompagné dans la tenue de son agenda : touche-à-tout survolté, sentant les tendances de consommation avec un flair inouï, menant de front la direction de trois sociétés, il désirait en créer une quatrième dans un contexte de tension professionnelle et privée, car son couple souffrait de ne pas avoir d'enfant. Il se reprochait sa désorganisation et son incapacité à se rendre pleinement légitime aux yeux de ses associés, trois grandes figures de la publicité. Orphelin de son père à 16 ans, vénéré par sa mère et soucieux de surveiller ses frères cadets, il ne se libérait de son angoisse d'échec qu'en s'épuisant à la tâche. En apprivoisant sa peur de la mort, il prit conscience de sa solidité intérieure, nonobstant son action désordonnée au quotidien. Peu de temps après, sa femme tomba enceinte d'un petit garçon.

Il n'y a pas d'âge pour sortir de la toute-puissance. Le management offre un terrain sans cesse renouvelé pour choisir de s'adonner à l'adulte ou pour rester « *infans* », c'est-à-dire dénué de parole.

Exercice n° 8 : Sevrer mon enfant intérieur

Essayez d'identifier une situation récente qui vous a atteint(e) intimement, soit en vous blessant, soit en vous faisant sortir de vos gonds. Il peut s'agir d'une question d'argent ou de mise en cause de votre intégrité qui a suscité une colère inhabituelle en vous.

Qu'ai-je fait à cette occasion que je juge maintenant excessif ?

....

....

À quel épisode passé, vécu ou imaginé cette situation peut-elle faire écho ?

....

....

Que puis-je faire actuellement pour me consoler inconditionnellement ?

....

....

Déception, frustration, patience : trois clés pour agir en adulte

L'entreprise est un théâtre d'ombres : nous y rejouons, plus ou moins consciemment, des scénarios de vie : la violence subie, le sentiment d'abandon, la jalousie familiale, etc. sont quelques canevas privés sur lesquels nous tentons de tisser une vie professionnelle « normale ». Voir ces blessures d'enfance, c'est déjà s'en affranchir. Dans ces conditions, que signifie « devenir adulte » ? Trois émotions sont à éprouver pour agir en adulte : la déception, la frustration et la patience.

La première clé pour agir en adulte est la **déception**. Accepter d'être déçu par un collaborateur ou un client et voir que l'on peut s'en remettre est un exercice de maturité psychologique. Parfois, il s'agit aussi d'apprendre à décevoir autrui sans péril pour soi. Le principe de réalité nous fait sortir du monde imaginaire de l'enfance, où tous nos besoins sont comblés passivement. Je me souviens d'une participante à l'un de nos cycles didactiques qui avait pris énormément de précautions avant de s'inscrire. Fille d'un dirigeant industriel, ancienne étudiante en psychologie, d'un abord très policé et volontiers capricieux, elle adoptait un comportement de femme-enfant mêlant séduction, obstination et fragilité non feinte. Elle finit par s'inscrire au cycle, se disant fascinée et admirative de ma personne. J'étais flatté et lucide sur le transfert qui s'opérait. Quelques semaines plus tard, au fil des interactions avec le groupe, elle vint me voir en fin de séance pour me dire son immense déception : « *Je m'attendais à plus de chaleur et d'attention de votre part, je me rends compte que je vous avais idéalisé et maintenant c'est dur.* » Il était évident qu'il ne s'agissait pas de moi, mais cela m'interrogea quand même. Je pus lui renvoyer le plus délicatement possible ce qu'elle connaissait bien dans sa vie qui se rejouait ici : l'idéalisation de son père. Et si le premier bénéfice du cycle était d'apprendre la déception ?

> Quand nous acceptons d'être déçus par autrui, et que nous voyons notre responsabilité en la matière, nous apprenons en même temps à décevoir sans déchoir. Car c'est toujours de nous décevoir nous-mêmes qu'il s'agit.

La deuxième clé est la **frustration**. Tout est fait à notre époque pour nous saturer de besoins à satisfaire, rendant la frustration presque taboue. Pourtant, travailler à se frustrer est un exercice salutaire professionnellement : surmonter les blessures d'amour-propre quand mon rapport écrit reste lettre morte, lorsque mes efforts ne sont pas autant reconnus que je le souhaiterais, ou encore quand mes clients ne me donnent pas de nouvelles en dépit de mes appels répétés. Cela nous fait éprouver notre besoin d'amour, et rapatrier la responsabilité de notre satisfaction professionnelle : que se passe-t-il si je cesse d'attendre d'autrui qu'il me comble professionnellement ? Comment puis-je assumer mes propres besoins et mes propres manques ? Comment abandonner l'illusion que mon bonheur professionnel dépend d'autrui ?

Je garde du coaching de ce patron d'un gros fonds de *private equity* le souvenir intense d'un entraînement à la satiété. Décrit par sa DRH comme un « grizzly au grand cœur », craint par sa présidente mais respecté pour les milliards d'euros qu'il faisait gagner à sa maison mère, il était l'archétype du « Mozart du LBO », fort en gueule, visionnaire et l'un des plus talentueux *moneymakers* de sa génération. Là où tout le monde voyait un ours mal léché, je voyais un nounours maladroit. Il cherchait à gagner par l'argent l'affection de ses pairs, notamment à New York où sa notoriété le fascinait. Dès que l'on entravait son action, il ruait comme un forcené jusqu'à obtenir ce qu'il convoitait, peu importe le prix social. À 48 ans, il dut apprendre à se poser des limites relationnelles, à se passer de l'agitation grisante du marché pour faire le calme en lui-même. S'interroger sur son désir professionnel avant de consommer le plaisir (honneurs, pouvoir, avidité, etc.) était un continent totalement neuf pour lui. Sa voix se fit plus douce, son vocabulaire plus châtié, il parvint même à voir des qualités chez les autres et des imperfections chez lui-même.

La frustration participe d'un « *processus de civilisation des mœurs* », comme dirait Norbert Elias. La crise économique donne à beaucoup d'entre nous l'occasion de vivre le manque à gagner, et surtout le gain à manquer : dans une économie de pénurie, en pleine dépression, je dois composer avec une frustration matérielle qui m'est bénéfique sur un autre plan.

Enfin, la troisième clé pour agir en adulte est la **patience**. Dans le monde professionnel, le temps est désormais aboli. Cette expression de « temps réel » est absurde, car rien n'est plus irréel, chargé de symboles et d'imaginaires que le temps. L'impatience est une des caractéristiques de l'enfance dont nous nous défaisons le plus tardivement. Brûler les étapes est un des grands risques des hauts potentiels. Apprendre la patience passe souvent par l'expérience salutaire de l'échec professionnel (cf. chapitre 5). Ralentir, faire une pause, prendre de la distance : le coaching de soi offre une occasion rêvée de patienter, et voir ce qui advient. J'ai parfois l'illusion que rien de bien ne m'arrivera si je n'agis pas en ce sens. Erreur, car la contemplation et le recul sont quelquefois plus œuvrants que le plan d'action professionnel.

La dirigeante d'une entreprise aéronautique menait sa vie à un train d'enfer : voyages, famille, loisirs, management, clients… Elle n'arrêtait jamais. À chaque atermoiement politique ou retard de fabrication, elle perdait patience et demandait des comptes tous azimuts. Quand elle réalisa qu'elle consommait beaucoup trop d'énergie ainsi, elle décida d'apprendre à vivre lentement. Un palier de carrière lui offrait opportunément un poste transitoire, dans lequel elle fit des journées de cinq à six heures de travail pendant six mois, sans culpabilité. C'était comme si elle revivait, savourait chaque instant au ralenti, et rencontrait réellement les personnes de sa vie. Dans ce temps suspendu, elle put faire des choix majeurs (couple, patrimoine familial, maison, éducation des enfants) qui structurèrent le reste de sa carrière.

> Quand nous renonçons à être un démiurge en apnée professionnelle, nous lâchons l'impatience infantile pour commencer à vivre en adulte. Dès lors, en quoi le fait de travailler en adulte concerne-t-il notre enfant intérieur ?

3. Travailler au service des enfants à venir

Ce n'est pas tout de reconnaître l'enfant que l'on a été et de préserver l'enfant éternel que l'on est ; la vie professionnelle nous met devant nos responsabilités pour les générations futures. Quel monde du travail contribuons-nous à façonner en tenant compte de notre enfant intérieur ?

Guérir du transgénérationnel

Dans certains cas, hélas pas si rares, nous sommes nés avec un refus d'obstacle, voire un déni d'existence. Parfois, les causes ne nous appartiennent pas. La psychogénéalogie nous enseigne que nous sommes dépositaires d'événements du passé qui nous empêchent d'être pleinement heureux : le drame d'un aïeul peut grever le destin d'un descendant. Notre responsabilité est de nous guérir des blessures transgénérationnelles pour nous libérer et libérer nos enfants des nœuds mortifères du passé. Les constellations systémiques de Bert Hellinger offrent un référentiel qui révolutionne le développement personnel en entreprise. Inspirées des travaux d'Anne Ancellin-Schützenberger, du psychodrame de Moreno et de la psychothérapie analytique de Jung, les constellations systémiques permettent de représenter un système familial ou plus large, et de le laisser nous dire ce qui s'y noue. Très utiles pour voir les secrets historiques qui empêchent une énergie positive de circuler dans un corps social, elles permettent aussi de clore certains chapitres du passé en prenant congé de l'esprit d'ancêtres toujours présents, ou en honorant une mémoire oubliée (voir bibliographie en fin d'ouvrage). Quel lien cela a-t-il avec la performance professionnelle ?

D'une part, **on inflige ce que l'on a subi**. L'histoire se répète, si je ne fais rien pour l'interrompre. À tout instant, je peux faire pareil ou je peux faire différemment de ce qui s'est produit dans le passé. Il est toujours temps de revisiter les fantômes du passé pour s'en défaire. Je me souviens d'un banquier d'affaires, ancien du Trésor, qui se plaignait d'un déficit de légitimité par rapport aux associés « poids lourds » de la banque, alors qu'il rapportait autant d'argent et que son parcours de carrière était impeccable. Son comportement passait pour hautain et glacial, alors qu'il se percevait lui-même comme accessible et chaleureux. Contre toute attente dans un univers professionnel feutré, son activité favorite était la musculation, ce qui correspondait bien à son histoire personnelle. En rupture avec son milieu social d'origine, il peinait à s'intégrer dans l'Establishment. Pour réussir, il s'était « musclé » et endurci affectivement. Au cours d'une séance de travail, il m'annonça l'air détaché que son père était mort la semaine passée : « *Ne vous inquiétez pas, je l'ai appris après les obsèques, nous étions fâchés depuis vingt ans, ça ne m'a fait ni chaud ni froid.* » Pour exister, il avait dû effacer son père. Mais le sentiment d'être illégitime le rattrapait dans sa vie professionnelle. Dans cette distance forcée, il s'empêchait aussi de grandir et de s'émanciper d'une charge héritée du passé. En ritualisant la fin de la relation avec son père, il put prendre congé de ce qui l'encombrait et se relier à ce qui lui manquait : une sécurité intérieure et une affirmation qui n'engendrent pas la négation des autres.

D'autre part, **il n'y a pas d'enfants maudits.** Pour être maître de mon avenir professionnel, encore faut-il m'être désidentifié à celui de mes parents. J'accède à mon autonomie de leader en prenant conscience de cette loi ontologique : ce n'est pas aux enfants de porter le poids des fautes de leurs parents. Je rencontre des dirigeants dont certains comportements sont dictés par le désir de sauver, de racheter ou de réhabiliter leurs ascendants. Or, cela ne fonctionne pas ainsi : comme l'attestent toutes les constellations familiales que je pratique, on renforce la douleur des ascendants en croyant les alléger par notre propre sacrifice.

Récemment, j'ai accompagné un directeur financier à qui l'on reprochait un management en silos, peu enclin aux compromis avec les autres départements de l'entreprise. J'avais été frappé par le volume sonore élevé de mon client, qui instaurait malgré lui un climat de tension, car il paraissait instantanément en colère et prêt à exploser. Quand je l'interrogeai sur ce verbe haut, il évoqua d'abord son passé d'enseignant en amphithéâtre. Me voyant perplexe, il fit référence à un événement traumatisant de son enfance : en pleine guerre de Yougoslavie, sa maison familiale avait été bombardée et détruite, et sa famille, réfugiée à la cave, avait dû fuir du jour au lendemain. Trente ans après, il restait terrorisé par la mort, profondément déraciné et angoissé par la perte du confort qu'il avait bâti dans sa vie professionnelle. Il prit conscience que cet événement capital avait fait de lui un survivant, perpétuellement sur ses gardes vis-à-vis des autres. Une partie de son horloge de vie s'était comme arrêtée à 10 ans, le faisant parfois agir comme un « mort-vivant ». Il se rendit compte qu'il n'avait plus besoin de cette attitude et que ses ascendants, revenus vivre dans les Balkans, attendaient de lui qu'il vive enfin.

Enfin, **je peux intégrer mon passé** en le transformant, comme dans un processus digestif. Le passé est toujours présent dans nos projets d'avenir si nous ne le revisitons pas, pour être en paix avec nous-mêmes. En constellations systémiques, il y a trois actes psychomagiques qui remettent en ordre le transgénérationnel : s'incliner, rendre et réparer. Nos ancêtres, quand ils ne sont pas honorés ou assignés à résidence, nous transforment en morts-vivants.

Un directeur des ressources humaines que je connaissais de longues dates me sollicita un jour au sujet de son conflit avec ses beaux-parents, auxquels il reprochait d'avoir poussé sa belle-sœur au suicide et sa femme à la dépression, par une cruauté et une perversion qui l'indignaient. Ce différend avait un fort retentissement dans sa vie professionnelle : cela le conduisait, en effet, à agir en « saint-bernard » dans son rôle de DRH, parlant plus qu'il n'écoutait, et secourant parfois des victimes non consentantes dans le comité de direction, ce qui lui attirait les foudres que l'on imagine. Il s'ennuyait ferme dans son travail, mais se « sacrifiait » à la tâche sans trop se l'avouer. En réalisant sa constellation familiale, il découvrit combien la mort de sa belle-sœur était en résonance avec sa propre expérience d'enfant maudit. Il découvrit la compassion pour sa belle-mère, prise dans un écheveau de souffrances qu'il ne soupçonnait pas, prit congé de sa belle-sœur et put se libérer du chagrin qui l'étreignait et le faisait parler compulsivement. Dans les semaines qui suivirent, il fut chassé pour un poste de haut niveau qu'il obtint en se montrant à l'écoute comme jamais.

Beaucoup de deuils non faits circulent dans le vécu des dirigeants d'entreprise, tant l'absence est violente pour ceux qui la refusent et structure leur ambition centrifuge. Revenir sur ses traces pour accomplir un mouvement inachevé est souvent l'exercice nécessaire pour franchir une nouvelle étape de vie.

Sortir de l'infanticide

Les mythes babyloniens, grecs et hébraïques ont en commun une même cosmogonie : la tentation qu'a le père de dévorer sa progéniture. Et si l'épopée de Gilgamesh, le mythe des Labdacides ou le Massacre des Innocents portaient la trace d'événements fondateurs de l'humanité, présents à l'état archaïque dans notre psyché ? À l'échelle collective, l'inceste pour Claude Lévi-Strauss, le bouc émissaire pour René Girard sont les menaces à dépasser pour se constituer en société humaine – par la loi selon l'un, et par l'amour selon l'autre. Et si, à l'échelle individuelle, l'infanticide était en germe dans la nature humaine ? Quelle résonance cette tentation ontologique a-t-elle dans la vie professionnelle ?

D'une part, beaucoup de managers cultivent la croyance qu'ils sont **irremplaçables**. Héros en rupture de ban, souvent autodidactes, ils peinent à investir leur rôle d'effet-modèle, tant ils se sont construits sur une faille d'estime de soi. Préparer sa succession est pourtant un exercice essentiel quand on est manager : si je n'ai pas de dauphin, c'est parfois parce que je les ai tous dévorés, épuisés, découragés plus ou moins consciemment.

Dans le secteur des travaux publics, un directeur d'exploitation d'une cinquantaine d'années avait la réputation d'un patron « tout-terrain » : solitaire et efficace, il avait fait ses armes sur des chantiers réputés difficiles du Nigéria à la Nouvelle-Calédonie, et s'enorgueillissait de son pragmatisme dans l'action. Lorsqu'il débarqua en Suisse alémanique pour épauler le directeur général d'une filiale au bord de la liquidation judiciaire, il fut surpris de rencontrer de vives résistances : maîtrisant mal l'allemand, critiquant systématiquement tous les autres membres du comité de direction, s'entourant de managers faibles mais obéissants, il se fit une réputation de Français arrogant et autoritaire, fidèle aux stéréotypes transalpins. Provoquant le départ de nombreux hommes clés, agaçant son patron, il était lui-même au bord de la rupture dans sa vie de couple et décida de se faire accompagner lorsque la mort de son père le foudroya émotionnellement. Derrière la carapace, je découvris un homme blessé par la vie, entre un père violent et une mère dépressive. Concevant son travail comme une seconde famille, il se comportait en sauveur de situations perdues, dévoué corps et âme à l'entreprise. Peu à peu, après un épisode d'épuisement physique et beaucoup de courage pour lâcher prise, il accepta que toute l'entreprise ne repose pas sur ses épaules et commença à prendre soin de lui autant que des autres : il s'acheta une planche à voile, renoua avec ses enfants d'un premier mariage qui vivaient aux États-Unis, et embaucha un adjoint de très haut niveau.

Prendre conscience de ma condition professionnelle éphémère, c'est accepter d'avoir un successeur et me libérer du monstre de ma toute-puissance infantile, ma Sphinge personnelle.

Exercice n° 9 :
Le portrait-robot de mon successeur

Imaginez que vous quittiez votre poste actuel demain. Spontanément, quelles caractéristiques aurait mon successeur idéal ?

....

....

Sur quels aspects va-t-il me ressembler ?

....

....

Quels talents qui me font défaut aimerais-je qu'il ait ?

....

....

D'autre part, certains managers sont **malthusiens malgré eux**. Par manque de confiance en eux, ils brident leur potentiel de progression dans un système logique mais clos : ils s'empêchent de réussir comme certains enfants refusent de grandir. Derrière cet autosabotage, il y a des mécanismes complexes de refus d'incarnation (cf. chapitre 6). On oublie parfois les conditions de la naissance d'Œdipe : son père Laïos, descendant de Cadmos qui avait fondé Thèbes, avait déclenché le courroux des dieux en conduisant un jeune homme qu'il avait abusé au suicide. Maudit, il ne devait sous aucun prétexte enfanter car son fils tuerait son père et épouserait sa mère, selon la prédiction de la Pythie. Lorsque Œdipe naquit, d'un commun accord avec Jocaste, Laïos décida de faire disparaître l'enfant, qui fut miraculeusement épargné par les Parques. En reprenant la lecture symbolique qu'en fait Annick de Souzenelle, on voit combien Œdipe tue à l'intérieur de lui-même le vieil homme qui menace sa survie en s'ignorant lui-même ; ce faisant, il peut devenir un homme et répondre à l'énigme de la Sphinge. Tuer le père, ce n'est pas tant se libérer du joug parental qu'échapper à l'infanticide intérieur du renoncement à notre grandeur.

Un de mes échecs de coaching illustre bien ce refus de grandir. Un consultant en management, associé dans un cabinet de taille moyenne, n'arrivait pas à s'abstraire de l'opérationnel, lui occasionnant stress et conflits récurrents avec son entourage. Excellent apporteur d'affaires, il reprochait à ses associés de ne pas produire et vendre autant de missions que lui, s'enfermant dans un mépris radical de la stratégie du collège d'associés dès lors qu'elle ne rapportait pas d'argent immédiatement. Père de deux enfants atteints d'une malformation congénitale bénigne, souffrant lui-même d'une surdité héréditaire, il avait une peur panique de la mort, contractée notamment au décès de son père quand il avait 17 ans. Aîné de sa fratrie, il voyait la sécurité matérielle comme un antidote à cette peur, et en assumait une responsabilité absolue. Peu importe que cela l'empêche de grandir dans son rôle de patron du cabinet, c'était plus fort que lui. Après deux séances de coaching, il manqua un rendez-vous qui lui fut facturé ; il ne termina jamais son accompagnement individuel.

Enfin, certains leaders ont du mal à trancher dans les **moments décisifs** ; symboliquement, ils tuent l'enfant créatif en eux. Le renoncement à une partie de sa carrière est pourtant nécessaire pour aller vers un nouveau projet professionnel. Il faut mourir pour renaître, disent les traditions ici et là. Qui se souvient des quatre enfants qu'Œdipe fit à Jocaste ? Chacun symbolise les quatre étapes de l'accomplissement intérieur, correspondant aux archétypes de la Sphynge tétramorphe dont il a été victorieux : Ismène (le taureau, la force lunaire, la créativité de l'enfant), Polynice (le lion, la victoire solaire, les combats de l'adolescent), Étéocle (l'aigle, l'accomplissement par la parole adulte) et Antigone (littéralement « face à la naissance », le visage féminin de la Sphinge, la sagesse en actes). Choisir en conscience de soi, c'est renoncer à un niveau binaire de lecture, pour se laisser transformer par la situation que l'on vit. Si, comme Œdipe, je suis aveugle à ce qui me crève les yeux, je vais être agi par un destin souvent funeste, parce que reproduisant un schéma antérieur subi. Si je prends conscience de ce qui ne m'appartient pas dans mon histoire, que je le rends rituellement à mes ancêtres (cf. chapitre 6), alors s'ouvrent tous les possibles dans ma vie professionnelle et personnelle.

Une cliente consultante en stratégie à qui tout réussissait s'en trouvait pourtant embarrassée : quelles missions, quel positionnement, quelles compétences choisir quand on a tous les talents que recherchent les clients ? D'une nature rationnelle et analytique, elle avait épuisé tous les modèles cartésiens pour maîtriser son avenir professionnel, en vain. Au cours d'un entretien individuel de supervision didactique, elle me confia le souci qu'elle rencontrait avec son jeune fils, souffrant de maux de ventre inexpliqués. Mon intuition était que son enfant lui envoyait probablement un message sur un événement douloureux qu'il sentait inconsciemment, sur lequel elle avait à mettre des mots. Elle blêmit, prenant conscience que son fils « savait » les fausses couches qu'elle avait vécues, et pourtant tues et presque oubliées. Ce faisant, elle reprit contact avec sa sensibilité et mit des mots sur cette partie douloureuse de sa vie. Les maux de ventre de son fils disparurent. Depuis lors, elle a une boussole émotionnelle qui guide ses décisions professionnelles et personnelles : l'attention qu'elle porte à son fils fait comme un écho à son enfant intérieur.

S'inventer une vie adulte

Travailler au service des enfants à venir, c'est s'inventer un avenir. Tant que je nie mon enfant intérieur et mon passé d'enfant, je poursuis un infanticide qui m'empêche d'être adulte. Comment faire concrètement pour en sortir ?

En premier lieu, **consacrer sa vie à ses descendants**, pas à ses ascendants. Je crois que c'est une loi ontologique que nous oublions par culpabilité ou par reproduction sociale. Parmi les dirigeants que je côtoie, j'ai vu beaucoup d'« héritiers » au sens de Bourdieu se débattre dans la même aliénation psychologique que des prolétaires ; or la conscience des fantômes du passé les estompe pour une large part. Le reste consiste à prendre sa vie en main, patiemment et méthodiquement. *Tom Pouce*, le célèbre conte anglais, nous raconte la tragédie de l'enfant qui ne grandit pas à force de vouloir épargner toute souffrance à ses parents.

Il y a quelques années, j'accompagnais le directeur du trading d'une banque londonienne. Sous prétexte d'enrichir son talent commercial par des compétences managériales, il s'agissait surtout, pour lui, de trouver le sens de sa vie professionnelle. Millionnaire mais complexé, père absent de cinq enfants, il s'ennuyait à 45 ans et songeait à se reconvertir en collectionneur d'art et en directeur de fondation à but humanitaire dans la société civile. Au cours de son coaching, il prit conscience de ce qu'aucun acte extérieur ne pouvait compenser un vide intérieur. Il avait construit sa vie professionnelle en fonction de ses ascendants, obnubilé par l'échec professionnel de son père qui l'avait conduit au divorce. La réussite matérielle était comme une compensation impossible, qui l'entretenait dans un état d'enfant – gâté, au demeurant. En se voyant comme le père d'une dynastie et non plus l'héritier mutilé, il mûrit tout à coup, et commença à prendre ses responsabilités d'adulte, au-delà du confort matériel.

> Apprendre à vieillir consiste à regarder la route devant soi,
> plutôt que le rétroviseur de son passé.

En deuxième lieu, **donner ce dont on a le plus manqué.** Nos destins professionnels sont souvent la résultante de deux systèmes, celui de l'entreprise et celui de notre histoire personnelle. Il n'est pas rare que l'on investisse l'un pour réparer l'autre, plus ou moins consciemment. Et si notre enfant intérieur était une réserve inépuisable d'enthousiasme et de foi en l'avenir ? Et s'il avait à sa disposition tout ce qui nous fait le plus défaut en tant qu'adultes ?

Un client dirigeait les achats dans une entreprise franco-allemande, et hésitait quant à l'orientation qu'il souhaitait donner à sa carrière : entre la responsabilité d'une fonction support au siège et le management d'un centre de profit, il ne savait pas où poser ses valises. Un choix de raison contre un défi passionnant, une solution de confort contre une prise de risque, le choix de sa famille contre celui de son patron, il n'en finissait pas de peser le pour et le contre. Il se rendit compte qu'il était dans la même situation qu'enfant, lorsqu'il ne savait pas quel jouet choisir, et qu'il finissait par s'ennuyer ferme sans jouer. Il lui fallait renoncer à l'idée même d'alternative, et interroger cet état de non-choix de son enfant intérieur. Que lui disait sa petite voix ? Peu à peu émergea une piste de solution : en se projetant vingt ans plus tard et en décrivant ce qu'il visualisait, il pourrait apaiser son inquiétude présente. Il vit une réussite sociale et une reconnaissance intellectuelle bien plus vastes qu'il ne les avait imaginées. Dans les mois qui suivirent, renonçant à tout plan de carrière, il ne fit rien que laisser le désœuvrement et le désarroi de son enfant intérieur s'épanouir en lui ; quelques mois plus tard, il écrivit un livre qui devint un ouvrage de référence dans son métier, se mit à enseigner et développa une notoriété inattendue.

En dernier lieu, **se laisser coacher par ses enfants** : c'est une chance extraordinaire, pour un manager, que d'avoir des enfants, car ils nous renseignent incessamment sur nous-mêmes. Quand je joue avec mes enfants, quand je les écoute, quand je leur lis une histoire, j'ai le même âge qu'eux pendant quelques instants. Ils me permettent de revisiter mes stades de croissance, d'éviter de rejouer les mêmes erreurs et de continuer, à tout moment, à nourrir mon enfant intérieur. À cet égard, les contes de fées, et notamment ce que Walt Disney en a fait, ne cessent de parler en termes symboliques à notre enfant intérieur : pour certains, c'est *Peter Pan* et la reconquête de l'enfance sacrée ; pour d'autres, c'est *Le monde de Nemo* et la relation au père ; pour d'autres, c'est *Blanche Neige* et la quête de connaissance ; pour d'autres encore, c'est *Fantasia* et l'apprentissage du guerrier. En ce qui me concerne, mes enfants ont été et sont mes plus grands coachs. Ils m'obligent doucement à redescendre en moi-même quand mon ego s'affole, à accepter mon impuissance quand j'ai la tentation de les faire plier, à écouter la sagesse profonde qu'ils témoignent quand je me crois plus fort. À coup sûr, je n'aurais pas fait tant de développement personnel sans mes blessures d'enfant ; mais grâce à mes enfants, je poursuis un chemin d'ouverture du cœur bien plus puissant. Le coaching de soi est à la croisée de ces deux formes d'attention à l'enfant intérieur : celui que l'on a été hier et celui que l'on fera naître demain.

Chapitre 4

Accepter ses quatre vérités

À quel temps se conjugue le verbe « manager » ? Le plus souvent, c'est, hélas, dans un non-lieu intemporel que nous l'expérimentons. Une décision courante chasse l'autre et l'efface instantanément de la mémoire collective de l'entreprise. Or, sans passé, nous n'avons pas d'avenir. Pour redonner du sens à son action, encore faut-il trouver le temps de se poser des questions cruciales : puis-je me consacrer à une aventure exaltante sans risquer de douloureuses désillusions ? Comment faire de ma ligne de vie professionnelle autre chose qu'une succession d'aléas ou une fuite en avant ? Comment passer du vraisemblable au vrai dans mes projets ?

Drôle de question que la vérité en matière de développement professionnel, où le pragmatisme règne en cache-misère de la pauvreté philosophique du management. Pour en sortir, voici une proposition paradoxale : il faut s'inscrire dans une histoire pour ne plus s'en raconter. Pour trouver ma vérité, la réalité seule ne suffit pas ; j'ai besoin de mes ressources imaginaires, oniriques et spirituelles. Comment faire ? En premier lieu, trouver la fiction dont je suis le héros à mon insu. En deuxième lieu, dévoiler mes secrets pour interroger mes propres tabous. En troisième lieu, accepter de me rendre à l'évidence.

1. S'inscrire dans une histoire

Jouer le rôle de sa vie

Un préalable au chemin de vérité en développement personnel est d'assumer l'entière responsabilité de notre vie professionnelle. Cette règle peut sembler sévère : ai-je choisi mes réussites apparemment fortuites, mes échecs subis et les bonnes ou mauvaises rencontres qui jalonnent mon parcours ? Pour moi, le hasard n'est que le nom que les rationalistes donnent aux vérités profondes du destin qui nous fait signe sans cesse. Pour être dans sa majorité professionnelle, il nous faut renoncer au statut de victime ou de spectateur impuissant. Nous sommes, en effet, les acteurs de notre carrière : peut-être n'avons-nous pas le choix du script et du rôle, mais il s'agit de l'interpréter dans tous les sens du terme. Comment s'y prendre ?

D'une part, en **cherchant pour trouver**. Cette évidence nous dit que notre responsabilité face à la vérité de nous-mêmes est de la désirer ardemment, c'est tout. Un acte fondateur dans le coaching de soi consiste à assumer la quête de sens qui nous travaille tous, que peu d'entre nous osent engager : reconnaître les contradictions de sa vie présente, vouloir s'affranchir des démons qui entravent sa sérénité, désirer une plus grande congruence dans tous les pans de sa vie – autant de choix déterminants dans un cheminement personnel. Quand l'on ne peut plus s'accommoder des compromis du quotidien, la recherche intérieure est inéluctable. Le fait même de se mettre en mouvement est, en soi, une façon de trouver un sens à son action.

J'ai rencontré un directeur du contrôle de gestion dans une entreprise de grande consommation qui se jugeait trop timide. Jeune à haut potentiel issu de la fine fleur des écoles de commerce françaises, il s'épuisait à un travail dont il était pourtant las. Tiraillé entre une quête de reconnaissance presque addictive, d'une part, et une aspiration à créer quelque chose qui ait un sens plus grand (esthétique, spirituel et humain), d'autre part, sa carrière le plongeait dans un spleen de plus en plus profond : cela le paralysait dans un sentiment d'autodévalorisation qu'il connaissait bien. C'était comme si sa vie tournait autour d'une grande roue, conforme à son environnement social, mais qui le décentrait de son axe véritable. Lorsqu'il renonça à s'autosaboter, il accepta d'écouter sa petite roue et d'entendre l'appel vers un ailleurs qui résonnait en lui. À ce stade, il s'agissait de cultiver son désir d'absolu, comme un jardinier arrose la terre en espérant voir les graines fleurir des mois plus tard. Assumant son inconfort comme un signe positif, il prit ainsi congé des fausses questions qu'il se posait sur la grande roue – « Comment être plus spontané en réunion ? », « Comment construire un réseau professionnel dans l'entreprise ? », « Comment faire semblant comme les autres ? » – pour s'en poser une plus cruciale : « Comment sortir de mon parc d'attractions professionnel ? »

D'autre part, en **cessant de se mentir**. Le monde du travail nous donne le change de nos besoins d'appartenance et de sécurité, mais au prix d'une confrontation avec soi. L'opportunisme est l'antichambre du choix véritable dans un parcours de carrière, de même que Don Juan accumule les conquêtes féminines pour éviter d'accepter qu'il cherche l'amour de sa vie. Comment trouver sa vérité ? Selon la célèbre formule augustinienne, la différence majeure entre vérité et mensonge tient à ceci : la vérité est unique, tandis que le mensonge est toujours multiple. Dès qu'il y a un foisonnement de sens, de raisons d'agir et de motivations dans un jeu de contraintes professionnelles, il y a fort à parier que l'on se mente à soi-même. « Quel est le sens de ma vie professionnelle ? » Si je peux répondre brièvement et simplement à cette question, je suis probablement sur un chemin de vérité.

Un client m'a beaucoup touché tant son parcours me faisait penser à Dorian Gray. Comme le personnage d'Oscar Wilde, il cherchait à mener une vie de plaisir sans entrave, multipliant toutes les astuces pour maximiser son intérêt dans tous les registres de son existence. Arrivé à un niveau de responsabilité de dirigeant, son narcissisme insatiable le conduisait à prendre toujours plus de risques : lorsque l'autorité des marchés financiers le condamna pour délit d'initié, il prit peur et crut que tout son monde s'effondrait. Désormais, cette condamnation, reprise par les moteurs de recherche d'Internet, le poursuivait et révélait au grand jour ses propres turpitudes à chaque étape de sa carrière. Et si cette sentence était une occasion de mettre de l'ordre dans sa vie ? Chaque fois que je le rencontre, j'ai l'impression d'être la seule personne à ses yeux autorisée à lui dire « ses quatre vérités » : derrière le cynisme du séducteur, je vois la peur d'être seul face à ses ombres, qu'il apprivoise peu à peu. Je sais qu'il sait que je sais, et cette spécularité nous rapproche. Il faut infiniment de soin, d'espoir et de patience pour l'aider à renoncer à être dupe de lui-même, et cela ne tient qu'à lui de s'aimer vraiment.

Enfin, en **s'acceptant plutôt qu'en cherchant l'acceptation d'autrui**. Tant que je confie les clés de ma réussite professionnelle à autrui, je m'aliène la liberté de jouer le rôle de ma vie. L'univers des médias et de la politique est plein de leaders extrêmement fragiles, qui se cognent avec violence aux lumières artificielles de l'opinion des autres. Or, il est toujours temps de nourrir son feu sacré. Plutôt que les chimères de la reconnaissance et de la réassurance des autres, comment puis-je réchauffer mon réacteur intérieur ? Comment me donner à moi-même ce que je demande avec tant d'empressement aux autres ? Simplement en identifiant que j'ai en moi toutes les ressources que je projette chez autrui, qui est le miroir de mes ombres (cf. chapitre 1).

Un jeune directeur de cabinet du président d'un établissement financier me consultait pour trouver sa voie de reconversion. Après cette expérience grisante, il se sentait emprisonné par une étiquette d'éminence grise et de porte-parole d'un patron. Comment se sortir de cette relation faustienne sans se trahir ? Désireux d'exercer un rôle de management généraliste, il était face à sa peur de passer du second au premier rôle. Confondant modestie et autodénigrement, il surestimait son entourage pour ne pas assumer sa propre puissance. Son coaching consista à regarder en lui-même plutôt qu'à l'extérieur, pour y trouver des ressorts de confiance et d'énergie propres. S'il avait côtoyé l'état-major de la banque, c'est qu'il avait des qualités intrinsèques qu'il était le dernier à reconnaître : l'écoute, la synthèse, l'intelligence de situation, la vision stratégique, etc.

> Pour jouer le rôle de sa vie, le premier pas est
> le plus important ; il consiste à se lever pour répondre
> soi-même à la question que l'on pose aux autres.
> Ce répondant est l'essence même de la responsabilité.
> Comment tailler la route ?

Revenir sur ses traces

Pour investir mon avenir, je ne peux pas faire abstraction du passé. « Souviens-toi pour oublier » est un paradoxe de notre libre arbitre. Si je reviens sur mes traces, je ne suis plus l'instrument des fantômes de mon passé, je les regarde en face et je m'en détache peu à peu ; sinon, je vais rejouer perpétuellement la même scène de mon histoire personnelle qui devient un mauvais feuilleton : toujours victime d'un patron incompétent, toujours ostracisé par le reste d'une équipe jalouse de mes prérogatives, toujours insuffisamment reconnu pour ma performance, etc. Comment agir avec son passé pour ne pas être agi par son passé ?

En premier lieu, mes motivations professionnelles sont inscrites dans mon **archéologie personnelle**. Croire naïvement que l'on peut trouver des raisons d'agir dans un projet futur ne résiste pas à une journée de stage de management : mes projets professionnels sont, certes, des fleurs dont je peux faire des bouquets à ma guise, mais ils poussent sur des racines qui me dépassent. La question « pour quoi faire ? » est donc insuffisante en matière de projet professionnel. Il lui manque « au nom de quelle valeur ? En vertu de quelle loi ? À la mémoire de qui ? ». Nous sommes dépositaires d'un héritage inconscient de revanches sociales, de promesses dynastiques ou de malédictions à dénouer. Quelles fées se sont penchées sur mon berceau, et quel sort m'ont-elles jeté ?

Un directeur des études dans une agence de conseil en marketing procrastinait devant le manque de répondant du marché à son concept d'études de marché pourtant très innovant. Cela le mettait au contact d'un sentiment d'imposture qui ne le quittait pas dans toute sa carrière de consultant, mais dont il n'identifiait pas l'origine. En réalisant sa constellation familiale, il découvrit qu'il était porteur d'une double conscience de classe liée, d'une part, à sa lignée paternelle d'ouvriers textile en révolte et, d'autre part, à sa lignée maternelle d'instituteurs militants : pris entre une vocation intellectuelle et une fidélité à la culture ouvrière, il oscillait entre une aspiration esthétique d'individualiste forcené et une conscience politique et sociale d'intellectuel engagé. Le marché n'y voyait qu'une idéologie anachronique et un positionnement confus. En prenant conscience qu'il défendait des causes qui n'étaient plus les siennes, il put honorer son capital culturel et saluer ses ancêtres encombrants pour composer un rôle sur-mesure : son visa de consultant free-lance pour le marché global.

Dans les métiers de conseil et de coach, le syndrome d'imposture nous immunise contre le risque de posture : en équilibre sur le fil des relations humaines et des services immatériels, nous forgeons notre identité professionnelle dans une histoire personnelle qu'il s'agit de dépasser ou de rejouer. Comment faire ?

En deuxième lieu, je « **métabolise** » **mon passé** en le digérant, pas en le reproduisant. L'intégrité professionnelle consiste avant tout à intégrer le passé, en l'acceptant totalement. Ce faisant, je prends conscience qu'il ne se rejouera pas à l'identique, puisque je l'ai intégré et transformé profondément.

Un directeur général dans une entreprise de gestion d'actifs souffrait d'être l'élément perturbateur des relations du comité de direction, alors qu'il avait la plus forte contribution économique et prétendait à la vision stratégique la plus offensive. Son comportement instable, colérique et volontiers brutal le faisait ressembler à un chien fou plus qu'à un patron d'équipe, provoquant démissions, dépressions et crises incessantes dans l'équipe dirigeante. Dans nos échanges épisodiques – il annulait beaucoup de rendez-vous – je ressentais un torrent affectif incessant, une fuite éperdue face à l'impossibilité de faire confiance. Il avait peur et devenait terroriste dans son management, malgré lui. Je ne sais pas quelle blessure, quelle croyance ni quelle force souterraine ont pu générer cela chez lui. Nommé numéro 1 de l'entreprise entre-temps, il n'est jamais revenu terminer son coaching : accro au succès, son avenir prometteur lui permet d'ignorer son passé, mais jusqu'à quand ?

En troisième lieu, je mets **mon ombre devant moi**, pas derrière. Quand le soleil de mon projet d'avenir m'aveugle, j'ai mon ombre dans mon dos, je ne peux pas la voir. Avoir le soleil derrière moi, c'est me savoir porté par un passé qui ne m'aveuglera plus si j'agis en conscience. Qu'est-ce que je vois lorsque je regarde mon ombre ? Cela dépend : parfois la face sombre de mon ambition, ou les remords de mon parcours, ou encore le revers de mes qualités et des valeurs que j'affiche. Dans tous les cas, en les reconnaissant, j'ai moins peur qu'ils m'engloutissent. Je suis plus solide si je connais mes failles, leitmotiv de cet ouvrage ; je me raconte moins d'histoires sur moi et sur les autres si je prends conscience de mes zones d'ombre et de mes contradictions, qui me rendent plus humain.

Un client directeur commercial avait fait sa carrière avec une habileté politique et un discours humaniste de développement des vendeurs dont il s'enorgueillissait. Cela contrastait avec son image de tueur à gages dont il semblait n'avoir pas conscience. Avec un passé d'activiste d'extrême gauche, il était fier de sa reconversion dans l'Establishment industriel. Toutefois, malgré ses succès et sa reconnaissance sociale, une inquiétude le tenaillait : comment se libérer de ses peurs ? Je me souviens d'une séquence où il arriva en racontant, presque anecdotiquement, le suicide par chevrotine de son père le week-end précédent. Content de l'avoir vu vivant une semaine auparavant, il était interloqué de n'avoir rien anticipé de son geste. Il lui fallut du temps pour réintégrer cette part de sa vie et se relier à sa propre violence, y mettre des émotions et de la compassion.

> Rapatrier nos ombres pour les regarder en face est
> le plus sûr moyen qu'elles n'agissent pas à notre insu.
> Cela demande du courage, de la patience, mais cela porte
> une vérité structurante : le passé ne se reproduit jamais
> à l'identique.

L'imaginaire au secours du manager

Passer par l'imaginaire pour se confronter au réel est un paradoxe central en développement personnel. Dans une perspective critique, Vincent de Gaulejac a mis en évidence que l'entreprise repose sur un « *système managinaire* », où le croire précède le faire. En quoi le détour par l'imagination est-il nécessaire pour accepter « ses quatre vérités » ?

L'imaginaire est le registre de la pensée libre, créative et sans jugement. En utilisant l'hémisphère droit de notre cerveau, nous accédons plus vite et plus directement à notre monde intérieur. Le rêve ne s'oppose pas à la réalité, il est le territoire d'une autre expérience du réel. Dans certaines traditions chamaniques, le rêve est même plus réel que l'état éveillé ! La vérité inconsciente est parfois plus proche qu'on ne l'imagine. En termes de stratégie professionnelle, les objectifs que j'ambitionne d'atteindre et les plans d'action que j'échafaude rationnellement me conduisent souvent à une impasse : le marché du travail ne répond pas à mes attentes, l'entreprise où je travaille a déçu mes espoirs et fragilisé ma loyauté, mon équipe proche ne tient pas les promesses que j'avais misées sur elle. Le coaching volontariste et cartésien se heurte aux limites de l'inertie du réel. Beaucoup d'entre nous sont déçus des outils de « prêt-à-coacher » qui ne font que gonfler et dégonfler notre ego au gré des leurres que nous poursuivons : des objectifs concrets, pratiques et supposés réalistes sont parfois les cache-misère d'un égotisme généralisé, qui ne comble pas le besoin de sens. Obtenir tel poste, m'affirmer contre tel collègue, négocier telle augmentation : combien de temps ces armes narcissiques font-elles écran à l'aporie métaphysique d'une carrière professionnelle ? C'est pourquoi, en neutralisant ces procédés, l'imaginaire est la porte d'accès à une existence plus dense, une vérité plus intense sur nous-mêmes et sur le monde qui nous entoure. Comment procéder ?

D'une part, « **il était une fois… moi** », et raconter la suite. L'exercice peut sembler trivial, il m'est pourtant indispensable de rêver pour que mes rêves se réalisent. Le coaching de soi est, en quelque sorte, une rééducation du cerveau droit. Le détour créatif proposé par Paule Boury-Giroud dans ses coachings n'est pas qu'une évasion ludique, c'est aussi une façon de formuler une vision précise, par libre association, par visualisation créatrice, par métaphores, voire par rêve éveillé de son expérience de vie professionnelle. C'est l'occasion d'investir le champ symbolique de son existence et de modifier les scénarios apparemment inéluctables du passé.

Je me rappelle un client survolté que j'accompagnais au prétexte de son manque d'organisation et de sa difficulté à gérer ses priorités. Entrepreneur high-tech et créateur d'entreprises innovantes, le désordre de son agenda le pénalisait, notamment avec ses associés et ses clients. Au cours de nos rencontres, il ne tarda pas à évoquer son anxiété constante et sa peur de manquer d'argent qui le maintenait dans une tension et une insatisfaction permanentes : pour compenser le manque de sens des entreprises qu'il lançait, pourtant avec un succès commercial incontestable, il saturait son agenda de tâches en tout genre et dans lesquelles il se noyait. Au fil de nos échanges, revisitant les regrets et les nostalgies qu'il nourrissait quant à une autre profession, il évoqua un don qu'il négligeait : enfant, il avait des flashs, précis mais fugitifs, pressentant des événements qui se passaient réellement, dignes des films de Night Shyamalan. Jusqu'à la nuit où il rêva que son oncle avait un accident de voiture. Au petit matin, cela s'était produit en effet. Peu à peu, il se réappropria ses talents paranormaux en les utilisant au service de son bonheur et non de ses angoisses : projets de vie de famille, exercice de sa liberté d'homme adulte, rapport à l'argent, tout prit une autre tournure en se servant de cette faculté exceptionnelle qu'était son sixième sens.

Exercice n° 10 :
Raconter le conte de ma vie professionnelle

À la manière d'un conte de fées, racontez sans censurer votre imagination l'histoire de votre vie professionnelle à ce jour :

....

....

....

....

....

....

Relisez ce conte. Quel épisode vous touche le plus ? Pourquoi ?

....

....

Que faut-il pour que l'histoire se termine bien ?

....

....

D'autre part, poser **une question en forme de « et si ? »**. Le conditionnel n'est pas très loin du futur antérieur, car il crée les conditions d'une alternative possible. Envisager d'autres scénarios que ceux que notre mental nous sert continuellement est un entraînement essentiel appelé outre-Atlantique

« *thinking out of the box* ». Se projeter dans un avenir souhaité, visualiser les ressources qu'il me faut pour l'atteindre, imaginer un instant ma vie d'après, tout cela ouvre d'autres niveaux de conscience que le soi-disant réalisme du quotidien, triste mécanique de répétition. Le succès des romans de Douglas Kennedy repose sur cet effet papillon qui nous parle à tous : et si un événement apparemment anodin nous permettait de changer le cours de notre existence, que ferions-nous ?

En pratique, il s'agit de recadrer sa propre représentation autant que possible avant toute décision radicale face à une situation professionnelle : « Et si c'était autre chose que cela, qu'est-ce que ça serait ? », « À quoi d'autre que cela pourrais-je penser ? », « Et si j'avais la solution, que ferais-je de différent ? », etc. Des techniques issues de l'École de Palo Alto ou de la PNL, comme le *clean language*, permettent de poser des questions non projectives et non inductives pour interroger la pensée métaphorique sur le sens de nos actes.

Un directeur marketing dans un groupe de presse se plaignait de son directeur général de trente ans son aîné, dont il s'estimait injustement traité, après avoir été son dauphin désigné. Spécialiste du marketing grand public, il n'avait pas de mots assez sévères sur les errements stratégiques du DG et les effets catastrophiques qu'il prévoyait à court terme. Il s'estimait victime d'une attaque *ad personam* qui le minait et le conduisait immanquablement à porter l'affaire devant les tribunaux. Une fois sa rage apaisée, je lui demandai quelle autre lecture il pouvait faire de la situation présente et future. Sans surprise, il réalisa qu'il rejouait un conflit irrésolu avec son père ; conscient que la violence ne résoudrait rien, il imagina peu à peu un autre scénario d'armistice. Dans le fond, son directeur général n'était que le révélateur de sa propre lassitude face au métier de directeur marketing. Plutôt que de se l'avouer, il s'était inventé un drame passionnel. « Et si je devenais consultant ? » fut la question suivante, qu'il attendait depuis si longtemps de se poser que son visage s'éclaira d'un large sourire. Il quitta l'entreprise sans fracas, avec gratitude même pour ce patron, mentor malgré lui.

Enfin, se fabriquer un **talisman émotionnel**. Les moments clés d'un coaching sont des prises de conscience d'où l'on ressort transformé. Comment matérialiser ces temps forts pour les enregistrer profondément ? On connaît la force des ancrages en PNL, qui sont des images, des sons ou des gestes associés à un état interne positif, ayant le pouvoir de nous y replonger sur commande. Ici, je veux parler d'ancres émotionnelles ; en découvrant des territoires affectifs insoupçonnés, on élargit la connaissance de soi, et l'on contacte des potentiels de changement inespérés. Un talisman émotionnel est une trace de cette émotion qui nous sécurise pour la suite, comme un joker en cas de revers de chance. Parfois, un plan d'action réalisé suite à une séquence de coaching peut matérialiser durablement ce talisman (écrire une lettre au parent manquant, trouver une photographie de moi enfant, dessiner la carte de mes territoires émotionnels, etc.). D'autres fois, c'est le corps qui sert de vecteur. Un cri perçant venu du fond des âges, une chanson fétiche synonyme de réconciliation intime, un sourire associé à une gratitude profonde – le corps recèle des trésors symboliques pour rejoindre des émotions porteuses de sens. Magique ? C'est, en tout cas, un pense-bête pour rester vigilant quant à sa propre intégrité affective.

Un client directeur des risques avait une aversion pour les risques dans sa vie privée. Vivant une situation personnelle très orageuse avec sa conjointe d'une jalousie pathologique, il subissait une violence croissante sans broncher, par peur qu'elle mette sa vie en danger comme elle l'en menaçait souvent. Ayant peur de sa propre violence, il était mû par un attachement farouche dans ses relations humaines. Agir comme un « saint-bernard » était pour lui une seconde nature, mais qui le désolait toujours quant à l'image que ça lui renvoyait de lui-même. N'y pouvant plus, il décida de réagir et contacta, au cours d'exercices de coaching, des émotions enfouies en lui : la colère et la force furent de nouveaux alliés qu'il explora au cours d'exercices intenses d'extériorisation. Il découvrit d'autres registres de sa voix, tailla sa barbe en signe de renouveau intérieur et se surprit à avoir un regard plus joyeux et plus expressif. Quand ses amis lui dirent un jour : « *Tu as perdu ton regard de chien battu* », ils ne croyaient pas si bien dire.

> Le talisman émotionnel est à notre portée à tout instant pour inscrire physiquement une vérité que les mots peinent à raconter. Pourquoi s'en priver ?

2. Petits secrets, grands tabous : ce que le coach ne vous dit pas

S'accepter avec ses forces et ses faiblesses peut requérir le regard d'un tiers, bienveillant, subjectif et en suspension de jugement. Mais le miroir tendu par le coach est déformant, c'est encore une représentation de moi-même que je vais y voir. Puisqu'il n'y a pas d'objectivité dans cette aventure, l'idéal d'une vérité transparente, pure et parfaite est illusoire. Croire que mon coach va me dire « mes quatre vérités » entre en contradiction avec le fondement même de toute maïeutique : je suis, à tout moment, la personne qui me connaît le mieux. En revanche, il y a des choses que le coach ne me dira jamais : secrets de fabrique, secrets professionnels, interdits déontologiques, les non-dits du coach en disent long sur une pratique de dévoilement de l'être. En particulier, le matador et la prostituée, deux fonctions subversives du coach, font écho aux deux grands tabous de la vie professionnelle : l'amour et la mort. Et si les moments clés d'un coaching étaient des miracles de la rencontre vraie, qui échappent aux descriptions froides des manuels de techniques et de recettes pour « réussir un coaching » ?

Le coach comme matador : mettre à mort ses illusions

La gestion du temps est l'arbre qui cache la forêt, car le rapport que j'entretiens avec le temps est le même que celui que j'entretiens avec la mort. Niée par la gestion de l'entreprise, la notion de mort fait pourtant partie de la vie : tout projet a une fin, tout enthousiasme professionnel connaît son déclin et toute ambition sa limite. Temps mort par excellence, le coaching de soi est une occasion de revisiter sa peur du vide, de la maladie ou de la solitude, souvent associés aux morts symboliques que nous expérimentons au fil d'une carrière : rupture d'un contrat de travail, démission d'une personne clé dans notre équipe, perte d'un marché, fin d'un projet, et naturellement départ en retraite. Comment s'accommoder de ces moments de passage difficiles ? En mettant à mort nos illusions.

Certaines techniques sont les banderilles, la muleta ou les piques d'un coaching efficace : le **feed-back** est souvent la passe qui va désarmer notre minotaure intérieur, en nous donnant à entendre une vérité profonde que nous feignons d'ignorer. Levons un malentendu : ce que la plupart des livres de management appellent un « feed-back » n'est, pour nous, qu'une critique ou un compliment. Quand votre chef vous « fait » un feed-back, c'est un jugement hiérarchique que vous recevez dans une énergie souvent acide et sans appel. En coaching, « donner » un feed-back relève d'un autre registre : il s'agit d'un ressenti subjectif qui parle avant tout du coach lui-même. S'il n'est pas projectif, ce ressenti me renseigne sur l'impact que j'ai sur autrui. Le coach demande l'autorisation de me livrer son feed-back, mais je suis libre de l'accepter ou non, car je n'ai aucune responsabilité quant à l'effet que je fais aux autres. En d'autres termes, le feed-back managérial commence par « tu es/fais/as… », tandis que le feed-back de coach commence par « je ressens que… ».

Hier, je voyais un client qui souffre de l'écart entre son image de tueur à sang-froid et son intention profonde nourrie d'éthique et de dévouement. Vu de l'extérieur, il a tout d'un Fouché, fin politique et calculateur aux dents longues. Lorsque je l'écoute profondément, installé dans une bienveillance inconditionnelle, je vois surgir une image précise : c'est un petit garçon de 7-8 ans dans un corps et une carrière d'adulte. En lui proposant ce feed-back, qu'il accepte, je peux le rencontrer dans une partie de lui-même secrète et mystérieuse, attachante et fragile.

Le feed-back peut être provocateur, dans l'esprit des techniques paradoxales de Palo Alto : ce même client me disait ne pas pouvoir pardonner les « *crimes de haute trahison* » à son égard. Essayant de lui dire qu'il peut aussi reconnaître une part de lui-même chez ses ennemis jurés, avant de crier vengeance, je me heurte à quelque résistance. Lorsque, deux heures plus tard, il m'évoque son intention de chercher un nouveau poste au moment où il est la pièce maîtresse du dispositif de son DG, je risque : « *Vous voyez, vous aussi, vous faites un crime de haute trahison !* » Il se rebiffe, se justifie, puis sourit et comprend le mimétisme des deux situations.

L'estocade du feed-back provocateur est un recadrage – ici encore, rien à voir avec le recadrage managérial qui consiste à corriger un collaborateur ; pour renoncer à certaines croyances tenaces et autolimitantes, rien de tel parfois qu'une autre croyance, plus juste et plus vraie sur soi-même. Voir dans un ennemi potentiel un allié caché, découvrir qu'une situation de conflit est un trésor de progression personnelle, traduire un trou d'air professionnel en un moment d'extrême liberté sont autant d'exemples de ces mises au point avec soi qui mettent à mal des illusions de grandeur et d'invulnérabilité. Certains coachs disent, à juste titre, que l'expression « pourvu que cela dure » est un renoncement à la pleine responsabilité de nos actes. Que puis-je faire de positif pour que cela dure ? Que puis-je faire de positif si cela s'arrête ? Que puis-je expérimenter à mon bénéfice si cela empire ?

En coaching paradoxal, y a-t-il des « questions qui tuent », autrement dit celles qui font mouche et révèlent nos aspirations profondes ? À titre personnel, j'en trouve trois très probantes inspirées de Palo Alto, de la psychologie humaniste et de la philosophie intégrale de Ken Wilber.

Premièrement : **puis-je envisager le pire ?** C'est une façon efficace de ne pas focaliser strictement sur le succès visé, mais d'envisager aussi le cas où mon désir ne serait pas satisfait. Mieux vaut s'y préparer avant que cela n'arrive. Cela a aussi comme bénéfice d'élargir mon champ de conscience à d'autres probabilités que mon projet strict, en envisageant des scénarios alternatifs et des stratégies de repli.

Un directeur marketing et communication d'une cinquantaine d'années menait, en parallèle d'un outplacement, un coaching pour intégrer les causes de la transaction financièrement confortable qu'il avait signée après dix ans de service dans une entreprise opulente et protégée. Volubile, enthousiaste et doué d'un talent relationnel, il avait mené sa carrière tambour battant pour occuper une fonction enviée du tout-Paris, qui lui renvoyait une image de nabab convoité des médias et jalousé de ses concurrents. Il envisageait deux-trois mois d'interlude, tout au plus, avant de retrouver une position aussi confortable. Mécaniquement, je l'invitai à travailler au « scénario catastrophe » où il ne retrouvait pas la première place du podium, ni même la deuxième ou la troisième. Courtois mais dubitatif, il réfuta cette éventualité mais j'insistai, ressentant que cet épisode fâcheux était peut-être pour lui la première occasion de sa carrière de se confronter au monde réel, en adulte. Il n'imaginait pas le calvaire qui l'attendait : deux mois après son débarquement professionnel, son mariage vola en éclats et l'entraîna dans un long divorce. Il eut ensuite un accident de moto qui l'immobilisa et l'handicapa quelques mois. Et de déjeuners d'affaires annulés en contacts avortés, de chasseur de têtes « qui me rappellera la semaine prochaine » en recommandation personnelle d'un vieux copain, il connut deux ans de traversée du désert, sans aucune perspective d'emploi. Cette épreuve fut aussi son salut : il vit les fausses allégeances et les vraies courbettes dont il avait été dupe pendant si longtemps, et réajusta ses objectifs matériels en fonction de ses vrais besoins et de ce qu'il valorisait désormais. Blessé mais densifié, il refit sa vie autour de choses simples et essentielles pour lui : le contact humain, l'amitié, la tendresse et la fidélité. Enseignant, consultant et entrepreneur, il était désormais infiniment plus dans sa vie qu'avant la catastrophe.

Deuxièmement : **puis-je vivre comme si mon père était mort ?** Cet exercice de développement personnel suggéré par David

Deida a le mérite de poser la question des obstacles à notre épanouissement personnel tels que les fausses loyautés et les introjections paralysantes. Qu'est-ce que je ferais de différent dans ma vie si une figure centrale d'autorité aujourd'hui présente (père biologique, mentor, patron charismatique) n'était plus là pour me juger ? Quelles entraves à ma liberté d'action ce spectre incarne-t-il ? Et si le fait de m'en défaire m'évitait d'être, à mon tour, une statue du Commandeur pour mon entourage ?

Un client directeur comptable dans une entreprise agroalimentaire souffrait d'un sentiment d'imposture qui l'empêchait de valoriser les actions qu'il entreprenait. Sensible, créatif et manager empathique, il s'ennuyait ferme dans la filière financière mais ne faisait rien pour en sortir, réalisant ainsi une prophétie familiale qu'il avait intégrée : « Tu n'arriveras à rien. » Fils d'un entrepreneur immobilier à succès, il avait souffert toute sa scolarité du discrédit de son père, qui lui reprochait incessamment de n'être pas le garçon qu'il avait idéalisé : bagarreur, bricoleur et entrepreneur. Au cours d'un exercice inspiré du psychodrame, il s'offrit l'occasion de dire à son père tout ce qu'il avait sur le cœur depuis si longtemps, et de vivre sa vie pleinement. En prenant congé de ce parent castrateur, il se soucia moins du regard tutélaire sur sa vie et se donna la légitimité de la mener selon ses propres désirs. Cela le rapprocha aussi de son père, qu'il se mit à regarder avec compassion et indépendance.

Enfin, le *work* de Byron Katie permet de prendre conscience des pensées récurrentes qui nous infligent de la souffrance. Son hypothèse est lumineuse et scandaleuse : les autres ne nous font jamais de mal, seule notre pensée en désaccord avec la réalité nous fait souffrir. Or, nous avons en nous une sagesse bien plus profonde, qui sait se réjouir d'une sensation sans y mettre de pensée et de jugement. Entraînement à la compassion, le *work* de Byron Katie est aussi un exercice magnifique et simple pour cesser de vouloir avoir raison, et pour accepter inconditionnellement la réalité sereinement. Qui refuserait de répondre à trois questions qui peuvent dissoudre la cause de ses maux ?

Exercice n° 11 :
Le questionnaire vérité de Byron Katie

Fermez les yeux et pensez à la situation qui vous tracasse le plus actuellement. Respirez profondément. Allez à la rencontre de la pensée qui vous occupe, et saisissez une affirmation centrale dans votre pensée. Prenez un instant pour répondre aux quatre questions suivantes.

Pouvez-vous être sûr(e) que cette pensée est vraie ?

....

....

Quand vous y pensez, qu'est-ce que cela crée en vous ?

....

....

Que seriez-vous sans cette pensée ?

....

....

Le coach comme prostituée : faire l'amour à la vie

À côté de la mort, le désir est l'autre grand tabou de l'entreprise : la motivation est une boîte noire qui ignore superbement les facteurs pulsionnels et érotiques de la relation au travail. Dans des codes professionnels de plus en plus aseptisés, les registres d'interaction sont standardisés et chacun encouragé à « désaffectiver » sa relation à l'autre – comme si c'était faisable... Outre la machine à frustration que cela perpétue dans l'ordre social, ce déni du désir professionnel nous coupe d'un des moteurs de l'existence. Or, je crois que la seule chose vraiment efficace dans un coaching est l'amour inconditionnel du coach pour son client (cf. chapitres 8 et 9).

Hier, sans nouvelles depuis six mois, j'ai appelé le nouveau directeur de cabinet d'un client, P-DG d'un groupe pharmaceutique, avec lequel un séminaire d'équipe de direction est prévu dans quelques semaines. Cet accompagnement, lancé sous l'ancien P-DG, a perdu son sens sous le nouveau régime qui n'en a pas réellement envie. Mais le contrat prévoyait deux jours de clôture ; au lieu de les annuler, il les a reportés docilement et mécaniquement, avec moult objectifs inspirés de concepts anglo-saxons de type « *high performing team* », « *strategic transformation process* », etc., mais sans aucun signe de vie. Nous avons travaillé ensemble sur le sens de cette absence de désir – dans certaines traditions, c'est un signe de sagesse ! – et j'ai décliné cette demande non désirée.

En quoi le coaching de soi procède-t-il d'une ré-érotisation du travail ?

D'une part, il s'agit de trouver un lieu sûr pour dire et entendre **mes propres désirs**. Dans une de ses chansons, Philippe Léotard proclamait : « *Il faut s'aimer soi-même pour faire l'amour à la vie* », et c'est bien de ramener cet amour-propre à sa juste place qu'il s'agit en coaching. L'amour de la vie commence par la connaissance de l'autre en soi, au sens biblique. Le travail est un lieu fantasmatique où nous rejouons quantité de questions d'identité : suis-je à ma place dans cette entreprise ? Quelle est ma valeur ajoutée dans l'équipe ? Suis-je désirable aux yeux du marché du travail ?

Je me souviens d'une cliente directrice générale en charge des fonctions centrales dans une société financière où elle avait fait l'essentiel de sa carrière, dans le sillage d'un patron charismatique et paternaliste, qui la protégeait des incessantes querelles de palais du directoire. Seule femme dans un monde de marketing de produits financiers, elle s'était construit une carapace d'humour glacial et cynique, et me consultait en vue d'adoucir son image et de mieux vivre son quotidien professionnel. Mue par une peur panique du chômage et de la dépendance économique, son seul moteur au fil des ans n'était plus que l'argent qu'elle gagnait mais ne dépensait

135

guère, étant célibataire et sans enfant. En prenant conscience du système de souffrance qu'elle auto-entretenait, elle se détacha peu à peu de ce cache-misère professionnel et sombra dans une dépression de plusieurs mois. Grâce à sa maladie, elle découvrit qu'elle pouvait surmonter la souffrance et lui trouver un sens, et comprit que le regard des autres ne lui importait pas tant que son bonheur propre, auquel elle voulait désormais se consacrer. En reprenant goût à la vie, elle aborda son travail avec plus de candeur et d'appétit, et créa un département de produits d'OPCVM à « développement durable » qui rencontrait son besoin d'éthique. Le succès fut au rendez-vous, la sérénité aussi.

> Redécouvrir ses désirs inassouvis dans le champ
> professionnel peut amener à bousculer sa vie, parfois
> au prix de maladies transitoires, initiatrices d'un éveil à soi.

D'autre part, l'**ouverture du cœur** est contagieuse. L'apprentissage dont procède le coaching de soi est, on l'a vu au chapitre 1, la reconnaissance de son intériorité, de ses émotions, de ses besoins et de ses aspirations propres. Ce faisant, je m'ouvre à des sentiments plus profonds et j'accepte mieux ma vulnérabilité. Ce mouvement d'amplitude est contagieux. Plus je m'ouvre à mon équipe sur un registre de sincérité et d'authenticité personnelle, plus je crée les conditions pour que les autres le fassent également. Je me souviens d'un comité de direction réuni en séminaire pour travailler sur la notion de « crise ». Au cours du tour de table introductif, lorsque le patron eut à prendre la parole, il ne put rien dire. Après un long silence, il partagea sa fragilité et ses doutes. Personne ne s'était douté que, derrière l'image de DG invincible, ils travaillaient avec un homme fragile, bousculé par la vie comme chacun d'eux. Peu à peu, cela autorisa chacun à livrer des bribes de son histoire personnelle en lien avec la thématique de la crise, avec pudeur mais sans apitoiement. Ils vécurent ce séminaire comme un temps exceptionnel de partage et de vérité, cela resserra leurs liens et souda l'équipe pour de longues années.

Même si les choses ne se passent pas toujours ainsi, le courage de laisser parler son cœur est un facteur d'intensité et d'authenticité dans les relations interpersonnelles, beaucoup plus durable que tous les exercices de cohésion d'équipe.

Enfin, l'espace de coaching permet de s'entraîner à **faire l'amour à la vie**. C'est un moment de rencontre privilégié, avec soi et avec l'autre, où je peux expérimenter ce que je n'ai jamais osé dire ou faire dans ma vie professionnelle : demander pardon ou pardonner, mettre un genou à terre ou m'honorer, dire merci ou recevoir la bénédiction tant désirée. Par la magie du transfert, grâce aux outils et techniques à disposition du coach, le cadre est sécurisé pour déposer les armes et s'abandonner à la relation. Par cet apprentissage, au plus près de mes désirs et de mes peurs, je peux soit déployer dans la vie réelle ce que j'ai touché en coaching, soit liquider des énergies négatives en les laissant chez mon coach. Dans la tradition tantrique, certains maîtres parlent de la différence entre « faire l'amour » et « être dans l'amour » ; et si le coaching était une immersion dans ce bain d'amour inconditionnel ? Si je n'ai pas pu le rencontrer dans ma vie privée, le terrain professionnel, chargé d'affects et d'enjeux complexes, m'offre des occasions multiples de rejouer ou dénouer ce qui peut l'être.

Un client patron d'une société de Bourse florissante souhaitait améliorer sa relation avec son directeur général, en qui il n'avait pas toute confiance. Polytechnicien et agrégé de philosophie, héritier d'une grande famille de théologiens, il était pieux et pratiquant dans sa vie privée, incollable sur toutes les questions de casuistique et de théologie. C'était une autre affaire dans sa vie professionnelle, où son intelligence abstraite et puissante le prémunissait de toute relation humaine : il oscillait entre l'admiration et le mépris, mais jamais l'amitié et le respect. Lorsque je l'encourageai à descendre en lui-même à la rencontre de ses émotions et de ses peurs récurrentes, il se déroba et interrompit son coaching courtoisement : sa mise à nu était-elle dangereuse à ce point ?

Nul n'est à l'abri de rencontrer sa puissance en lâchant prise. C'est parfois ce qui nous fait le plus peur, selon le célèbre discours de Marianne Williamson *A Return to Love* (que Nelson Mandela n'a jamais prononcé) : « *Notre peur la plus profonde est que nous soyons puissants au-delà de toute limite. C'est notre propre lumière – et non pas notre obscurité – qui nous effraie le plus.* »

Savourer les rencontres miraculeuses

Où rencontrer ma vérité ? Est-elle enfouie en moi, ou bien m'est-elle extérieure ? Est-elle immuable, ou bien est-elle façonnée par l'existence ? M'appartient-elle, ou est-elle le fruit de mes échanges avec le monde ?

« En vérité », il est difficile de trancher ces questions car elles relèvent du domaine religieux. L'idéologie contemporaine qualifie de « spirituel » tout chemin de vérité en l'extrayant de son fondement religieux. Or, la quête de sens est une quête de lien social et de transcendance. En coaching, l'enjeu n'est pas de convertir les managers à une spiritualité, avec ou sans Dieu. Je refuse ce coaching spirituel « prêt-à-penser », car il véhicule un prosélytisme subtil : l'ego démiurgique, consommateur de sagesse en kit. Je préfère parler d'immatériel, d'inconnaissable et de mystère qui nous sont donnés à vivre, notamment dans le coaching de soi. Et si nous ne faisions que provoquer des étincelles et des moments de grâce en faisant semblant de traiter des choses sérieuses dans la vie professionnelle ? Voici quelques clés pour savourer les rencontres miraculeuses qui se produisent malgré nous.

Croire aux **synchronicités** est une piste utile. Considérer la vie professionnelle comme un jeu de piste, parsemé de signes et d'épreuves de vérité, donne du sens et du sel aux décisions que nous devons trancher ici et là. Que les événements soient fortuits ou non, leur enchaînement chronologique ne laisse rien au hasard : c'est comme un immense réseau de significations qui se révèle sous nos yeux, au gré de notre lucidité et de notre expérience. Que me dit cette journée d'univoque et de commun ? Que m'inspire ce rai de lumière qui vient de pénétrer dans le bureau ? Quel rapport secret relie les personnes entrevues aujourd'hui ? Faire confiance sans chercher à analyser et comprendre est un ingrédient central de mon intuition de coach. Tout ce qui advient en présence de mon client est au service de sa vérité ; cette hypothèse est-elle plus irrationnelle qu'un outil pseudo-scientifique d'évaluation de son leadership ou de son impact sur son entourage ?

J'ai rencontré une prospect il y a dix ans qui entendait formaliser les pratiques de coaching de dirigeants dans l'entreprise dont elle était DRH. L'entretien fut glacial, plein de projections de part et d'autre, avec cette ancienne dirigeante d'un cabinet de chasseurs de têtes à qui je prêtais l'intention de mettre au pas le coaching, trop libre et incontrôlable. Quelle ne fut ma surprise lorsque, trois ans plus tard, elle sollicita un petit-déjeuner au prétexte d'une « petite demande de conseil ». Elle m'évoqua son désir de quitter l'entreprise et d'être accompagnée. Elle fut la première cliente de mon activité libérale. J'ai gardé de cette première fois un souvenir particulier, et nous avons peu à peu tissé un lien privilégié de confiance mutuelle. Avec elle, j'ai vu une guerrière rendre une à une les armes de la carrière *corporate* et *executive* : devenue coach à son tour, elle contacta la confiance, la joie communicative et même une chaleur humaine. Je sais qu'elle n'est pas sur mon chemin par hasard ; je la rencontre à chaque fois que j'ai des personnes et des questions qui sont, comme par enchantement, en attente : partenaires, clients potentiels, anciens élèves, etc. J'aime cette étrange connexion qui semble nous relier.

L'attente des signes de la providence est parfois le meilleur des plans d'action (cf. chapitre 2). Est-ce suffisant ?

Parier sur la **sagesse d'autrui** est une autre clé de vérité. À chaque instant, je fais l'hypothèse que mon interlocuteur en sait long sur lui-même, y compris sur les facettes qu'il prétend ignorer. Il n'a donc aucun besoin que je lui fasse des révélations fracassantes sur lui-même. En revanche, je peux prendre le risque de l'écouter profondément, d'aller chercher le point de notre échange où je le rencontre vraiment, et de lui renvoyer dans un feed-back ce que je vois de merveilleux en lui à cet endroit précis. C'est risqué, mais tellement dense : voici l'amorce d'une rencontre vraie.

Une DRH me contacte il y a quelques années en vue d'un programme ambitieux de transformation des cultures de management dans son laboratoire pharmaceutique. Sceptique sur ce type de processus déclinés dans tous les pays du Groupe sans grand égard pour les réalités locales, je m'y rends cependant avec mon associée ; on n'est jamais à l'abri d'une bonne surprise ! L'entretien démarre et s'avère encore pire que ce que j'imaginais : pendant quarante minutes d'un jargon de consultant, dans une atmosphère totalement désincarnée, elle nous déroule un processus stalinien qu'elle défend d'autant plus qu'elle ne semble pas y croire, nourri d'injonctions paradoxales (rendre les managers autonomes, forger une culture de leadership, transformer les mentalités en six mois, etc.). « *Je vous rencontre parmi vingt cabinets pour en sélectionner sept pour le président* », me dit-elle. À ce moment-là, nous avons deux possibilités : mettre poliment fin à l'entretien et partir en courant, ou tenter de lui donner un feed-back sur notre perception de son inconfort face aux paradoxes de tout cela. Je choisis la seconde option, installé dans une vraie confiance en elle. Passé la surprise, elle semble libérée et reconnaissante. Nous lui disons ce qu'elle n'ose s'avouer depuis longtemps. L'entretien s'inverse aussitôt, et nous nous rencontrons enfin sur les vrais enjeux de la filiale. C'en fut fini de l'ambitieux programme, arbre qui cachait la forêt de la perte de sens commun de l'entreprise.

Dans le monde professionnel, il ne m'est guère difficile de faire confiance à l'autre pour le rejoindre au-delà de la comédie sociale. J'ai plus de difficultés dans ma vie privée pour me rendre à l'évidence de la vérité des êtres qui m'entourent.

3. Itinéraire conseillé pour se rendre à l'évidence

Il n'y a pas deux vérités, l'une professionnelle et l'autre personnelle. La réunion des deux mondes est l'un des points centraux du coaching de soi. Il s'agit de démasquer nos mécaniques de compensation d'une vie privée désaccordée par une vie professionnelle apparemment réussie, et nos tentatives de substitution d'un confort de vie privée à une vie professionnelle en déconfiture. Comment apprivoiser la réalité ? Faut-il se faire une raison ? La voie de la vérité sur soi est-elle sans retour ?

Apprivoiser la réalité du monde

D'un point de vue phénoménologique, ma réalité se confond-elle avec ma vérité ? La seule chose qui résiste à ma quête de sens est justement la réalité. Beaucoup de techniques de développement personnel tendent à créer une réalité par l'imaginaire, les métaphores, la pensée créatrice. Elles m'aident à recadrer ma perception du réel et à m'accommoder d'une réalité abrupte : trouver une activité extraprofessionnelle gratifiante, voir un client difficile comme un animal sauvage à dompter, prendre de la distance par rapport à une relation hiérarchique oppressante… Cependant, elles peuvent aussi m'entretenir dans une bulle protectrice loin de la réalité, et retarder un réveil qui en sera d'autant plus brutal. Pour passer de ma vérité à la vérité, la confrontation avec la réalité tangible et non négociable est salutaire.

D'un côté, le réel fait **obstacle à mes fantasmes** et me réveille d'un doux rêve dont je peux me bercer, parfois depuis toujours. J'avais une cliente qui aurait été lauréate d'un concours de travaillomanes si cela voyait le jour. Directrice d'un gros projet de systèmes d'information bancaire, ancienne consultante en organisation, elle vivait entre Paris, Jersey et Londres au gré des réunions de pilotage avec les différentes parties prenantes du projet. Ses journées de travail, de 5 heures à 23 heures week-ends compris, finirent par alerter son DRH qui était partagé entre deux sentiments : d'une part, elle mettait sa santé en danger, d'autre part, elle accomplissait un travail

141

colossal à un coût défiant toute concurrence, comme on dit. Dans les interstices de son agenda qu'elle put sanctuariser, elle mena un coaching qui la conduisit à prendre conscience de son investissement excessif dans le travail. Épuisée, seule et intransigeante, chaque fois qu'elle voyait la limite de sa logique de « toujours plus », un nouvel argument rationnel surgissait en elle qui renforçait son système existant. Nous tombâmes un jour sur une croyance profondément enracinée : « Je ne dois pas abandonner mes parents en me mariant. » L'idée d'enfreindre cette loi lui était tout simplement impensable. Sans doute la réalité n'était-elle pas encore assez insupportable pour que vole en éclats son esprit de sacrifice.

D'un autre côté, apprivoiser le réel, c'est **choisir mon adversaire**. Tant que je lutte contre mes ennemis externes – les collègues qui ne se rangent pas à mon avis, les clients qui ne me rappellent jamais, les subordonnés qui sont incompétents : je vous laisse le soin de compléter la liste… –, je tourne en boucle le disque de ma vérité contre le reste du monde. Quand je commence à lutter avec mon adversaire – ma croyance limitante, ma peur récurrente, ma valeur bafouée, mon besoin inassouvi, etc. –, je cesse de projeter à l'extérieur un conflit entre deux parties de moi : mon ego et mon « Soi », ma part d'ombre et ma part de lumière. Au final, c'est toujours cette altérité qui dérange mon ordre établi, et pourtant me fait grandir dans ma vérité intérieure : accepter ma vérité, c'est donc accepter de vivre avec mes paradoxes.

Le directeur d'un centre régional dans l'économie sociale se vivait comme la victime expiatoire de son comité de direction. Issu d'une autre filière que les concours administratifs classiques, il se croyait au centre d'un complot ourdi par sa directrice adjointe qui convoitait sa place, du moins le pensait-il. L'énergie qu'il dépensait à prévoir les coups tordus, à préparer des contre-feux avec les élus contre les gestionnaires et à me raconter ses déboires était ahurissante. Peut-être qu'un diagnostic de syndrome paranoïaque eût été bienvenu. Je m'employai, quant à moi, à lui tendre un miroir de la situation que je percevais comme strictement réelle : les compromis difficiles avec les autres et l'imperfection de la réalité professionnelle. Il entrevit le cadeau que lui faisait son adjointe, en lui permettant de travailler à son désir d'acceptation inconditionnelle qui s'était heurté toute sa vie au monde réel. Il renonça à écrire des lettres d'avertissement et de plainte ici et là, pour voir ce qui lui appartenait dans tout ce conflit largement imaginaire.

La pratique du discernement ramène à soi en passant par l'autre. C'est un étrange aller-retour de confrontation de ma vérité à celle des autres, pour concilier et dépasser les différends, selon les cas. Le monde réel n'a de sens que si j'adopte une grille de lecture éthique à mon échelle individuelle, et si, dans le même temps, j'accepte qu'il ébranle mon idéologie personnelle. Si ni moi ni l'autre n'a raison, c'est bon signe, on a changé de niveau de lecture et on a choisi de privilégier ce qui nous rapproche plutôt que ce qui nous éloigne. Tant que j'ai peur de la réalité brute, je peux faire diversion en livrant, avec sincérité, des combats totalement chimériques et vains.

J'ai vécu une situation réflexive étrange il y a quelques années : un dirigeant industriel souhaitait faire suivre un coaching à son adjointe, à qui il reprochait d'avoir toujours le dernier mot dans leurs discussions. Ancienne chanteuse lyrique, il la trouvait décalée et souhaitait la protéger. Ce fut plus une médiation qu'un coaching, tant les entretiens tripartites cristallisèrent l'essentiel du différend : « Sommes-nous d'accord pour n'être pas d'accord ? » Cette règle entérinée, le dirigeant et sa collaboratrice prirent conscience qu'ils se chamaillaient au lieu de reconnaître une communauté de souffrance dans l'entreprise en fusion où ils travaillaient. Une même éthique du devoir bien fait, un même engagement individuel les animaient. Pouvaient-ils s'unir plutôt que de se diviser ?

Faut-il se faire une raison ?

Nous avons tendance à confondre le réel avec le rationnel, notamment en entreprise où règne l'humanisme instrumental. Or, comme le dit Michel Serres, le rationnel n'est pas le seul recouvrement possible du réel, ce n'est pas le seul béton possible sur le sol. On a beaucoup écrit sur le « principe de réalité », horizon indépassable du travail en soi. C'est vrai et faux à la fois : trouver ma vérité passe par l'acceptation du réel, mais aussi par un approfondissement de ma perception du réel. En un sens, le coaching de soi est le contraire de la résignation : c'est par une conscience élargie de ma vérité intérieure et de mon contexte de vie professionnelle que je peux me rendre à l'évidence de mon plein gré. Ce que je prenais pour une fatalité devient une épreuve miraculeuse pour sortir d'une impasse de vie, d'une « *impasserelle* », comme dit la coach Bernadette Babault. Peut-on s'accommoder de la réalité sans renoncer à son essence ? Comment accepter mes limites sans nier ma liberté ?

D'une part, je peux trouver ma **boussole intérieure**. Lorsque je renonce à chercher des solutions externes à mes tracas professionnels, je me disperse moins dans des projets plus ou moins illusoires : « Si mon patron était différent », « Si j'avais les moyens », « Si j'avais fait plus d'études », « Si le marché était plus favorable »… Sous ces auspices, je n'ai guère de chance de regarder la réalité en face : en quoi le monde extérieur n'est-il que le reflet de mon monde intérieur ? Sans reproche ni peur, la vraie chevalerie est peut-être d'affronter les dragons intérieurs qui guettent à chaque contrariété majeure, notamment dans la vie professionnelle.

Un directeur des opérations dans l'industrie du luxe souhaitait se faire accompagner dans son leadership : ayant siégé au comité de direction pendant un long intérim de management, il était rétrogradé à des fonctions de gestion de production et de suivi de qualité qu'il avait exercées par le passé, mais peinait à se faire une raison : il sentait confusément que son style de management brutal et viril détonnait avec le reste de la structure. Plus il s'efforçait de corriger son attitude dans un sens plus rond et policé, et plus il se sentait trahir quelque chose de mystérieux et profond en lui. Au fil de nos échanges, il dévoila une partie en clair-obscur de lui-même : homme meurtri par la vie, il avait fait un long chemin de développement personnel pour se réconcilier avec ses ombres. Ce faisant, il avait cultivé des facultés de compassion, de soin et de perception subtile. Dans ce cadre, la question de son rôle professionnel prenait une autre ampleur : les aléas de sa carrière professionnelle rendaient plus impératif son chemin de vérité. En poursuivant sa quête de calme intérieur, la voie d'une seconde vie professionnelle comme praticien en thérapie alternative prenait une place évidente.

D'autre part, je peux **relativiser** ce qui m'arrive sans compromettre mon idéal. Cet apprentissage lent et souvent ingrat de la réalité me semble une clé essentielle du passage à la vie adulte : plutôt que de m'évertuer à plier la réalité extérieure à mon schéma personnel, il me faut des ressources de patience, d'indulgence et de confiance pour « *laisser être plutôt que lâcher prise* », comme dit le coach Vincent Piazzini. En remettant les choses à leur place selon une échelle de valeur que j'explicite, j'articule un sens sur la réalité – autrement dit j'accepte ma vérité. Je me souviens d'une cliente médecin du travail dans un site industriel multi-entreprises. Passionnée par son métier et consolatrice des 3 000 employés du site, elle s'épuisait à une tâche peu valorisée par l'équipe de direction lorsqu'elle se vit confier des responsabilités de management général ; éperdue de désir de reconnaissance, elle accepta. Mais la tâche s'avéra éprouvante : prise dans des conflits idéologiques (un mental de chef dans un cœur de syndicaliste), avec un couple en crise car son mari souffrait de son ascension professionnelle rapide, elle frôla le *burn out* dans les semaines qui suivirent. Soudain, un événement dramatique survint : un ouvrier eut un arrêt cardiaque sur son poste de travail ; contre l'avis des pompiers et encadrants, elle s'employa à le ranimer en y mettant une énergie et une détermination qui surprirent tout le monde. L'histoire se termine bien : il survécut, elle y gagna une reconnaissance inespérée et put faire la paix avec son ambition de pouvoir pour se consacrer à sa vocation, et à son équilibre de vie familiale.

Enfin, paradoxalement, le fait de **nommer** ma réalité me permet de passer à autre chose. Souvent, la peur d'une émotion ou d'un état interne se dissipe lorsque je m'avoue l'éprouver. On a vu au chapitre 1 combien cette reconnaissance de soi est centrale dans le développement intérieur. La peur est comme la coquille vide d'un œuf qui fut autrefois toxique ; la seule solution pour me libérer de la peur est de casser la coquille et voir qu'elle ne contient plus rien. Que m'arrive-t-il quand j'assume une faiblesse, une erreur ou un défaut ? Je me dégage de la peur de n'être que cela, j'y mets moins d'enjeu et de crispation.

Je garde en mémoire l'accompagnement d'un directeur de projet de systèmes d'information bancaire dont le registre favori était l'auto-immolation. Dans un contexte explosif de conflit entre maîtrise d'ouvrage et maîtrise d'œuvre, entre direction technique et directions opérationnelles, il avait en charge le projet stratégique de toute la direction financière. Non seulement il provoquait des situations de blocage sur chaque sujet, mais il offrait sa tête à couper chaque fois que son patron lui renouvelait sa confiance ! Étant son pire ennemi, il ne cessait de se mettre en situation de bouc émissaire, certes désemparé mais pas plaintif. Que faire ? Au lieu de continuer à nier l'évidence, je l'invitai à nommer l'image qu'il avait de lui-même : « Je suis un mauvais manager. » Polytechnicien, ancien entrepreneur malheureux, il avait dirigé un cabinet de conseil et d'études en SI comptant jusqu'à 80 personnes, avant de connaître un cuisant échec financier dans les années 1990. Il ne devait son salut qu'à la largesse et à la magnanimité de la banque qui l'avait recueilli, pensait-il. En admettant qu'il n'était pas bon manager, il put se découvrir leader prometteur : soucieux d'harmonie, fin stratège et excellent planificateur de projet. Il traversa les crises successives du projet et fut promu *in fine* – à son corps défendant : il restait son pire ennemi.

Pour aller à la rencontre de notre vérité, nous disposons de quelques raccourcis. Voici deux exercices simples :

- les « cinq pourquoi » : face à une problématique donnée, si je pose successivement cinq fois la question « pourquoi ? », cela me conduit généralement à une affirmation souche, qu'il est plus aisé de questionner quant à sa véracité (par exemple avec le questionnaire vérité de Byron Katie présenté plus haut) ;

- le miroir : debout face à face avec moi-même dans le miroir, qu'est-ce qui me passe par la tête ? En prenant le temps de dépasser les premiers jugements, je commence à décrire précisément des détails qu'il m'est bon d'entendre : physique, caractère, valeurs, etc.

Destination vérité, un billet en aller simple

En définitive, je peux me regarder avec bienveillance et authenticité sans m'effondrer pour autant dans mon image sociale et intime. Plus je pratique cette acceptation inconditionnelle de toutes les facettes de moi-même, plus je peux rencontrer l'humanité dans sa diversité ; cette phénoménologie de la part essentielle, immuable, sacrée de nous-mêmes est-elle compatible avec le jeu de dupes de la mondanité professionnelle ?

Ici, le coaching de soi prend ses distances avec un certain constructivisme psychologique. Si « *je pense, donc je suis* », ma pensée est à l'origine de la réalité que je vis. Cette vision hominocentrique du développement personnel sacralise la pensée créatrice et permet de tout relativiser : à chacun sa vérité ! *A contrario*, si « je suis, donc je pense », la quête de vérité est la quête d'un sens originel, plus grand et plus ancien que mon *cogito*. Platon contre Aristote, Husserl contre Descartes, gnose contre science, la querelle est ancienne. À quoi reconnais-je une vérité ontologique qui gouverne ma vie ?

Premièrement, à l'image des **quatre vérités** nobles du bouddhisme, le coaching de soi a ses lois constitutives, infranchissables et structurantes : la suspension de jugement, la pleine subjectivité, l'intention bienveillante en sont trois exemples. J'ajouterais volontiers un quatrième, la souffrance comme voie d'accès à un éveil de conscience : le réflexe de chacun est de s'éloigner du point d'incandescence où l'on a trop souffert, mais au prix de chapitres inachevés, de portes verrouillées et de mensonges avec soi-même. Or, sans dolorisme, l'idée d'un mouvement centripète par rapport à la blessure origi-nelle – différente selon le référentiel de chacun – conduit bien davantage à rencontrer sa vérité intérieure. Je me rappelle une cliente, associée senior dans un cabinet de conseil en stratégie, qui avait accumulé tous les succès dans sa vie professionnelle. Pouvoir, réussite matérielle, satisfaction intellectuelle, elle sou-haitait « ajouter » des compétences de coaching à un bagage théorique et philosophique dont elle s'enorgueillissait. Une thérapie longue et ancienne lui avait apporté des justifications de son action, qui lui convenaient jusqu'ici. Au cours de son expérience de coaching didactique, elle vit s'effriter une à une les croyances sur lesquelles elle avait bâti son parcours : elle manquait de confiance, agissait comme un homme et s'interdi-sait la joie. Que lui restait-il ? La fidélité à son point nodal : le déni d'existence. Admettre cette faille originelle sans y mettre d'émotion particulière fut un exercice de renaissance profes-sionnelle et personnelle : en cessant de nier sa souffrance, elle put « enlever » les couches successives de son ego, pour se retrouver à nu et plus vraie : sensible, intuitive et éperdument amoureuse de la vie.

Deuxièmement, quand je passe de « ma vérité » à « la vérité », je sors d'une revendication stérile et illusoire pour aborder un sens plus profond qui me relie aux autres. Je crois que la des-tination de toute vérité est son origine. Derrière l'objectif, un retour à la case départ. Le coaching n'est alors que la mise en lumière de cette question originelle, qui se repose jusqu'à ce que l'on y réponde. Un ancien client m'appelle cette semaine en mode panique : convoqué à quelques jours de la fin de sa période d'essai par son DG, il a vécu un très mauvais quart d'heure et s'est senti humilié par la liste des griefs sur son compte, notamment la désinvolture et la superficialité qui lui sont reprochées. Ayant essuyé une larme en face de lui, il se sent honteux et sollicite un déjeuner ainsi qu'une séance de coaching non facturée pour préparer sa « riposte ». Il n'a pas de mots assez méprisants pour son chef, qu'il juge « has-been ».

D'un côté, il y a une réaction émotionnelle, de l'autre une situation riche d'enseignements pour lui. Cet événement fait écho à sa vérité première : face à un père absent et négligent, il s'est promis de tout compenser par une réussite matérielle et un cynisme affiché à l'égard de tous les « *losers* ». En essayant d'être coaché gratuitement, il rejoue son rôle de voyou victime d'un père qu'il rejette. Je lui donne rendez-vous pour un plateau-repas en l'invitant à réfléchir à la contrepartie financière. La vie est d'une synchronicité incroyable, entre-temps mon propre père est mort : j'annule la séance en lui disant la vérité. Lorsque je le rappelle quelques jours après, il est plein de gratitude et d'apaisement pour son chef : ce dernier lui offre une opportunité de mettre un genou à terre et de se désidentifier à une figure idéalisée de père qu'il n'a pas eue. Fin de l'histoire.

Troisièmement, je suis de plus en plus **incarné** dans mon rôle professionnel à mesure que je m'inscris dans une vérité qui me dépasse. Ma seule responsabilité est de prendre soin de mes forces et de doser mon énergie, pour laisser émerger une vérité ontologique. Pour moi, la vérité relève d'un ordre immatériel au-delà de la volonté et de l'intelligence humaines. Accepter « mes quatre vérités » consiste à m'en remettre à cette vérité qui transcende mon action, c'est un exercice d'humilité et d'abandon de soi. Dans ses travaux sur le chamanisme amérindien, Castaneda décrit les quatre ennemis du « guerrier » dans sa quête de vérité : la peur, la clarté, le pouvoir et la fatigue. Le plus surprenant est la clarté, cette fabrication mentale qui nous donne l'illusion de maîtriser quoi que ce soit dans notre destin professionnel. Les managers qui se croient arrivés sont probablement plus loin d'eux-mêmes que ceux qui oscillent entre doute et révélation. Être incarné dans sa vie professionnelle suppose de renoncer à contrôler, comprendre et diriger même. Êtes-vous assez sage pour vous en remettre à une puissance supérieure (la divine Providence pour certains, une énergie naturelle pour d'autres) ?

Une cliente directrice d'un grand cabinet de chasseurs de têtes avait bâti sa réussite professionnelle sur une force de travail et un sens commercial hors du commun. Férue de psychanalyse, elle avait « blindé » son ego avec moult explications de son ambition professionnelle, lui permettant de justifier tous ses choix. Elle se voyait comme une héroïne de conte de fées, je la voyais comme une amazone impitoyable. À mesure que sa carrière progressait, lui ouvrant les portes de l'international et de l'enrichissement personnel, sa susceptibilité et son isolement augmentaient. Saurait-elle égratigner la cuirasse de son ego pour voir en face son goût du pouvoir ? Pourrait-elle assumer un portrait contrasté d'elle-même ?

Le coaching de soi conduit à regarder la vérité en face : cela demande une infinie patience et une grande tendresse pour soi-même. Sommes-nous prêts à être notre propre allié dans ce combat intérieur ? Un paradoxe de taille surgit ici : pour augmenter son niveau de conscience subtile, il faut descendre dans les profondeurs de son être. Il n'y a pas de vérité sans douleur, pas de ciel sans terre, pas d'éveil de conscience sans expérience concrète. Les émotions sont notre véhicule pour relier l'âme et le corps. Le chapitre 5 explore leur usage dans les murs de l'entreprise.

Exercice n° 12 : Les trois passoires de Socrate

On raconte que Socrate posa un jour les trois questions ci-dessous à quelqu'un qui voulait l'entretenir d'un sujet urgent. Voici comment les appliquer à votre tour.

Intériorisez-vous un instant. Entrez en contact avec une question qui vous préoccupe, notamment une opinion sur autrui, dont vous aimeriez parler à quelqu'un qui pourrait vous aider, selon vous.

Ce que vous avez à lui dire est-il vrai ?

....

....

Ce que vous avez à lui dire est-il bon ?

....

....

Ce que vous avez à lui dire est-il utile ?

....

....

Que devient votre question après cette « passoire » ?

....

....

Chapitre 5

Apprendre à échouer

Réussir, cela s'apprend. La formation au leadership insiste sur l'entraînement, la mise en situation et la simulation de situations d'adversité professionnelle dont on sort vainqueur. Pour des leaders en puissance, en plus d'apprendre à réussir, il s'agit d'« *apprendre à apprendre* », selon l'expression de Chris Argyris : plus on est intelligent, plus on est handicapé pour assumer ses échecs et en tirer des conséquences bénéfiques. Notre propos ici est simple : la vraie puissance consiste à vivre pleinement sa fragilité. Connaître ses limites permet de réussir en restant humain. Comment apprend-on à échouer ?

Y a-t-il un chemin critique pour être un héros vulnérable, entre Icare et Prométhée ? Les approches instrumentales du développement professionnel ont-elles raison du chagrin et de l'amertume ? Comment sortir des conduites à risques qui résultent du déni de l'échec en entreprise ?

1. Icare ou Prométhée, échapper à un choix amer

Sortir du cocon des corps d'élite

Plus on individualise la gestion des ressources humaines, et plus on starifie certaines catégories de personnel aux dépens d'autres. Il en est ainsi des « cadres à haut potentiel », souvent désignés par l'abréviation « HiPo ». Dans la compétition internationale en matière de compétences, on comprend que les entreprises cherchent à attirer et à choyer les talents de demain. Mais en plaquant les concepts du marketing et de la fidélisation sur le management des hommes, leur rend-on vraiment service ? En sélectionnant des managers prometteurs de façon plus ou moins arbitraire, et en leur disant qu'ils font partie des « *happy few* » de l'entreprise, en général, on flatte seulement leur ego. Privilégiés de droit et traités avec des précautions particulières – programmes de formation sur-mesure, voyages d'intégration et constitution d'un réseau élitiste –, ils renforcent les travers déjà forts des élites managériales françaises : recrutement endogamique, vision du monde gallocentrique, impréparation aux situations où l'intelligence abstraite ne suffit pas. À en croire Henry Mintzberg, les MBA prestigieux ont les mêmes travers que les grandes écoles, avec le raffinement de l'intelligence en moins. En fabriquant une caste d'intouchables au sens vulgaire, on renforce leur fragilité narcissique : dopés au succès comme des sportifs de haut niveau, ils ne redoutent rien de tel que l'échec.

Plus dure sera la chute, qui est inéluctable : je rencontre des dizaines de leaders atteints de ce que j'appelle le **syndrome d'Icare**. Le succès est enivrant comme un vol libre, et nous rend moins vigilants au risque de chute. En entreprise, tout parcours professionnel a son lot d'échecs et de revers : la disgrâce au sein d'un comité de direction, l'arrêt brutal d'un projet stratégique, la rencontre avec plus fort, plus jeune ou plus habile que soi. Sans oublier la retraite, qui sonne le glas de tous nos rêves de grandeur perpétuelle. Dans le monde professionnel, nul n'échappe à l'échec, et pourtant les hauts potentiels semblent l'ignorer superbement.

Dans une entreprise industrielle allemande, un manager venu du siège avait été nommé pour remettre de l'ordre dans la filiale française. Frais émoulu d'un parcours brillant de chargé de mission auprès du directeur de la stratégie monde, rien ne semblait lui résister. Gonflé d'orgueil et plein de bonnes intentions, il débarqua à Paris et fit avec un fort accent allemand les préconisations stratégiques qui lui semblaient pertinentes. On devine la réaction du comité de direction français : stratégies d'évitement, tentatives de déstabilisation, attitudes d'intimidation. Au bout de six mois, il était totalement satellisé.

Certains cadres à potentiel imaginent être James Bond quand ils s'aperçoivent qu'ils tiennent le rôle de la Panthère rose. La maturité ne s'improvise pas, et l'entreprise broie quantité de jeunes premiers en un temps record. Un homme averti en vaut deux.

Peu de cadres à potentiel évitent le **syndrome d'imposture**, commun à beaucoup de professions de prestations intellectuelles. Si je n'ai guère confiance en moi, je vais tout faire pour occulter cette fragilité en recherchant des sources externes de valorisation. Apparemment solide, mon leadership est friable, car à la moindre contrariété, cela réactive le sentiment que j'ai d'être un imposteur. Pour se défaire de ce syndrome, je suggère de le traverser en pleine conscience pour en faire son allié : souvent la preuve d'une modestie excessive, le syndrome d'imposture est un péché véniel qui s'estompe dès lors que l'on s'en sait porteur sain. Mieux, il aide à repérer les vrais imposteurs, sûrs de détenir la vérité.

Il y a quelques années, j'accompagnais un consultant trentenaire, à qui tout avait réussi dans sa vie : héritier d'une grande famille industrielle européenne, formé au lycée Louis-Le-Grand, Polytechnicien et MBA de Harvard, il avait intégré un prestigieux cabinet de conseil en stratégie à New York, puis à Milan et Paris. Marié à une psychiatre des hôpitaux – cela n'est jamais neutre – tout semblait lui sourire. Lorsque plusieurs *partners* du cabinet lui firent savoir qu'il ne serait pas promu associé tant que son comportement managérial ne s'améliorerait pas, il ricana et accepta un « coaching express » : il lui suffisait d'apprendre et d'appliquer quelques recettes comportementales pour que son évaluation soit conforme aux attentes de sa hiérarchie. Malheureusement, ce n'était pas si simple. Hypersensible et d'une émotivité toujours interdite dans son entourage familial, il s'était cuirassé derrière une façade de premier de la classe que rien n'atteignait. À la première séance, il fondit en larmes, persuadé que son talon d'Achille était ainsi dévoilé au grand jour. Ne pas être promu associé revenait pour lui à une dégradation publique, tellement humiliante qu'il en était paralysé.

> Derrière les HiPo apparemment impeccables, il y a le plus souvent des êtres immensément fragiles, dont la confiance ne tient qu'à la recherche permanente de trophées et de défis.

L'impréparation à l'échec a des conséquences parfois dramatiques pour le cadre à potentiel. Hier star de l'entreprise, il peut devenir demain indésirable. Le *burn out* qui n'a pas été anticipé peut considérablement nuire à quelqu'un qui a tout misé sur sa carrière professionnelle, croyant de bonne foi aux mirages de la carrière ascensionnelle rapide. **L'aventure initiatique de Pinocchio** n'est pas loin de ces archétypes : parfois, la poursuite d'un état d'impunité nous transforme en pantin de notre destin professionnel, et il est trop tard lorsque l'on s'en aperçoit.

Rappelons-nous cette cliente à la tête d'un projet d'envergure internationale dans un service de back office bancaire. Elle dirigeait l'équivalent de deux usines de traitement informatique, véritable poumon de son entreprise, et se sentait investie d'une mission stratégique, quasiment de sauvetage à ses yeux. Ancienne consultante en organisation, célibataire de 30 ans environ, elle partageait son temps entre Londres, Jersey et Paris, ne ménageant pas sa peine sur tous les fronts de ce projet. Ignorant les week-ends et les soirées, sa vie privée était tout entière dévorée par son travail. Lorsqu'elle installa un lit de camp dans son bureau à Jersey, le DRH m'appela : comment faire entendre à cette cadre à potentiel que son succès signifiait aussi sa mise en danger ? Loin d'être carriériste, cette jeune femme était, à mes yeux, d'une incroyable naïveté, résumant son niveau d'engagement professionnel à une simple équation « plus j'en fais, plus ça marche ». Fatiguée et éprouvée psychiquement par un rythme de plus en plus dément, elle s'enfermait dans un stakhanovisme qui la rendait irascible et réfractaire à tout changement. Elle inter-rompit son coaching sous prétexte de manque de temps, sans plus donner signe de vie. L'état-major de la banque était désormais embarrassé de cette superbe machine qui s'emballait. De vedette, elle devint peu à peu has-been pour le DRH qui ne savait plus comment s'en défaire. Son hyperperformance fut aussi sa disgrâce.

> Réussir à toute force conduit parfois à échouer bien plus gravement que dans un investissement mesuré et raisonnable. Comment apprendre à régler le thermostat de son engagement professionnel ?

Apprendre à traverser le miroir

Le monde du travail n'est pas un parc d'attractions : la promesse de progression continue et sans accrocs se heurte à la loi de gravitation et aux forces de frottement de l'environnement. Une réussite sans échec est non seulement dangereuse, elle est aussi impossible. Le statut de cadre à potentiel est éphémère, d'autres plus valeureux que moi surgiront à leur tour. Durer et être vu sont les objectifs de tout cadre dirigeant, mais ils créent l'illusion d'un Neverland, pays imaginaire de Peter Pan d'où l'on ne s'échappe qu'à ses dépens. À côté des rares narcissiques à la Dorian Gray, je rencontre davantage de managers sous auto-hypnose, qui s'accrochent à une belle histoire jusqu'au moment où ils découvrent que tout cela n'est qu'un décor. Comme Jim Carrey dans *The Truman Show*, ils jouent dans une pièce professionnelle un rôle qui n'est pas celui de leur vie. Gratifications symboliques, anesthésiant du confort matériel, ivresse du pouvoir sur autrui, discours ambiant de flatterie ; tout nous encourage à rester dans cette douce illusion de la réussite en continu. Mais plus dure sera la chute : comment s'entraîner à échouer quand tout nous pousse à réussir ?

D'une part, je peux m'autoriser le **droit à l'erreur**. C'est souvent le souci de perfection qui entrave l'acceptation de l'échec comme partie intégrante de la vie professionnelle. Découvrir que rien de tragique ne survient quand j'échoue, que les autres sont moins sévères à mon égard que moi (ou Surmoi), que je peux me remettre du sentiment de honte ou de culpabilité que j'éprouve dans ces instants, qu'il y a pire déchéance que rater une échéance sont autant d'occasions d'apprendre à échouer. Seul mon ego résiste à cet exercice, il s'assèche et se rigidifie en réfutant toute contre-performance. En réalité, s'exercer à échouer est une gymnastique utile dans la durée.

Une cliente dirigeait la communication dans une entreprise high-tech grand public. Ancienne assistante de direction du président de la filiale française, elle avait gagné ses galons en avançant dans sa roue, mais avec un sentiment de précarité dont le directeur commercial et marketing usait pour la déstabiliser. Chaque erreur qu'elle commettait lui semblait comme une preuve à charge supplémentaire, effritant sa confiance en elle. Avec une légitimité fragilisée, elle perdait pied à chaque comité de direction, créant les conditions du scénario catastrophe qu'elle redoutait : son éviction pour usurpation de compétence. Cet épisode faisait écho à un autre beaucoup plus douloureux de son passé, dont elle ne s'était pas remise : elle avait survécu à un accident de voiture qui avait coûté la vie à son compagnon illégitime de l'époque. Il lui fallut beaucoup de courage pour retrouver le chemin de la confiance en soi et se déculpabiliser face à cette relation passée. Elle n'était pas la maîtresse du président, et le fit savoir, y compris à lui-même. Erreur et légitimité pouvaient à nouveau se concilier dans sa relation présente à autrui.

> L'erreur présente nous renvoie parfois à la culpabilité du passé, à tort : réussir, c'est faire des tentatives dont certaines ratent. Sans ratage, nous n'aurions pas l'occasion de découvrir d'autres ressources et de poursuivre nos recherches de sens.

D'autre part, je peux expérimenter le **plaisir de perdre**. Il y a une certaine vertu à lâcher une course éperdue quand la victoire est compromise. Savoir renoncer à temps, reconnaître humblement que je me suis égaré, admettre que je suis face à plus fort que moi sont quelques attitudes de leadership à culti-ver pour prendre une étoffe de sagesse et d'intégrité. Être fair-play est un signe d'exemplarité très fort au sein d'une équipe. Assumer ses erreurs est un exercice permanent d'humiliation volontaire : c'est accepter de perdre un contrat, d'essuyer un refus sur un poste convoité, ou encore de ne pas être premier de la classe en toutes circonstances. Beaucoup de dirigeants gagnent à vivre ces épreuves qui écornent leur ego, mais embellissent leur soi.

Il y a quelques années, j'étais mandaté pour accompagner un directeur de l'innovation très en vue dans un groupe de télé-communications français. Trentenaire, père de quatre enfants, diplômé de l'ESSEC, ancien fondateur d'un fournisseur d'accès à Internet qu'il avait revendu avec talent, il avait tout du brillant manager au parcours prometteur, ayant connu un sans-faute qui faisait l'admiration et la jalousie de ses collègues. Il était sur un poste très exposé, avec un niveau de pression qui frôlait l'insupportable depuis six mois. Entre notre première rencontre sur des enjeux de gestion du stress et notre seconde, il fut débarqué de l'entreprise. Passé la colère et l'effroi, cette décision fut pour lui une divine surprise : en négociant une transaction de sortie généreuse, il comprit ses erreurs de jeu-nesse et se défit d'une insouciance teintée d'une certaine morgue de jeune premier à qui tout réussissait. L'annonce de la nouvelle à ses enfants fut un grand moment de vérité pour lui. Il passa une année merveilleuse à revivre auprès de ses proches, à faire de la voile en solitaire et à refaire surface dans son projet professionnel. Il est aujourd'hui président d'une entreprise innovante de taille modeste et se demande encore comment ce réveil brutal a pu être si bénéfique.

À Rome, la roche Tarpéienne n'est pas loin du Capitole. En entreprise, on a tendance à l'oublier. Parfois, seul l'échec est salutaire pour nous prémunir de notre désir de gloire inas-souvi. Faut-il en passer par là ?

Enfin, je peux respecter le **rythme naturel** de ma carrière. Jadis, la progression professionnelle était linéaire et assez prévisible ; à 30 ans dans le « faire » (ses preuves, bonne figure, ses armes), à 40 dans l'« avoir » (un statut, un capital, un pouvoir) et à 50 dans l'« être » (respecté, arrivé, accompli). Aujourd'hui, chacun fait l'expérience de ces trois états avant d'atteindre la trentaine ! Ces « *fast trackers* », qui pilotent leur début de carrière en accéléré, passent non seulement à côté des moments forts de leur âge en dehors du travail, mais aussi à côté des plateaux plus calmes, où l'on jouit des fruits de ses efforts et où l'on apprend à composer avec la monotonie. L'ennui a des vertus éducatives qu'un film en avance rapide ignore totalement : quand avez-vous, pour la dernière fois, goûté à la volupté de la lenteur dans votre travail ?

Je me souviens avoir accompagné les cofondateurs d'une entreprise de jeux informatiques très profitable à l'heure où tout leur souriait. Après cinq ans d'existence, l'un d'eux dirigeait à 30 ans les finances, la gestion et les acquisitions externes d'une entreprise de bientôt 2 000 personnes basée à Paris, Bombay et San Francisco quand le principal concurrent entreprit une OPA sur son entreprise. Actionnaire très minoritaire du Groupe, le directeur financier n'imaginait pas un instant que son associé pût vendre et l'abandonner ainsi. La séparation fut douloureuse, mais elle les libéra d'une relation de codépendance. Ils quittèrent l'entreprise presque en même temps et prirent conscience que leurs voies respectives étaient distinctes depuis longtemps. Pendant deux ans, ils rattrapèrent le temps perdu : l'un se maria, l'autre eut un enfant, ils virent leurs amis et réapprirent à dormir le week-end. Cette plage de démobilisation fut comme un atterrissage forcé dans la vie réelle, après des années grisantes d'un mouvement centrifuge. L'un s'installa à Los Angeles où il se consacra à divers projets d'éducation, l'autre partit pour Shanghai pour reprendre une firme de cosmétiques. Le temps se ralentit et leur vie put s'épanouir.

Le succès est trompeur, car il me prive de la maîtrise du rythme auquel les choses m'arrivent. En le ralentissant délibérément – ajourner une décision clé, prendre un congé sabbatique ou humanitaire, refuser une promotion si le cœur m'en dit –, je me réapproprie la possibilité d'échouer, donc de réussir de mon propre chef.

Être un leader en service : pour une éthique du dénuement

En entreprise comme ailleurs, les héros sont fatigués. Le mythe du leader prométhéen a vécu. Signe des temps, une abondante littérature de gestion a surgi sur le *servant leadership* pour rendre compte d'une nouvelle génération de leaders qui refusent l'alternative entre Icare et Prométhée. Attentifs à leur monde intérieur, soucieux d'éthique professionnelle et animés par un besoin de sens immatériel, ils relèguent au second plan la figure du manager irréprochable, inépuisable et omniscient. Moins politiques mais plus environnementalistes, ces femmes et ces hommes d'entreprise dessinent les contours d'un management plus humain, en mettant à nu leur fragilité plutôt qu'en se conformant à un modèle de performance. Ne soyons pas dupes, si l'on érige le dénuement et l'humilité en catégories de comportements, on dénaturera aussitôt ces vertus. Êtes-vous armé pour être un nouveau leader en entreprise ?

D'un côté, le *stewardship* est une valeur montante : on parle même d'un leader qui suit et non guide ses équipes vers la réussite, avec un sens du service qui peut surprendre en entreprise. Mais l'égoïsme des années 2000 ne fait plus recette, la modestie et la bienveillance authentiques semblent donner de meilleurs résultats dans un monde en chaos. Être serviable et dévoué ne sont plus des attitudes honteuses, mais des qualités d'attention à autrui qui plaisent au client, au collaborateur et parfois au responsable hiérarchique soucieux de paix sociale. Reste quelquefois à convaincre ce dernier que gentillesse et efficacité font cause commune.

Je me rappelle une cliente qui était la directrice marketing et commerciale d'un laboratoire pharmaceutique. Cherchant à fédérer des chefs de produits dont elle était issue avec des visiteurs médicaux aux moteurs distincts, elle passait beaucoup de temps en région, organisant des conventions et des réunions pour assurer le maillage des cultures de métier. Avouant volontiers son incompétence dans les ventes, elle avait construit un style de management simple, direct et sincère qui créait un climat de confiance avec ses équipes. Cela n'était pas du goût de son patron, qui lui reprocha insidieusement de ne pas assez s'affirmer et d'être l'objet de critiques en comité de direction. Il se sentait menacé par une confiance croissante, qu'il s'était employé à combattre en d'incessants jeux de pouvoir et fantasmes de complot. Elle put lui tenir tête une année, puis jeta l'éponge et partit assumer son style humaniste sous des cieux plus favorables.

> Assumer contre vents et marées ses valeurs profondes
> est un rempart contre l'illusion de toute-puissance.
> En avons-nous toujours conscience ?

D'un autre côté, il s'agit de manager en **position basse**. Même si la notion de manager coach me semble douteuse, il est clair que des qualités de coaching sont précieuses pour être un manager à l'écoute de soi et des autres. Il faut désapprendre certaines recettes de management pour oser avoir tort devant ses collaborateurs sans perdre pied, pour accepter de montrer ses failles à son patron sans se croire déjugé, et pour parler vrai à ses clients et ses fournisseurs sans se mortifier. L'affirmation de soi tant vantée dans certains stages est parfois la négation des autres au nom d'une volonté de pouvoir de mon ego. L'humilité de l'écoute, du feed-back à partir de ses émotions et de la bienveillance contagieuse est pourtant plus utile pour manager dans la durée que la combativité tous azimuts. Un directeur général d'une activité de restauration collective suivait un coaching pour adoucir son impact sur son entourage, à la demande de son président. Ce qu'il prenait pour un tic comportemental s'avéra vite une posture éthique inconsciente. Issu du rang, il croyait que son autorité reposait sur une certaine condescendance et un discours ampoulé. L'écoute des cuisiniers et l'appel aux émotions des directeurs régionaux étaient, pour lui, des signes de faiblesse incongrus, voire de la démagogie qu'il ne prisait guère. Peu à peu, il entrevit que son leadership augmentait

162

quand il acceptait ses incertitudes, laissant parler ses doutes et ses espoirs, nonobstant les process de gestion de l'entreprise. À la fin du coaching, il avait réellement donné à voir des aspects riches de sa personnalité. Son président vit d'un mauvais œil tant de renversement ; que lui restait-il comme pouvoir si l'élève dépassait le maître ?

L'humilité vécue conduit parfois à l'échec, car elle déstabilise l'ordre hiérarchique. Comment faire ? Le coaching de soi est, en quelque sorte, une pédagogie de l'échec. En se confrontant aux limites de sa force propre et à celles de son acceptation par les autres, on sort des rôles à contre-emploi où l'on se complaît parfois ; les occasions manquées, les promesses déçues et les espoirs infondés ont toute leur place dans ma bibliothèque d'expérience professionnelle. Chacun d'entre eux m'en dit long sur mon potentiel de progrès, si je regarde le verre à demi plein, comme un sportif de haut niveau. Quel enseignement puis-je tirer de ce faux pas ? En quoi cela enrichit-il ma connaissance de la nature humaine ? Qu'ai-je à gagner dans cet échec partiel ?

Un directeur industriel dans la sidérurgie avait essuyé deux échecs successifs dans sa trajectoire professionnelle, par manque de sang-froid et d'intelligence de situation. Pour son patron, le coaching était l'opération de la dernière chance pour l'amener à changer de regard. Je vis arriver quelqu'un d'emmuré dans la rationalisation de sa plainte. Manquant de la moindre estime de soi, il voyait chaque échec comme une preuve supplémentaire de sa nullité sociale, et cherchait donc toutes les échappatoires pour imputer son insuccès aux autres ; persuadé de n'être pas grand-chose, il s'y cramponnait avec une logique du genre : « Je suis gentil, mais il ne faut quand même pas pousser. » L'échec était une telle évidence pour lui qu'il ne souhaitait manifestement pas en sortir. J'eus beau essayer toutes les techniques que je maîtrisais alors, rien n'y fit. Il s'employa à accélérer sa chute dans l'entreprise en se drapant dans son orgueil. Il réussit même à faire de son coaching un échec.

Pour des êtres de raison, rien n'est plus simple que de reconnaître ses erreurs. Et pourtant, rien n'est plus difficile quand nous ne savons quel statut donner à notre chagrin.

Exercice n° 13 :
Célébrer mes échecs professionnels

Au cours de mon parcours professionnel, j'ai essuyé des revers sans appel et rencontré des échecs parfois cuisants. Au lieu de les ignorer ou de les reléguer dans mes oubliettes, il s'agit de les assumer pleinement, comme autant d'étapes dans l'acceptation de mes limites et de la réalité.

Comment ai-je vécu mon échec professionnel majeur ?

....

....

Quel fut le bénéfice de cet échec pour moi ?

....

....

De quoi cet échec est-il le symbole aujourd'hui encore dans mon développement personnel ?

....

....

2. Donner un statut à son chagrin

Voici un mot un peu anachronique en entreprise. Plus que la tristesse, moins que la mélancolie, le chagrin dessine une géographie émotionnelle rarement abordée en école de management.

Or, la vie professionnelle n'est pas étanche à ces vagues de chagrin qui accompagnent les échecs les plus blessants : comment en faire notre allié ?

Accueillir les larmes comme une bénédiction

À certains égards, ma pratique du coaching de dirigeants consiste à regarder les hommes pleurer. Il n'est parfois aucun autre espace que la rencontre avec un coach pour s'épancher et laisser aller un chagrin tabou dans le monde professionnel, voire dans la vie privée. Les larmes matérialisent ce chagrin, et sont une des fonctions cathartiques du coaching par lequel le corps peut exprimer une émotion profonde. La première fois, certains clients s'étonnent que l'accompagnement individuel les conduise à pleurer, puis ils s'habituent. Pourquoi faut-il s'autoriser à pleurer ? Personnellement, je me souviens m'être interdit vers 12 ans de pleurer, par fierté et par peur d'être inconsolable. Il m'a fallu des années pour apprivoiser cette part inconsolable et réapprendre à pleurer.

Pleurer nous remet dans la fluidité de l'existence, car il est un temps pour rire et un temps pour pleurer, comme il est écrit dans l'Ecclésiaste. En coaching, les larmes dissolvent les chagrins les plus secs et nous aident à nous attendrir sans nous apitoyer sur nous-mêmes. Pleurer est un plan d'action efficace en soi, comme l'allégresse ou la gratitude. Que les larmes soient de l'eau de mer ne cesse de me surprendre, elles nous relient à une matrice beaucoup plus vaste que notre nombril, et nous font toucher l'universalité du chagrin. Oser être lamentable avant de se ressaisir ne va pourtant pas de soi.

D'une part, il s'agit d'apprivoiser ma **sauvagerie**. Comme le raconte le conte de Robert Fischer, *Le Chevalier à l'armure rouillée*, les larmes sont parfois l'ultime moyen de descendre à la rencontre de soi, pour faire sauter les verrous de la peur et de l'ego. Oser pleurer face à autrui, c'est déjà entrouvrir les yeux pour les essuyer, et pour se livrer à nu aux yeux de l'autre.

J'avais une cliente d'une cinquantaine d'années qui menait un coaching pour préparer son évolution professionnelle. Ayant dirigé un cabinet de conseil, puis ayant été DRH d'une grande entreprise, désabusée par les deux univers, elle ne savait pas dans quelle direction réinventer sa carrière. J'avais devant moi l'image d'une vaillante guerrière de la vie professionnelle, dure et forte, ne laissant filtrer aucune émotion ni aucune zone de faille. Mais je ne désespérais pas de découvrir l'être humain derrière l'armure. Au fil de mes feed-back et de mes questions, elle s'adoucit un peu et se détendit. Un jour, elle évoqua le cancer dont elle avait souffert vingt ans auparavant, et fondit en larmes. Surprise par son émotion, elle l'accepta et comprit sur quoi reposait sa trajectoire : combative mais survivante, miraculée d'une maladie qui l'avait éprouvée et esseulée, elle avait peur de toute fragilité car cela la replongeait dans son impuissance devant la mort. Désormais, il s'agissait de revisiter ce chagrin passé pour l'intégrer à sa vie présente. Accepter sa vulnérabilité fut un chemin de renaissance spectaculaire. Engagée dans la voie du développement personnel, elle rouvrit une à une toutes les pièces closes de sa maison intérieure : l'empathie, la suspension de jugement, l'écoute, etc. Les larmes avaient signifié une fissure dans son masque mortuaire.

D'autre part, le fait de pleurer permet d'éprouver un sentiment intense en suspendant son **jugement** pendant quelques instants. En soi, c'est précieux pour des cadres dirigeants habitués à se contrôler et à manipuler les réactions des autres. Un client dirigeait la branche transports d'un équipementier industriel. Dirigeant 8 000 collaborateurs dans 6 pays, ingénieur polyglotte et citoyen du monde, il avait supervisé des chantiers de tramway au Brésil et à Hong Kong, livré des trains à Moscou et inauguré des métros automatisés au Canada et aux États-Unis. Sa famille habitait la Côte d'Azur, et lui quelque part entre Paris, Berlin et Kuala Lumpur. L'ennui, c'est qu'il ne comptait que sur lui-même pour réussir, jugeant son entourage de plus en plus inapte à le comprendre et à le suivre. Enfermé dans sa critique et son sentiment de supériorité, il se croyait inaltérable, et m'écoutait d'une oreille distraite lors des séances de coaching quand il faisait escale à Paris. Un jour, je le vis arriver avec des béquilles et un plâtre à la jambe gauche. Il était méconnaissable : sa colère s'était muée en tristesse, il essuya même quelques larmes. Resté immobilisé par une mauvaise fracture du talon d'Achille (je n'invente rien), il avait vu combien son succès dépendait des autres : de la compétence des chirurgiens, de la patience des kinésithérapeutes, de la bienveillance des soignants en général.

Enfin, pleurer signifie paradoxalement le refus d'un certain **sentimentalisme**. Rien à voir avec l'auto-apitoiement si étranger à la démarche de coaching. En pleurant, nous prenons congé de la partie de nous qui pleure intérieurement, c'est comme une liquidation du passé qui tarit nos torrents du passé pour bâtir l'avenir à gué. Symboliquement, le mouvement de l'humide vers le sec est un chemin d'éveil de conscience (cf. chapitre 7). Quand on pleure, n'est-ce pas aussi un feu intérieur que l'on éteint et une blessure que l'on met en voie de cicatrisation ? Je me rappelle une cliente directrice marketing qui pleurait à chaque séance. J'avais fini par mettre un paquet de mouchoirs à sa disposition pour dédramatiser, et ce rituel la faisait bien rire. Un jour, entre deux sanglots, elle déclara : « *Quand aurai-je fini d'arracher toute cette mauvaise herbe ?* » « *Quand vous commencerez à vous réconcilier avec tout cet humus !* », lui répondis-je. Il était évident pour moi qu'elle pleurait pour la dernière fois sur la petite fille triste qu'elle croyait être encore. En cessant de se trouver lamentable, elle cesserait aussi de pleurer sur son sort.

Les larmes ont toujours un sens, elles sont le seuil d'une porte que l'on ouvre ou que l'on ferme, c'est selon. Dans votre vie professionnelle et personnelle, quels moments de passage avez-vous insuffisamment pleurés ? Que vous disent ces larmes versées sur votre passé de positif pour votre avenir ?

Pratiquer l'autopathie

« *Boys don't cry* » dit la chanson de The Cure. Sur cet ana-thème de la sensibilité masculine repose le stéréotype d'un leader efficace. Mais cela ne tient pas, l'intelligence ayant besoin des émotions pour fonctionner, n'en déplaise à Descartes. Beaucoup de dirigeants alexithymiques sont, en fait, des enfants inconsolés. Une clé majeure du développe-ment personnel est de cultiver à la fois la patience et la persé-vérance pour se consoler de l'inconsolable (cf. chapitre 3). Selon moi, il n'y a pas d'autonomie sans autopathie, c'est-à-dire une compassion inconditionnelle envers soi-même. Bien souvent, je donne à autrui ce que j'ai le plus besoin de rece-voir, et que je me refuse par pudeur ou par négligence. C'est là toute la tragédie de certaines vocations humanitaires. Para-doxalement, certains d'entre nous ont un comportement très empathique dans leur travail, et nourrissent un ressentiment à l'égard des autres qui ne manifestent pas autant de chaleur humaine et de bienveillance à leur intention. Cette empathie n'est-elle pas un appel au secours pour soi ? Comment pren-dre soin de soi avant de prendre soin des autres ? Comment développer l'empathie pour soi ?

D'une part, je peux élargir mon **registre émotionnel**. Tant que cela se résume à une question binaire « je suis ému, oui ou non ? », mon intelligence émotionnelle est très pauvre. Plus j'investigue de territoires émotionnels, de subtilités de senti-ments variés, plus j'accède à un niveau de conscience élevé de mon monde intérieur. Le chagrin est parfois une boîte noire, qui regorge de secrets et de surprises à dévoiler.

Cela me rappelle un client qui nourrissait une grande ambition sociale, mais craignait sa fragilité psychologique dans son ascension sociale. Issu d'une famille pauvre du sud de l'Espa-gne, ingénieur de formation, il avait déployé une immense énergie automotrice pour faire un MBA prestigieux, puis rejoindre un cabinet de conseil en stratégie où il souffrait du stress interne et de la pression du client. Parallèlement, il avait une activité d'investissement immobilier qui lui promettait de rembourser ses prêts et de se constituer rapidement un patrimoine pour réaliser son projet : rejoindre un fonds de *private equity*. Au cours de nos rencontres, je m'employai à lui faire élargir sa lecture des situations, au-delà d'une vision du monde trop « cerveau gauche » : concilier ses aspirations avec ses racines, dépasser sa peur de l'échec en acceptant de perdre certains combats, accueillir les émotions comme une preuve d'étoffe personnelle... Il s'émerveillait de pouvoir mettre des mots et des actions sur des aspects de sa personnalité qu'il jugeait handicapants. Au fil des séances, il disposait d'une légende de plus en plus précise pour lire la carte de ses émotions profondes. Sans trahir son objectif de réalisation personnelle, il devenait plus « féminin » dans sa lecture des situations, moins frontal et moins impulsif.

Parfois, le coaching de soi s'apparente à une rééducation sentimentale. Il nécessite seulement de la curiosité et de la bienveillance pour les parties de soi-même que l'on feint d'ignorer.

D'autre part, derrière mes émotions réside un **système énergétique** très puissant, si je sais m'en servir. La force vitale qui nous fait avancer dans la vie professionnelle est bien plus grande que notre volonté propre, gouvernée par l'ego. Elle est une puissance intérieure insoupçonnée, toujours disponible et qui n'est entravée que par des pensées et des émotions bloquées. Comment se libérer de ces blocages énergétiques ? Par exemple, une technique efficace est l'EFT (*emotional freedom technique*), développée par Gary Craig en 1991, qui s'apparente à de l'acupuncture sans aiguille (voir bibliographie en fin d'ouvrage). Après l'avoir expérimentée avec un coach, on peut la pratiquer seul, sans danger et avec un effet de neutralisation des émotions négatives qui empêchent d'agir : procrastination, phobies, angoisses, stress et troubles comportementaux divers. Elle est en outre très utile dans le coaching des dépendances. Prendre soin de ses émotions consiste aussi à pratiquer des techniques d'auto-guérison.

Un client directeur financier souffrait d'une timidité paraly-sante, qui lui faisait repousser des décisions clés et dégradait l'impact qu'il avait sur son environnement. Au cours de son accompagnement individuel, il identifia que cela s'enracinait dans la vision qu'il avait de son père, autoritaire et qui lui reprochait son manque de virilité. L'idée de s'exprimer devant des managers plus affirmés que lui le paniquait litté-ralement. Nous fîmes quelques séquences d'EFT, qui le décollèrent de cette image terrorisante pour lui. En parallèle, il travailla à s'émanciper de cette relation difficile, et prit peu à peu une place d'adulte dans sa vie privée et profession-nelle. Entre deux séances de coaching, avant des échéances importantes – entretien de recrutement, réunion du comité exécutif –, il pratiquait aussi l'EFT pour rester au contact de sa confiance neuve.

Enfin, l'autopathie consiste à s'inscrire dans un **processus d'hominisation**, ou d'« *hominescence* » comme dirait Michel Serres. Quand le chagrin nous terrasse, c'est comme une digue émotionnelle qui saute, laissant la place à de la tristesse, de la colère, de la rage, voire de la violence. L'émotion en soi est un matériau brut qu'il s'agit de civiliser dans notre vie courante pour n'être pas dévoré par lui. Avec mes clients, j'emploie parfois l'expression suivante : « Comment pouvez-vous assi-gner à résidence cette émotion ? » L'autopathie est une manière de s'aimer complètement, y compris dans ses failles et ses démons intérieurs.

Un client directeur industriel suivait un coaching pour tenter d'adoucir son relationnel en entreprise. Je découvris qu'il avait déjà fait un long chemin de retour vers soi, à partir d'un dégoût de lui-même qui lui avait fait friser l'internement psy-chiatrique. Abandonné et violé dans son enfance, il avait été à son tour incestueux avec sa sœur pendant sept ans et ne s'était pardonné ce passé douloureux qu'après un travail psycho-thérapeutique courageux, corporel et spirituel. Mais une voix me disait qu'il avait fait cela avec une extrême dureté contre lui-même, comme le personnage de Robert de Niro dans *Mis-sion* de Roland Joffé. Son coaching couronnait ce parcours préalable mais clandestin en le transposant au grand jour dans le champ social et professionnel. « À quelles conditions puis-je intégrer la communauté des humains ? » fut sa question récurrente. En s'acceptant inconditionnellement, il commençait à vivre parmi les autres et non plus dans son monde clos.

Paradoxalement, l'empathie pour soi permet d'être moins égocentrique, puisqu'elle étanche notre soif de reconnaissance et notre obsession de légitimité au regard des autres. Oser et doser son chagrin, cela s'entraîne-t-il ?

S'abîmer pour ne plus s'abimer

Le déni du chagrin l'accroît. En effet, si je reste sourd à la partie de moi qui est meurtrie, cela devient une part étouffée de moi-même, qui s'enkyste dans des projections sur autrui et des maladies psychosomatiques. Combien de deuils non effectués, de détresses muettes et d'humiliations secrètes sont à la source de maux plus grands et plus tardifs ? Apprendre à échouer est, au sens propre, une vocation de naufragé. Échouer sur la grève, c'est arrêter d'aller à la dérive, de tempête en tempête, de port de fortune en port d'attache, mais jamais à un endroit immobile et apaisé. En entreprise, il arrive toujours un moment où je ne peux plus me bercer de l'illusion que « tout va bien » ; se laisser échouer suppose que l'on s'en remette à une puissance plus vaste que notre orgueil, qui nous prévient de la chute parce qu'il en a une peur absolue.

Dans certains cas, il nous faut **plonger pour ne pas nous noyer**. Il y a quelque temps, j'accompagnais le directeur des systèmes d'information d'une entreprise en apparence très sociale et humaniste, violente et culpabilisante dans les faits. L'attente de sa hiérarchie était qu'il mette moins de pression sur ses collaborateurs tout en conciliant les intérêts de la maîtrise d'ouvrage, utilisateurs opérationnels d'un nouvel outil informatique, avec ceux des maîtres d'œuvre, direction technique et consultants en régie. C'était pour lui la quadrature du cercle ; soucieux de plaire à chacun, habitué à nier ses besoins propres, il entraînait ses équipes tel un chef de bande, mû par l'affect et le dépassement de soi. Je percevais chez lui une forme de tristesse enfouie, qui se traduisait par une désinvolture apparente et un manque d'appétence à son travail. Au détour d'une phrase, il évoqua son don de dessinateur et son regret de ne plus peindre. Ancien élève des Beaux-Arts de Paris, il s'était laissé dissuader par son père de finir ces études aux débouchés incertains, et avait bifurqué vers des études informatiques qui ne l'avaient jamais passionné. À quarante ans, ayant gravi tous les échelons de la réussite professionnelle, le cœur n'y était pas. En prenant conscience de la créativité et du talent artistique qu'il avait laissés en friche dans sa vie, il redécouvrit un chagrin d'adolescence enterré dans sa mémoire, mais qui l'empêchait encore d'être pleinement au contact de lui-même. En revisitant cet équilibre instable dans sa carrière professionnelle, il put approfondir ce qui l'oppressait et voir en quoi il contribuait à accroître son ennui existentiel. Lorsqu'il évoqua le choix d'orientation professionnelle de son fils de quinze ans, désireux d'arrêter l'école pour devenir pompier, je fus émerveillé de voir la tolérance, la lucidité et la présence d'esprit avec lesquelles il réagit. Le scénario d'échec ne se perpétuerait pas.

Dans d'autres cas, nous avons besoin d'**aller plus mal pour aller mieux**. Chez les dirigeants, endurcis à une vie de concours et de poursuite de performances toujours plus élevées, « même pas mal » est une devise répandue. L'endurance, la résistance à l'épreuve et la « *répression pulsionnelle* », comme dit Norbert Elias, sont des attributs fréquents chez les leaders (d'entreprise, politiques ou sportifs). Il est inutile d'accompagner quelqu'un qui n'a pas conscience qu'il va mal, ou du moins qu'il pourrait aller mieux. Je rencontre parfois des managers qui agissent comme s'ils avaient besoin de se cogner contre un mur pour s'apercevoir qu'il y en a un. Que faire ? Être patient, garder l'espoir et faire confiance à la personne pour sa capacité de faire face, le moment venu.

Une amie, ancienne sportive de haut niveau, me rendit visite un jour pour solliciter un avis. Après des études brillantes et un parcours sans faute de haut fonctionnaire, elle rejoignit le secteur privé où elle travailla sans relâche aux côtés du président d'un groupe industriel sur des dossiers stratégiques. Mère de deux enfants, elle se surprit à traverser brutalement une période d'angoisse qu'elle n'avait pas connue depuis quinze ans. Très déprimée, ayant des troubles du sommeil et des idées noires de plus en plus obsédantes, elle culpabilisait de son état « lamentable » aux yeux de son mari qu'elle souhaitait soutenir et préserver de tout cela. Je lui recommandai plusieurs confrères, un psychothérapeute et une psychiatre. Elle rencontra l'un puis décida d'en rester là, comptant sur sa volonté et ses propres forces pour surmonter ce qu'elle traversait. Quand je l'appelai quelques semaines plus tard pour m'enquérir de ses nouvelles, elle s'empressa de me remercier en s'excusant presque : « *Je vais beaucoup mieux, en avoir parlé m'a tant soulagé, c'est aussi bien ainsi.* » Je voyais bien que plus dure serait la rechute, mais j'étais impuissant. Que pouvais-je lui souhaiter ? d'aller mieux en se voilant la face ou d'aller plus mal pour enfin guérir ?

Dans tous les cas, donner **droit de cité à nos regrets** est salutaire. Je ne vois pas au nom de quoi les regrets seraient incongrus dans un chemin de développement personnel. Ce sont autant de portes que l'on n'a pas ouvertes et qui nous laissent un goût nostalgique. Les regrets recèlent aussi des trésors sur nos mobiles d'action, et peuvent être transformés avec la maturité en projets très porteurs. La parabole « *si le grain ne meurt* » dans l'Évangile ne dit pas autre chose : qu'ai-je à apprendre des histoires inachevées et des promesses toujours en suspens dans ma vie ? Un regret est toujours porteur d'un espoir vivace, il n'est jamais définitif pour peu que je m'y attarde. Dans cet esprit, vivre en paix avec ses regrets témoigne d'une fidélité à son passé, d'une humilité devant le présent et d'une certaine quiétude devant l'avenir. Sans regret, quelle serait la saveur de nos accomplissements ? L'objet de nos regrets est souvent plus proche et plus précieux que nous ne l'imaginons. Oser avoir des regrets est un exercice de lâcher prise devant le succès ou l'échec, dont les lois nous échappent l'un comme l'autre.

Une cliente dirigeait le *reporting* et la consolidation financière d'un groupe de médias, où elle se sentait de plus en plus submergée par la charge de travail et les responsabilités. Menant parallèlement un programme éprouvant de fécondation *in vitro*, elle avait le sentiment de s'épuiser au travail en s'aliénant, dans le même temps, les chances de tomber enceinte rapidement. Plus le temps passait, et plus elle se reprochait de n'avoir pas choisi le poste que lui proposait une grande entreprise publique quelques mois avant : mieux payée, noyée dans la masse d'un département finance de 300 personnes, elle aurait pu se consacrer à son projet familial au lieu de convoiter du pouvoir et de la reconnaissance. Au lieu de culpabiliser, je l'invitai à écouter ce regret en elle, à le fertiliser avec son humour et sa lucidité : derrière ce regret, son sentiment d'imposture était tapi. En le démasquant, elle comprit qu'elle pouvait aimer ce regret pour ce qu'il était aussi, une fée Clochette qui piquait son orgueil au vif et la décrispait dans son quotidien professionnel. Après tout, rien ne l'empêchait de se comporter ici comme si elle avait été là-bas. Lorsqu'elle prit un congé pathologique pour préserver ses premiers mois de grossesse, elle se réconcilia avec son regret d'un ailleurs idyllique.

Exercice n° 14 : Le trésor des regrets

Quelles sont les voies professionnelles que je n'ai pas empruntées à ce jour ?

....

....

Quel est le sentiment que je nourris à leur égard ?

....

....

Si je n'ai aucun regret en apparence, est-ce à dire que tous mes désirs sont comblés ? Parmi les portes que je n'ai pas ouvertes, il y en a certaines que je regrette intimement, et d'autres qui m'ont conduit à faire des choix constitutifs de ma réalité présente. Ils attestent tous que d'autres destins professionnels auraient été possibles. Plongez un instant dans ces désirs inassouvis.

Quel enseignement sur moi-même en ai-je retenu ?

....

....

Quel statut puis-je donner à mes regrets dans mon quotidien professionnel ?

....

....

3. Sortir des conduites à risques

L'apprentissage de l'échec passé est une école du succès à venir. Mais c'est une discipline qui demande du courage, presque une désintoxication à la mécanique du succès continu. Comment sortir de la reproduction d'une conduite à risque ? Comment ne plus être accro au succès ? Qu'y a-t-il au-delà de la résilience ?

Violence subie, violence infligée

Un cycle implacable, raconté par toute la mythologie grecque, veut que la plus grande pente humaine soit d'infliger à autrui ce que l'on a soi-même subi. Apprendre à échouer consiste à sortir d'une fatalité de la reproduction passive, à agir son destin pour n'être pas agi par les dieux. Si Thésée avait reconnu son erreur et son ignorance, il aurait pu éviter le funeste sort des siens. Comment inverser le cycle de la violence répétée ?

175

D'une part, je peux décider de **cesser d'être violent avec moi**. J'observe parfois chez des clients miraculés de l'existence une pente glissante avec leur entourage qui va de la négligence à la maltraitance, voire à l'abus. Croire qu'ils n'en ont pas conscience et qu'ils ne souffrent pas de cette violence serait erroné ; c'est leur façon de se bricoler un viatique, de tenir bon vaille que vaille, de composer avec une histoire de vie plus ou moins cabossée. Tout bourreau n'est-il pas une ancienne victime ? À tout moment, il est temps d'interrompre un mouvement de reproduction de violence en la nommant et en s'abîmant pour ne plus s'abimer.

Un client directeur général d'une entreprise de travaux publics menait un coaching pour essayer de moins brutaliser son entourage. Réputé pour ses colères tonitruantes et ses « coups de gueule », il faisait même peur à son conseil d'administration, et son DRH s'inquiétait pour la santé cardiovasculaire de ce dernier. Quelle ne fut ma surprise quand je vis arriver un colosse tendre comme un agneau. Écorché vif à la générosité envahissante, il était habitué à prendre de force ce qu'il n'avait pas appris à recevoir. À 45 ans, il en paraissait dix de plus, s'imposant un rythme de vie suicidaire. Le plus difficile fut de lui faire prendre conscience que cette démarche, certes efficace pour l'amener là où il était, était aujourd'hui dangereuse pour son entourage et pour lui. Comment parler avec douceur à quelqu'un qui ignore la douceur ? Comment prendre congé de la brutalité quand on lui doit tout – croit-on ? En l'accompagnant dans sa journée professionnelle (procédé que l'on appelle le *shadowing*), je lui tendis un miroir de la violence qu'il recevait en boomerang dans ses relations professionnelles. Aurait-il le courage de cesser de se maltraiter en traitant moins mal les autres ?

D'autre part, je peux trouver une **alternative à être blessant pour n'être pas blessé**. J'ai parfois peur de me blesser à nouveau tellement la blessure narcissique originelle a été structurante. Quelle meilleure parade, à première vue, que de me draper dans un mépris affiché, maniant l'humour glaçant et l'ironie perfide comme des paravents pour que rien ne m'atteigne ? Beaucoup de dirigeants cyniques sont d'anciens polytraumatisés de la confiance en soi. Voir derrière les aboiements et la rage l'animal blessé, battu ou abandonné, est une des fonctions centrales du coach de dirigeants.

J'ai en mémoire un client qui m'a infiniment touché. Jeune et fringant banquier d'affaires débarqué d'une institution concurrente où il ne supportait pas la violence relationnelle, il avait connu les ors de la République comme conseiller technique d'un Premier ministre. À 35 ans, historien de formation avec le regret de n'avoir pas fait l'ENA, il s'était réfugié dans la banque d'investissement, faute de mieux. J'ai rarement rencontré quelqu'un d'aussi dandy, brillant et d'une suffisance qu'égalait seul son mépris pour les autres banquiers. On imagine que la greffe ne prenait pas plus dans la banque qu'il avait rejointe que dans la précédente. Mélange de tête à claques et de donneur de leçons, je n'arrivais pas à dire s'il se conduisait comme un sale gosse ou comme un vieux schnock. Mais quelque chose en moi n'était pas dupe de ce cynisme de façade. Tout doucement, je l'invitai à descendre dans ses émotions au lieu d'escalader systématiquement dans les débats d'idées, son armure mentale. C'est là qu'eut lieu la rencontre entre nous : né dans une famille tiraillée entre des intellectuels d'extrême droite et des paysans radicaux de gauche, dernier d'une fratrie nombreuse, il avait tôt renoncé à être aimé pour ce qu'il était. Aux yeux de ses aïeux, tout n'était que joute oratoire, culture classique et autodiscipline. Il était un pur produit de la « *pédagogie noire* » d'avant-guerre dont parle Alice Miller. En découvrant qu'il n'avait plus de danger à se montrer tel qu'il était – c'est-à-dire sensible et délicat – il s'affranchit peu à peu du « salon des Verdurin » dans lequel il se mortifiait depuis trente ans. S'il était parvenu à construire une relation profonde et vraie avec moi, avec qui d'autre pouvait-il le faire encore ?

Enfin, le coaching de soi est un moyen d'**arrêter d'être suicidaire** dans sa vie professionnelle. Vous trouvez le terme excessif ? Beaucoup se jettent dans leur travail à corps perdu, en y cherchant un expédient à une vie privée sacrifiée à l'autel de la réussite. Je suis même frappé par la recrudescence de ces bateaux ivres dans la communauté des DRH qui sont censés apporter aux autres ce dont ils manquent le plus, bienveillance et humanité. On fait toujours le métier dont on a le plus besoin pour soi. En descendant dans ses profondeurs, même en touchant le fond, on s'aperçoit que l'on peut remonter à la surface. Êtes-vous conscient de ce que vous faites au péril de vous-mêmes ? Sauriez-vous reconnaître la part de sabotage de certains des actes professionnels où vous vous êtes surinvesti ? Quel comportement suicidaire pour votre carrière pouvez-vous stopper du jour au lendemain ?

Dans cette catégorie, un patron d'enseigne de distribution sélective que j'ai accompagné il y a quelques années avait une longueur d'avance. Sa problématique de prise de fonction se résumait à trouver la confiance en soi sans se noyer dans le travail. Ancien cancre mais sportif de talent, il avait passé son enfance à tenter d'attirer l'attention de ses parents sur lui en remportant des compétitions de voile, de football, de natation. Comme sa sœur avec la danse classique. En vain : jamais son père ni sa mère n'ont assisté à l'un de ses entraînements ni à l'une de ses courses. Il a choisi vers 15 ans d'attirer leur attention en optant pour des sports de plus en plus risqués : parapente, ski nautique, ski hors pistes, où il a eu plusieurs accidents, parfois graves. Il a aussi compris qu'en refusant de manger ce que sa mère lui présentait, il détiendrait une zone d'incertitude imprenable, à tel point qu'il devint boulimique et presque obèse, et ne tolère aujourd'hui que des steaks frites midi et soir. Comment cesser de sacrifier sa santé pour se sécuriser affectivement ? En prenant conscience qu'il continuait à s'immoler sur l'autel de la réussite professionnelle, il commença à prendre soin de lui avant de prendre soin des autres. C'était presque une renaissance pour lui de découvrir qu'il restait en vie quand il ne se mettait pas en danger.

> Sortir de la violence du succès à tout prix demande du temps et de l'indulgence pour nos erreurs humaines. Comment résister à la tentation qu'offre l'entreprise de nier notre humanité fragile et imparfaite ?

Comment ne plus être accro au succès ?

Êtes-vous concerné par le syndrome du hamster ? Le hamster court sur sa roue, de plus en plus vite, avec endurance et régularité. Sans doute se conforme-t-il à l'hypothèse suivante : « Tant que la roue tourne, je continue à courir. » Le seul ennui, c'est que lui seul fait tourner la roue. À quoi ressemblent nos roues et nos cages ? Pour les uns, c'est l'accumulation d'activités, donc d'argent, avec la peur que le flux s'arrête. Pour d'autres, c'est la course à la carotte (promotion, augmentation, gratification). Pour d'autres encore, c'est la pure habitude de l'effort en continu, la pure aliénation au travail par névrose (de classe ou pas). Je rencontre des hamsters à tous les étages de l'entreprise, indépendamment du contrat moral et de l'argent ou du pouvoir qui sont en jeu. Dans un monde utilitariste, il faut beaucoup de développement personnel pour descendre de la roue à temps.

D'une part, je peux rester **à l'écoute des signaux** que m'envoient mon corps et mon âme. Ce sont des warnings de plus en plus explicites d'une surchauffe ou d'un dysfonctionnement de ma machine à réussir. J'ai rencontré un consultant généraliste d'une trentaine d'années, qui était associé d'un cabinet de 40 consultants. Ingénieur de formation, il était obsédé par la taille de l'entreprise, la croissance du chiffre d'affaires et le gain économique qu'il pourrait en tirer à brève échéance. Seul hic, il se tuait à la tâche, n'ayant pour ainsi dire plus de vie de famille avec deux enfants en bas âge, pourtant à la santé fragile. Il venait chercher dans un coaching de dirigeants des solutions concrètes et immédiates pour gérer son temps plus efficacement. Je lui dis que sa course ressemblait à une fuite en avant, et qu'il pouvait aussi s'interroger sur ses moteurs intimes. Hanté par la mort de son père quand il avait 17 ans, la réussite matérielle lui servait de paravent aux chagrins de la vie. Enfermé dans sa logique d'activisme, il avait réponse à tout. Même les signes physiques le laissaient de marbre : atteint d'une surdité partielle héréditaire, il refusait de consulter et de porter une prothèse auditive, ce qui le handicapait dans certains entretiens où des phrases lui échappaient. Je ne parvins pas à lui exprimer qu'il pouvait grandir autrement que dans l'effort. Combien de temps pouvait-il tenir dans cette surdité consentie ?

D'autre part, le travail est aussi le **théâtre de nos addictions**. Passer de la quantité à la qualité, de la production à la productivité est énoncé dans tous les stages de management. En pratique, ça se complique. Le travail est un terrain propice à l'addiction, même si l'usage de drogues dans certains milieux à forte pression (marchés financiers, audiovisuel, agences et cabinets de conseil) reste pudiquement tu. Plus fréquemment, le travail est lui-même objet d'addiction. Quand je m'y adonne sans retenue, sacrifiant mon temps privé et qu'il occupe une part croissante de mes pensées, n'ai-je pas déjà franchi une ligne jaune d'équilibre de vie ? L'ivresse du succès est plus dommageable qu'un échec cuisant, car elle nous grise et altère notre faculté de discernement. Quand on s'aperçoit que l'on a une conduite à risque, c'est parfois trop tard : *burn out*, somatisation, voire explosion du cadre de vie familiale. La démarche de coaching de soi consiste à faire une pause dans cette spirale du travail qui enfle pour se reposer des questions essentielles : après quoi est-ce que je cours ? Au nom de quoi ou de qui fais-je mon travail ? Que ferais-je d'autre si j'en avais le loisir ? J'ai rencontré des dizaines de managers touchés par le syndrome du hamster. Dans certains cas, la machine est tellement bien huilée que rien ne les incite rationnellement à « décrocher ». Parfois, les prescripteurs sont heureusement doublement vigilants pour leurs dirigeants quand ceux-là se mettent trop en danger. Je me souviens d'une DRH de banque qui m'a appelé un jour, sur l'argument suivant : « *J'ai croisé récemment notre directeur de la recherche à Londres, je ne l'ai pas reconnu ! Il a pris 20 kilos, transpire comme un bœuf et fume comme un pompier. C'est un analyste brillant de 40 ans qui est en train de se consumer à la tâche. Je ne voudrais pas qu'on le perde.* » En le rencontrant, j'ai vu un petit garçon dans le corps d'un homme usé. Enivré par le « *speed* » du métier d'analyste, pourtant touché de plein fouet par la crise financière, il n'avait pas même souvenir d'avoir vécu autrement

180

qu'entre deux Eurostar, se nourrissant de sandwichs et ne voyant presque plus ses proches. Sa gentillesse et son dévouement l'avaient conduit à ignorer complètement sa propre hygiène de vie. Son coaching consista en une véritable réhabilitation mentale : le fait même de prendre un « temps suspendu », de faire silence et de s'abandonner à un questionnement libre fut pour lui une cure de bien-être. Il découvrait un autre rapport à soi. Dans le cas présent, son hyperinvestissement cachait, en réalité, une perte de désir professionnel. Passionné d'animation d'équipes dans un métier qui valorise surtout l'expertise, il allait apprendre humblement le métier de manager.

> Comment aller mieux tant que l'on n'a pas reconnu que l'on va mal ? Quand le travail fonctionne comme un stimulant d'une excitation en berne, mieux vaut aller à la source du symptôme. Parfois, parler de sérénité à quelqu'un qui ne l'a jamais expérimentée est inefficace.

Enfin, **la dépendance et l'attachement** sont deux choses distinctes. Le lien que j'entretiens avec mon travail peut être fort, sans pour autant que ma vie en dépende. Ce qui est vrai de nos relations affectives l'est aussi de notre rapport aux autres dans la vie professionnelle : à quoi suis-je attaché dans mon travail ? Qu'est-ce que je peux faire pour entretenir un lien fort sans m'aliéner ma liberté de mouvement ? Comment rester le pilote de mes affinités électives ?

Je me souviens d'un client qui m'a infiniment touché dans ce registre. Directeur du risque dans une banque européenne, il travaillait bien plus que de raison, aussi bien en nombre d'heures qu'en intensité. Grand fumeur, alcoolique mondain, il ressemblait à l'*Héautontimorouménos* cher à Térence et à Baudelaire : avec une barbe désordonnée, les ongles rongés au sang, une voix rauque et un regard d'une tristesse abyssale, il paraissait deux fois son âge et brûlait sa vie à toute allure. Ancien élève de l'École polytechnique, orphelin de son père et cherchant à protéger sa mère de tout, il titubait dans sa vie depuis de très longues années. Il comprit qu'il était face à lui-même : dépendant de son travail, de son argent et de sa mère, il n'était pas maître chez lui. Plusieurs exercices l'aidèrent à s'affranchir de ces jougs librement consentis. En acceptant qu'il pouvait se séparer de sa mère et démissionner de son travail, il put se résoudre à rompre avec l'une et à se détacher sainement de l'autre. Sa vie allait (re)commencer. Quand je le revis pour sa dernière séance, rasé de près, il avait arrêté de fumer et un sourire immense irradiait son visage.

Vouloir sortir d'une conduite à risque nous demande parfois d'avoir épuisé toutes nos cartouches d'endurance. Sortir du contact pour préserver la relation est pourtant vital dans certains cas. Pour renoncer au succès quand il nous intoxique, abandonner des conduites à risques est souvent incontournable : c'est pour cela qu'une démission, une mutation ou un déménagement professionnel sont souvent bons signes. Comment « *passer de la survie à la super-vie* », comme disait Théodore Monod ?

Au-delà de la résilience

Avoir vécu des événements traumatiques et des épreuves douloureuses est certes un ingrédient de notre force future, un vaccin contre la fatalité d'un destin funeste. Dans la lignée des travaux de Boris Cyrulnik, en parlant de « managers résilients », on nomme ces survivants que nous sommes lorsque nous avons trouvé en nous l'espoir et l'énergie vitale pour nous éloigner d'une origine mortifère.

Mais il y a une limite à cette lecture de la vie : survivre sans culpabilité n'est pas une mince affaire, car cela nécessite parfois de fuir ses cauchemars dans une autarcie tragique. Après un mouvement centrifuge, nous sommes appelés à un mouvement centripète pour retrouver une confiance originelle bien plus profonde et inépuisable. Les managers les plus résilients sont parfois des « gueules cassées » qui se méfient des autres comme d'eux-mêmes, et ne parviennent à aimer la vie que par des hauts et des bas. Dans le travail, on peut être très résilient et suicidaire. Comment aller au-delà de cette résilience pour aimer les joies et les peines, les succès comme les échecs ?

D'un côté, je peux honorer le sens intrinsèque à toute **blessure**. Une amie vient de m'appeler au téléphone car elle fait des crises de larmes à répétition sur son lieu de travail. Sous antidépresseurs depuis quatre ans, à la naissance de son deuxième enfant, mais sans suivi thérapeutique, son psychiatre lui a dit d'arrêter le Prozac pendant l'été, et son DRH l'a inscrite à un stage de gestion du stress. Elle est encore plus désemparée face à ces prescriptions dont elle n'attend aucune amélioration. Comment entendre les signaux faibles du corps et de l'âme, puis renoncer à l'illusion de tenir bon par une conduite à risque ? Je lui demande simplement son objectif dans les semaines qui viennent : « *Je veux apprendre à contrôler mes débordements au travail.* » En bavardant un peu, elle prend conscience que c'est la cause profonde de ses symptômes qu'elle souhaite investiguer. Ayant terriblement peur d'aller plus mal, elle s'accroche à l'idée d'un « contrôle » sur ses émotions. Je l'invite à faire deux choses : *primo*, renoncer à sa culpabilité pour voir le bénéfice de son état actuel ; et *secundo*, reconnaître le sens plus ancien de son inconfort avant ses manifestations récentes. Ce faisant, elle se donne l'opportunité d'accepter ce qu'elle peut et de réparer ce qu'elle veut avec l'aide d'un étiologue.

D'un autre côté, je peux **vivre avec ou vivre sans**. L'ennuyeux avec des mots-valises comme la résilience, c'est qu'ils mettent une étiquette définitive sur un état transitoire de la vie. Ce faisant, ils stigmatisent certains managers et les empêchent de s'affranchir d'une blessure, certes structurante, mais ancienne. Apprendre à échouer, c'est aussi **se désidentifier** à celui que l'on a été. Jusqu'ici, j'ai fait sans (la sécurité affective, la confiance profonde, la présence réconfortante des autres, la consolation de mon enfant intérieur, etc.) ; maintenant, en acceptant mes échecs, je peux faire avec (le pardon, le réel, mon passé résilient, mon avenir vierge, etc.).

J'ai accompagné il y a quelques années un jeune énarque, directeur général d'une entreprise dans le secteur culturel. Venant du monde intellectuel et feutré de la haute fonction publique, il éprouvait des difficultés à concilier une autorité opérationnelle avec son extrême sensibilité, qui l'effrayait : je compris à demi-mot qu'il avait vécu des épisodes de jeunesse très pénibles, à la suite desquels il s'était « blindé » en s'interdisant toute manifestation de mélancolie ou de désarroi. Il s'était construit en refusant ses faiblesses, et tout le conduisait à croire que ça lui avait réussi : des études brillantes, une vie de famille très épanouie, un métier conciliant sa passion et son talent. Il s'était entouré de managers très performants, mais tous des « animaux à sang-froid », en apparence comme lui. Sa peur d'échouer le tenait en haleine, mais elle le paralysait dès que la conduite de son environnement heurtait ses valeurs personnelles. Peu à peu, il dut se détacher d'une image de garçon rêveur, et conquérir son statut d'homme libre. L'occasion se présenta *via* un événement anecdotique : le déménagement forcé du siège et mené tambour battant par sa DRH. Il prit son courage à deux mains, et s'opposa vertement à elle. Pour lui, il s'agissait là d'une rupture beaucoup plus symbolique. Moins réactif, plus proactif, il s'autorisait enfin de sa propre autorité. Je le vis littéralement renoncer à des routines d'autosabotage : il cessa de se noyer dans le travail, prit le parti d'assumer ses hésitations et encouragea le droit à l'erreur dans son entourage.

Enfin, je peux faire un choix : me soigner ou **me guérir**. Vouloir aller mieux ne suffit pas, il faut aussi n'en plus pouvoir de se saboter jour après jour dans la vie professionnelle. Dans certains cas, nous avons trouvé un bricolage ambigu avec la résilience, qui nous empêche d'aller trop mal… et trop bien à la fois. Combien de morts-vivants croisez-vous en entreprise, dont vous vous demandez à quoi leur motivation tient encore ? Arrive un moment où je n'en peux plus de me faire violence en m'injectant continuellement ma dose de succès, ravivant *de facto* une plaie que je prétends cicatriser. Pour sortir d'une conduite à risque, je crois qu'il faut avoir été au bout du désamour de soi et voir que cette passion faustienne pour la réussite ne compense rien de nos failles intimes.

Récemment, j'ai accompagné un dirigeant de l'industrie pharmaceutique, chargé de piloter un programme de changement de toute l'entreprise. Ambitieux, pressé de réussir pour diriger une *business unit* puis une filiale étrangère, il mettait son équipe dans une dynamique de commando et de survie seyant au projet : si rien n'arrivait, la perte de brevet sur un médicament phare du laboratoire occasionnerait mécaniquement la perte de 45 % du chiffre d'affaires dans trois ans. L'aiguillon était colossal. Mais son équipe, formée de jeunes à très haut potentiel, était mue par un besoin de sens et de lien affectif plutôt que par les stéréotypes de la conduite du changement à coup d'outils analytiques et de process tayloriens. Au cours d'un coaching d'équipe, chacun dévoila ses peurs et ses aspirations. Quand vint son tour, il révéla ce qu'il s'évertuait à compenser par son leadership : atteint d'une maladie orpheline, il devenait aveugle et avait peur de la vie d'après. Au lieu de compenser son handicap par des efforts de plus en plus démesurés, il était appelé à reconnaître et accepter que le plus grand changement à mener était à l'intérieur de lui-même. Allait-il soigner son image de leader en obtenant plus de trophées que ses collègues voyants ? Ou bien allait-il guérir de sa cécité mentale ?

Apprendre à échouer est un entraînement de chaque instant, de même que la vie nous enseigne à mourir et renaître plusieurs fois. Qu'il faille tomber pour se relever, nous en avons tous fait l'expérience en apprenant à marcher. Dans la vie professionnelle, sommes-nous prêts à rechuter pour rester debout ?

Exercice n° 15 :
Imaginer mon scénario catastrophe

Fermez les yeux et songez au projet professionnel qui vous tient le plus à cœur : sentez l'état émotionnel d'excitation mêlée de crainte dans lequel cela vous installe. Visualisez à présent le pire scénario qui puisse advenir, celui qui signifie l'échec absolu de ce projet. Imaginez les séquences successives de ce film catastrophe, voyez les événements se succéder inéluctablement les uns aux autres, jusqu'à l'issue que vous redoutez le plus.

Comment surmonteriez-vous ce cauchemar professionnel si jamais il survenait ?

....

....

Quelle bonne nouvelle ce scénario limite vous apporte-t-il ?

....

....

Que ressentez-vous à présent que ce risque est tangible et circonscrit ?

....

....

Chapitre 6

Transmettre un capital symbolique

Avec son lot de relations compliquées sur fond de routine, la vie professionnelle est parfois, pour chacun de nous, un fruit amer. Entre l'évasion dans l'imaginaire et la compulsion au réel, rares sont les occasions d'y trouver un sens. Déjà au siècle dernier, Georges Friedmann, fondateur de la sociologie du travail, avait décrit le paradoxe du travail postindustriel, à la fois facteur de réalisation et d'aliénation. Or, il existe une troisième voie de réenchantement possible : la sphère symbolique. Toute action est sous-tendue par un système de symboles, de signes, de mythes et de légendes, de rites et de tabous qu'il nous faut découvrir pour être les héros de notre vie. Ni virtuelle ni tragique, l'expérience professionnelle est d'abord ce que l'on en fait ; c'est une terre en friche où se jouent nos histoires de vie. Comment dévoiler ce que travailler veut dire, pour parler comme Bourdieu ? Comment relier nos pratiques quotidiennes à un sens symbolique plus profond ? Qu'allons-nous transmettre de nos années en entreprise à nos successeurs ?

1. Tout fait sens, tout me fait signe

Cette formule est ma boussole symbolique. Le travail n'a de sens que pour rencontrer ma vocation et exercer ma profession. Véritable jeu de piste avec ses rencontres mystérieuses,

ses chausse-trapes initiatiques et ses épreuves à franchir, notre travail n'a de sens que si nous en transcendons le sens commun : ce n'est pas la vente qui mobilise le vendeur, ni les chiffres qui exaltent le financier. Certes, toute expertise est un véhicule pour créer de la valeur matérielle. Mais suis-je motivé exactement par ce pour quoi l'on me rétribue ? On perçoit tous cet interstice entre notre valeur économique aux yeux d'un client, d'un patron ou d'un actionnaire, et notre valeur intrinsèque, immatérielle, ontologique ; c'est cette dernière qui est notre moteur. Comment la mettre au jour ?

L'accès à la culture est un premier instrument de navigation symbolique. L'usage des signes qui nous entourent en est un autre. En définitive, faire autorité consiste à gérer du symbole.

Grandeur et misère de la culture générale

« *Travailler à bien penser, c'est le principe de la morale* », nous dit Pascal. Nos études nous préparent à être de bons spécialistes, des experts pointus et à raisonner vite et bien, selon les critères de la rationalité instrumentale. Mais qu'en est-il de nos « humanités » ? Plutôt que de « culture d'entreprise », je préfère parler d'« inculture d'entreprise », tant toute référence esthétique, éthique et poétique en est absente. Il n'est pas lieu de s'en lamenter : la fonction d'une usine n'est pas celle d'une bibliothèque humaniste. Les dirigeants que je croise, formés à l'aune des sciences de l'ingénieur ou de la rhétorique pragmatique, n'ont pas toujours les concepts et le terreau culturel pour se penser dans le monde des affaires. Pourtant, quoi de plus utile que la lecture des romans d'apprentissage du XVIIIe siècle pour comprendre les mécanismes de mon ambition sociale ? Qui, mieux que Baudelaire, Kafka et Pessoa, peut mettre des mots sur ma mélancolie moderne ? Où trouver des ressources pour comprendre les jeux de pouvoir si je n'ai pas lu Shakespeare ? Il ne s'agit pas de la culture générale scolaire, abordée en général comme une couche supplémentaire de « bachotage » pour briller en société. La réussite professionnelle n'est pas un jeu télévisé. Mais la connaissance de certains textes, la fréquentation de certains auteurs classiques et certaines expériences esthétiques devant des œuvres du patrimoine de l'humanité sont autant de points de repère pour s'orienter dans le quotidien des affaires. En devenant plus esthètes qu'intellectuels, les responsables d'entreprise gagneront en densité existentielle. Outre le fait d'embellir notre environnement professionnel, la culture nous aide à civiliser notre rapport au monde sous la surface vulgaire du travail. À l'opposé d'un vernis d'urbanité, je crois que la culture du coaching de soi procède d'un *humus* paysan : pas de culture sans agriculture, avec son temps cyclique, son nécessaire labeur et son âpreté aux éléments. Certains livres creusent un sillon dans nos vies, comme la charrue dans la terre. Plutôt que d'une culture extensive, ostentatoire et superficielle, nous voici invités à une culture intensive de soi. Comment procéder ?

D'une part, je me cultive lorsque mon expérience particulière me fait accéder à quelque chose d'**universel**. À tout moment, je peux voir ce qui se joue de grand, d'inspirant et d'allégorique, même dans ce qui est de la condition humaine, dans mes contacts professionnels avec le monde. Un client, directeur général d'une entreprise du secteur de l'assurance, rencontrait des conflits croissants avec son actionnaire et son homologue d'une société industrielle, avec laquelle la récente fusion se passait mal. Polytechnicien et actuaire, sa lecture mathématique et cartésienne de toute situation le conduisait à échafauder des raisonnements sophistiqués, qui lui donnaient systématiquement raison. Mais cette dialectique rationnelle était close, elle ne résolvait rien dans son quotidien. Un jour, je l'invitai à lire ce que sa situation actuelle avait de commun avec le Second Empire. Passionné d'histoire de la pensée politique, il partit dans de grandes considérations historiques et morales, avec moult références à l'époque napoléonienne, mais dissociées de son expérience subjective présente. Quand je le ramenai à l'analogie que son quotidien présentait avec les épisodes historiques qu'il connaissait bien, cela éclaira son ressenti quotidien plus sereinement : il trouvait une certaine volupté à vivre sa carrière comme au temps de Napoléon III.

189

D'autre part, le coaching de soi consiste à achever une **éducation** philosophique et morale à laquelle aucune formation managériale ne nous prépare. Toute décision de leadership est une décision éthique, dans laquelle interviennent des questions de loyauté ou d'intégrité, de prudence ou de témérité, de justice ou d'équité. Disposer d'un kit de survie philosophique pour maîtriser ces concepts est un moyen sûr d'éclairer son chemin de choix. Au-delà de la lecture de certains manuels de philosophie, le coach de dirigeants fait parfois office de précepteur, entre directeur de conscience et conseiller de synthèse érudit et pédagogue.

Je me souviens d'un client qui dirigeait un groupe de commerce et distribution. Homme d'influence volontiers « jésuite », il souhaitait repérer les signes de sa colère, notamment avec le conseil d'administration et son comité de direction. Je m'aperçus qu'il prenait avidement en notes les mots savants que j'employais parfois dans mes feed-back et mes recadrages, m'interrogeant naïvement sur des métaphores et des références culturelles qu'il ignorait le plus souvent. Bien que de quarante ans mon aîné, le transfert reposait pour une large part sur la fascination qu'il éprouvait pour mon côté « universitaire ». Entre Pygmalion et Machiavel, un rôle de professeur particulier m'était dévolu implicitement dans son accompagnement, avec éclairages théoriques et exercices pratiques, sur des thèmes comme la jalousie, l'autorité, la tempérance, la paix, etc.

> « *Food for Thought* » : cet aspect de l'accompagnement individuel, quoique mental, est parfois une clé pour ouvrir d'autres portes de sagesse intérieure. Et vous, sauriez-vous nommer les bagages philosophiques qui soutiennent le sens de votre action ?

Enfin, la pratique de loisirs culturels est une voie d'accès à des registres subtils de l'**humanité**. Comment comprendre une métaphore, censée m'ouvrir des alternatives, si je n'ai pas le *background* de connaissance des films, opéras ou pièces de théâtre auxquels ladite métaphore fait référence ?

De nombreuses techniques de développement personnel, fondées sur la créativité de l'hémisphère droit du cerveau, omettent de mentionner que leur efficacité dépend de la variété des registres imaginaires que je peux mobiliser, et donc de la largeur de spectre de ma culture générale.

Un client, directeur d'un cabinet de conseil en stratégie, était féru d'art lyrique et de peinture contemporaine. Son blog, bien que traitant d'arides questions de stratégie industrielle, était richement illustré de photos d'art qu'il prenait au gré de ses voyages. Son érudition et son goût du beau influençaient son recrutement de consultants, et rien ne le désespérait plus que de voir ses associés et certains managers du cabinet rester insensibles à la littérature et aux beaux-arts. Quand ceux-ci commencèrent à lui reprocher de ne pas produire assez de chiffre d'affaires en s'adonnant à ses « danseuses », il se sentit touché au vif. En prenant conscience que la culture était partie intégrante de son style de leadership, il assuma son rôle péda-gogique auprès des jeunes diplômés du cabinet, revendiquant ce que sa vision stratégique devait à sa curiosité extra-économi-que. Cela devint même une marque de différenciation de ce cabinet par rapport à ses concurrents plus standards.

La culture permet de sublimer le rapport à soi et au monde. Mais cela suffit-il à donner un sens éthique à notre vie contemporaine ? À l'ère numérique, le livre semble condamné par l'écran, si l'on en croit Régis Debray, et Victor Hugo avant lui. Pour Michel Serres, ce n'est pas tant la culture que la nature intelligente qui nous conduit à nous hominiser encore et encore. On sait depuis les guerres mondiales du XXe siècle que la culture européenne n'empêche pas la barbarie : « *On jouait Mozart à Auschwitz* », disait Georg Steiner. Un responsa-ble d'entreprise éclairé et cultivé n'est pas immunisé contre la destruction du signe et du sens.

Apprendre le langage des signes

Il nous faut donc « dé-penser » la culture, revenir au signe dans ce qu'il a de plus universel : des données phénoménologiques qui me parlent en direct, qui s'adressent à moi et à nul autre, sont autant d'indices pour avancer sur ma route. Il me suffit d'exercer mon regard pour voir dans le monde qui m'environne un univers intelligent, polysémique, constellé de signes qui n'attendent qu'une chose : que j'y prête attention. Ce renversement de perspective, auquel nous sommes peu enclins en Occident, consiste à capter avec nos cinq sens – bien nommés – les signes d'une réalité plus profonde : qui n'a jamais ressenti l'électricité positive ou négative d'un lieu de réunion ? Qui n'a jamais remarqué qu'un ancien collègue auquel il pense téléphone au même instant ? Qui n'a jamais perçu les étranges similitudes entre deux événements que l'agenda semble réunir fortuitement ? Nous sommes tous un peu comme Amélie Poulain. La physique et les neurosciences sont sur le point de rejoindre les traditions ésotériques en expliquant ces phénomènes, mais là n'est pas notre propos. Comment apprendre le langage des signes ?

D'un côté, je peux m'entraîner à repérer les **structures de sens** dans les signes qui m'environnent. Imaginons un instant que nous évoluons dans un entrelacs invisible de millions de liens (de « cordes », diraient les scientifiques), et qu'absolument tout ce qui se passe à l'instant « t » fait sens : l'endroit où vous lisez ces lignes, les bruits qui se produisent dans la pièce d'à côté et dans la rue, la pensée fugace qui traverse votre cerveau, la couverture du magazine sur laquelle votre regard se promène, etc. Et si nous prenions quelques instants pour nous laisser pénétrer par ces mille et un signes, pour en saisir la cohérence et pour prêter l'oreille à ce qu'ils nous racontent ?

Il y a quelques années, j'accompagnais un dirigeant d'une salle des ventes, spécialiste mondial des objets d'art de la Renaissance aux Temps modernes. Véritable puits de science, je le voyais comme un « carbone quatorze » vivant, capable de dater précisément n'importe quel objet d'art à l'année près. Ayant consacré sa vie à sa passion professionnelle, il nourrissait de profonds regrets pour sa vie privée en partie sacrifiée. Éminent et respecté dans le monde des arts, il était d'une absolue fragilité dans son monde intérieur, sujet à des angoisses et des phobies multiples. Au cours d'un travail à la recherche d'ancrages positifs pour sa confiance, quelle ne fut pas ma surprise quand il me confia ne rien redouter plus que la possession d'objets d'art ! Il avait une aversion pour les objets matériels et le fétichisme dont son univers professionnel était adepte. J'imaginais un collectionneur averti et je découvrais un poète sans papiers. Je n'en démordis pas ; tout doucement, je l'encourageai à se remémorer les objets clés de son existence, à visualiser leur vie propre avant et après qu'il les possède, puis à nommer un ou deux objets riches de sens pour lui. Son visage s'éclaira quand il me parla de petits objets, mi-talismans mi-souvenirs précis. Ils devinrent pour lui comme les cailloux du Petit Poucet, un moyen sûr de ne pas se perdre en chemin.

D'un autre côté, il n'y a pas de hasard, que des **coïncidences**. Je crois que « *la montée de l'insignifiance* » chère à Jean-Claude Guillebaud vient pour une large part de ce diktat scientiste du hasard, qui gouverne l'entreprise comme tant d'autres sphères de la vie. Croire au hasard est une croyance mortifère et déresponsabilisante, qui nous exile loin de l'ontologie du monde. « *Le hasard, est-ce Dieu qui joue aux dés ?* » comme disait Albert Einstein.

Dans le coaching de soi, remplacer le hasard par des coïncidences donne la permission de trouver les combinatoires de nos événements de vie, de mobiliser notre enfant intérieur dans ce jeu de piste grandeur nature. Dans ce cadre, nous sommes les interprètes de ce sens caché, et non les auteurs-compositeurs du néant. Je me souviens d'un client, directeur marketing dans l'industrie du luxe, qui avait repéré une structure cyclique de quatorze ans dans les moments forts de sa vie. D'abord incrédule, il s'était pris au jeu, découvrant d'incroyables correspondances à tous les étages de son existence : enfance, adolescence, vie de couple, deuils, naissances, incidents de parcours, etc.

Avec minutie, il reconstitua un fil directeur dans les étapes clés de sa vie, trouvant des coïncidences là où il s'imaginait jusqu'ici avoir été l'instrument du hasard, à l'aveugle. À 42 ans, il se préparait au prochain tournant, sans crainte ni attente mystique.

Comment distinguer la faculté de saisir les signes d'une superstition pure et simple me direz-vous ? Par une démarche sincère et prudente, cherchant à confirmer soigneusement des intuitions plutôt qu'à interpréter à outrance. D'ailleurs, il n'est pas besoin d'interpréter intellectuellement, mais de faire et défaire les figures que dessinent ces signes, comme les nuages dans le ciel.

Enfin, je peux cultiver l'art de faire des **rencontres** jubilatoires. Les agendas professionnels sont de plus en plus relationnels, avec l'injonction croissante à travailler en mode projet. Plus nous enchaînons les réunions et les rendez-vous mobiles, aujourd'hui géographiquement et demain par visioconférence, plus nous sommes satellisés et décentrés. Les rencontres se succèdent mais perdent leur sens subtil, l'autre est une fonction utile à mes yeux, déjà plus vraiment une personne pouvant me et se surprendre. Pour empêcher cette fragmentation du travail, je peux accueillir chaque rencontre professionnelle comme une aventure humaine à explorer, comme la promesse d'un message qui me sera révélé.

Un client vivait de plus en plus mal son rôle exécutif dans un comité de direction dont il ne partageait plus les valeurs. Suite à un LBO, toute stratégie était soumise à l'obsession du P-DG de s'enrichir le plus rapidement possible. Fier et décidé à ne pas se sacrifier, il attendait que la vie lui fasse signe pour quitter l'entreprise. N'y tenant plus, il démissionna de l'entreprise, sans autre projet que de partir en Amérique latine pour un mois de vacances. Je déjeunai avec lui la veille de son départ. « *Je pars pour un rendez-vous important avec moi-même* », me dit-il avec solennité. À son retour, il me raconta une succession de rencontres, de l'avion à la forêt tropicale, avec des personnes qui lui apportèrent le signe qu'il attendait. Il inventa un concept d'économie solidaire avec un collectif de tribus d'Amazonie, qu'il vendit à son retour à plusieurs enseignes de grande distribution européenne. Il avait clos un chapitre de sa vie professionnelle de façon inespérée, pleine de sens pour lui-même.

> Une fois lâché prise sur notre besoin de rationalisation, il est aisé de cultiver le langage des signes. Le seul bémol, c'est la profusion des signes : trop de sens tue l'essence. Comment s'y retrouver dans cette jungle symbolique ?

Faire autorité, c'est gérer du symbole

L'autorité renvoie étymologiquement à la valeur ajoutée. Et s'il s'agissait moins de valeur matérielle que de valeur immatérielle ? La performance symbolique d'un responsable en entreprise se mesure avant tout à sa capacité à formuler une vision, créer l'adhésion de tous et tenir le cap de sa vision par tous les temps économiques. Le résultat du « *bottom line* » est un critère de réussite, qui ne dit pas grand-chose de la manière de l'atteindre. D'expérience, j'ai observé que le registre symbolique est au cœur de la performance du dirigeant. Sans référentiel extra-économique, la production de biens et de services n'a aucun sens. Le théorème d'incomplétude de Gödel nous a appris qu'aucun système logique ne contient sa propre justification. Aucune autorité ne peut s'autoréférer ; l'action économique ne suffit pas à donner du sens à l'action économique, le pouvoir a besoin d'idéologie, le profane nécessite le sacré, la lumière a besoin de l'ombre. Si vous aspirez à exercer de l'autorité, posez-vous une simple question : quelle est ma puissance symbolique ? Savoir de quoi je suis le symbole, poser des actes symboliques en conscience, repérer les symboles qui sont les attributs de mon autorité pour m'en servir... Comment m'y prendre pour trouver ma boussole symbolique ?

D'une part, je dois identifier la **cosmogonie** de mon entreprise. Le récit sur l'origine de mon entreprise est un ingrédient implicite des relations entre acteurs et des règles du jeu qui font

notre quotidien au travail. Sans même parler de mythe fondateur (cf. *infra*), il y a une histoire souterraine derrière les stratégies et les plans d'action opérationnels. Suis-je conscient du
rapport particulier au temps dans mon entreprise ? Ai-je remarqué le statut spécifique des lieux (siège *versus* terrain, maison
mère *versus* filiales, septième étage *versus* rez-de-chaussée,
etc.) ? Tout fait sens aussi dans les codes culturels qui façonnent
nos « *rites d'interaction* », selon l'expression d'Erving Goffman.
Les fonts baptismaux de l'entreprise sont structurants, ils cimen-
tent l'inconscient collectif de la firme et dressent le décor des
décisions même anodines que nous prenons. Dans l'Antiquité,
les hommes craignaient d'être le jouet de dieux jaloux, capricieux et impulsifs. Nous nous croyons émancipés de ces
superstitions, alors que l'entreprise est le théâtre permanent
d'un néopaganisme, dans l'idolâtrie des chiffres de *reporting*
et de contrôle budgétaire, la dévotion aux grands prêtres du
consulting, le sacrifice expiatoire d'emplois sur l'autel de
l'actionnaire – divinité mystérieuse que celle-là. Je me rappelle
avoir accompagné un ancien directeur de cabinet du président
d'une banque dans sa prise de fonction comme adjoint du
directeur marketing. Naïf et enthousiaste, il passait d'une
sphère d'état-major à un appareil hiérarchique qui ne le voyait
pas d'un bon œil. Son image était attachée à celle d'un patron
craint et admiré, qu'on imaginait plus machiavélique qu'il ne
l'était. Qu'il le veuille ou non, mon client était identifié à un
homme du sérail, avatar du pouvoir central dans la techno-
structure opérationnelle. Née d'une fusion entre établissements
de crédit aux cultures antagoniques, l'entreprise était toujours
agitée par des conflits symboliques entre sous-cultures très distinctes : entre le réseau et le siège, les financiers et les commerciaux, les membres de réseaux plus ou moins occultes et les
autres, mieux valait repérer les identités de métier et les systèmes d'appartenance qui régissaient les rapports humains
chez cette jeune-vieille dame de la banque. Le choix de son
bureau, le timing de sa prise de contact avec l'équipe marketing, la construction de son agenda jusqu'au choix de ses premiers faits d'arme – il prit soin des actes fondateurs de sa prise
de fonction à l'aune de la tragédie muette dont il était l'otage.

La culture d'entreprise cache souvent des mécanismes sophis-tiqués qui requièrent chez le manager des qualités de « *chasseur de mythes* », selon la définition qu'Elias donnait du sociologue.

D'autre part, le choix des **marques d'attention** et des cadeaux faits à ses collaborateurs est un exercice plus délicat qu'il n'y paraît. Le lieu d'un séminaire, avec son nom, son histoire et sa géographie, est parfois un symbole plus marquant que les annonces et les discours qui y seront faits. Que retenons-nous des moments forts de l'entreprise, sinon leur manifestation matérielle ? Savoir marquer un événement de vie est au cœur de la compétence symbolique du manager ; sans mauvais goût ni égocentrisme, il s'agit de choisir un registre habile et sincère pour témoigner de son autorité. Quelle vertu ai-je envie de défendre à l'occasion d'un pot de départ ? Quelles qualités personnelles puis-je souligner chez mon collaborateur ? Quelle histoire de la firme suis-je chargé de perpétuer ? Un client quit-tait le comité de direction d'une entreprise à forte culture paternaliste après vingt-cinq ans de carrière pour prendre la direction des ressources humaines d'un groupe dans un tout autre secteur d'activité. Il se livra à un jeu de devinettes par SMS avec son directeur général qui voulait connaître l'entre-prise qui débauchait un de ses meilleurs lieutenants. Cela créa un terrain de complicité et d'amusement entre eux deux comme jamais auparavant. Pendant les trois mois de son préa-vis, il entreprit une tournée des grands ducs où chaque diri-geant y alla de son message mi-figue mi-raisin : les collègues jaloux le plaignaient de son choix hasardeux, les mentors aigris ne lui pardonnaient pas sa traîtrise, les rares fidèles lui témoignaient affection et regret. Cette période d'entre-deux dont il n'attendait pas grand-chose fut pour lui un moment symbolique, révélant la nature des relations tissées au fil des ans avec cette entreprise qu'il quittait avec un sentiment mêlé de nostalgie et de soulagement. Amateur de haute horlogerie, il reçut une montre de collection de son patron actuel et prit congé de l'entreprise avec une conscience du temps – passé, et à venir – plus aiguë et plus solennelle.

Enfin, une façon d'exercer son autorité symbolique est d'apprendre à **dire le mot juste**, à poser l'acte juste selon les circonstances du pilotage de l'entreprise. Trouver l'acronyme à un projet interne, user de la métaphore la plus adaptée à une situation de crise, témoigner d'un vécu personnel au moment où les équipes sont désorientées, etc., sont quelques-uns des moments clés pour prendre de l'étoffe en investissant sa puissance symbolique. Un client dirigeait un groupe de distribution spécialisé dans un secteur très sévèrement touché par la crise économique. Il ne comptait pas son temps et son énergie pour mener des plans de sauvetage ici et là, lançant des actions commerciales, remobilisant les directeurs d'enseignes, menant des plans d'économie partout où c'était possible. Mais ce faisant, il désertait le rôle symbolique du directeur général, produisant peu de vision et de promesse stratégiques. L'image qu'il renvoyait de lui-même, facteur d'exemplarité managériale, était celle d'un saint-bernard, dévoué corps et biens à la survie d'une entreprise dont il n'était pas même actionnaire. Quand il prit conscience de la fonction symbolique de tous ses actes, il déploya un autre volet de son leadership. Passionné de sports extrêmes, il déclina ses séminaires d'équipe de direction dans des lieux qui lui « parlaient » personnellement, sans prévoir d'activité sportive pour ne pas embrigader ses équipes : Pic du Midi, île de Porquerolles, Pays basque, etc. Ses discours, empreints de générosité et d'éthique du dépassement de soi, prenaient corps dans des lieux consacrés à la réflexion, à l'esprit d'entraide, voire au contact avec les forces de la nature. Il n'hésita pas à raconter sa peur du vide, ses accidents de ski et ce qu'il avait gagné dans ces épreuves. Son engagement professionnel rejoignait ses valeurs personnelles, et en livrant une part plus authentique de lui-même, il permit aussi aux proches dirigeants du Groupe de devenir son comité de direction.

Exercice n° 16 :
Trouver les symboles de mon autorité

Dans vos effets personnels présents sur votre lieu de travail (photographies, bijoux, trophées, gadgets, etc.), observez les objets auxquels vous accordez une importance particulière, indépendamment de leur valeur : ils ont à vos yeux une valeur sentimentale, onirique, voire magique.

Quelle est la liste de vos talismans professionnels ?

....

....

Parmi ces objets, lesquels sont associés, selon vous, à une plus grande confiance en vous dans l'exercice de votre rôle ?

....

....

Sur quels registres de votre autorité ressentez-vous le manque d'objets à fort contenu symbolique ?

....

....

Si tout me fait signe dans le travail comme dans le reste de ma vie, je prends conscience de l'ampleur de ma tâche. Du symbolique au religieux, le leadership opère un glissement gnostique étrange. Comment trouver le sens de son action professionnelle sans prosélytisme ?

2. Cultiver des rituels sacrés

La dimension symbolique se traduit en actions concrètes qu'il s'agit de revisiter. Rites personnels, rites professionnels, quelle est ma liturgie du bonheur ?

Les rites personnels pour s'incarner dans son action

Le terme de rite a mauvaise presse : il nous évoque des bon-dieuseries de bonne femme, gestes bizarres, archaïques et dénués de ferveur. Il est vrai que le rite sans la conscience, c'est de la superstition, beaucoup de traditions s'y sont éga-rées. Mais l'acte rituel est aussi la pierre angulaire du réen-chantement de l'action pratique : accomplir un acte régulier par fidélité à une tradition, ou parce que sa répétition nous met dans un état de conscience élargie, sont deux moments d'un même mouvement intérieur. Depuis la nuit des temps, c'est ainsi que nos ancêtres ont célébré et honoré les dons de la vie et de l'énergie qui nous fait avancer. Sans les rites, notre agenda n'est qu'une succession erratique de rendez-vous utili-taristes, nos rencontres ne sont que des actes performatifs et nos réussites matérielles ne sont que de maigres trophées épars. Le coaching de soi recèle des trésors pour vivre l'instant présent, en sachant lire la richesse des signifiants qui nous entourent. Que sont les techniques de respiration, de visualisa-tion créatrice ou encore les outils comportementalistes, sinon des moyens de ritualiser le temps pour y puiser des trésors de sens, loin de l'agitation brownienne du quotidien ? Si je mets de l'intention et de la conscience dans mes actes courants, je les ordonne alors en un rituel porteur de sens.

D'une part, je peux **sanctuariser mon agenda**. Cela semble dérisoire de bloquer dans son planning des plages horaires dédiées à soi. Mais le mot même de « sanctuaire » n'est pas trop fort. C'est entendu, le temps ne nous appartient pas, nous l'empruntons, nous nous employons à en faire un usage plutôt qu'un autre. Mais cela ne signifie pas pour autant que d'autres (assistante, manager, clients, collègues, etc.) envahissent les plages horaires de notre agenda comme bon leur semble, notamment avec l'effet pernicieux des agendas électroniques partagés aux yeux de tous en entreprise. Combien d'entre nous ont le sentiment de ne pas maîtriser leur emploi du temps ? Qui n'a pas eu la sensation d'être emprisonné dans des réunions qui s'enchaînent tout au long de la journée ? Le temps est d'abord ce que l'on en fait ; si je bloque régulièrement dans mon agenda une heure, voire une journée « *off* », j'instaure un nouveau rapport à moi-même et aux autres, car je ritualise un espace dédié à des tranches de ma vie : privée, professionnelle, intime, publique, amicale, familiale, etc. Dans le secteur aéronautique de défense, j'accompagnais la directrice générale d'un groupe international, qui vivait à Marseille, travaillait à Paris et supervisait des équipes dans cinq pays. Avec un passé en cabinet ministériel, elle vivait dans un courant d'air, faisant tenir trois jours en vingt-quatre heures, mais avec une légèreté et une insouciance exceptionnelles. Son secret ? Elle n'hésitait pas à s'affranchir des codes sociaux pour préserver son équilibre de vie, prévoyant des sorties entre amies et des visites de musées ou d'expositions en cours de journée. Pour supporter la pression de son poste, sa liberté de mouvement lui était indispensable. Certains rituels tels qu'aller chercher son fils à l'école le vendredi après-midi ou suivre son cours de yoga du mardi matin étaient non négociables. Cela supposait un aplomb face aux préjugés phallocratiques, une efficacité de travail irréprochable et une organisation millimétrique.

> Abolir le temps et l'espace sont deux grandes utopies contemporaines. Pour ne pas m'aliéner mon centre de gravité, la sanctuarisation de mon agenda est un acte fondateur, à fort enjeu symbolique.

D'autre part, je peux effectuer des **pèlerinages secrets** : proches ou lointains, courts ou longs, ces rendez-vous programmés avec soi-même aident à se ressourcer dans une thébaïde à l'insu du monde. Avoir un lieu-ressource est, paradoxalement, un pilier de la vie nomade. Y revenir à dates fixes permet de faire le point sur sa vie professionnelle, de prendre du recul par rapport au stress quotidien ou simplement de prendre date avec son corps et son esprit. Certains ont une maison à l'île de Ré, d'autres un banc spécifique au square du Temple, certains partent en Inde ou à Saint-Jacques-de-Compostelle tous les ans, d'autres vont parler à « leurs » arbres dans la forêt de Rambouillet. Qu'importe le lieu extérieur, du moment qu'il est consacré à un culte intérieur. Je me souviens d'un client, président d'une entreprise de grande distribution. Multipliant les voyages en France et à l'étranger, il se passait parfois trois mois sans qu'il revienne à son domicile. Mais il avait instauré un voyage annuel auquel il ne dérogeait pas : une randonnée dans les Alpes, avec nuit en refuge et marche en silence. Seules les personnes qui l'accompagnaient changeaient d'une année sur l'autre. Comme Mitterrand à Solutré, il en avait fait la signature personnelle de son mandat. Pour lui, cette randonnée avait le sens d'une amitié nourrie par l'effort partagé, la contemplation de la beauté du monde et le dialogue intime que permettent les retraites exceptionnelles.

Enfin, je peux cultiver un **rite personnel** pour me relier à ce qui me dépasse. Même dans les tâches les plus anodines, je peux mettre une intention et un sens. Réenchanter son quotidien passe par l'attention aux petites choses, pas seulement par la réalisation de grands projets. Nous avons évoqué plus haut l'importance de nos talismans émotionnels. Nous disposons aussi de trésors de techniques psychomagiques, d'ancrages bienveillants et de fétiches éphémères qui nous servent tantôt de boussole intérieure, tantôt de pharmacopée symbolique. Avant ou après mes séances de coaching les plus délicates, j'ai recours à des gestes rituels, des invocations de protection et des pratiques de soin qui me sont essentiels ; l'hygiène du coach passe en effet par la vigilance aux énergies qui circulent – leur nettoyage et leur transformation me sont aussi indispensables qu'une supervision ou une thérapie. Cela s'applique aussi au coaching de soi, en prenant conscience que l'on n'est pas seul dans ce travail personnel, que l'on dispose d'aides aux niveaux subtils de conscience où, précisément, se joue le coaching. Je me souviens d'un client banquier d'affaires qui avait un bureau aseptisé, immense et froid. Aucun signe d'attachement familial, aucune œuvre d'art distinctive, des meubles en verre fumé anonymes et une épure d'objets qui frisait l'ascèse. Seul un livre, bien en évidence sur la table basse, signifiait à ses visiteurs un de ses territoires personnels qui pouvait surprendre : une biographie des Rolling Stones. Fan de rock'n roll, connaisseur de tout le répertoire de cette génération, il puisait dans les chansons de ses idoles une fidélité à ses passions de jeunesse, une forme de provocation même dans le monde de la banque.

À côté des actes rituels qui consacrent les temps et les lieux de ma vie privée, je dispose en outre d'accessoires symboliques qui me font signe, en me reliant au plus précieux de moi-même. Comment les préserver aussi dans la vie professionnelle ?

Les rites professionnels pour consacrer le quotidien

La rationalisation de nos pratiques de travail, de plus en plus imbriquées dans l'industrialisation du monde, fait de nos entreprises des « no man's land » cognitifs : le travail se dématérialise, et le rapport que nous entretenons avec lui se banalise. Du métier au contrat, de la prouesse au process, il reste peu d'espace pour humaniser et civiliser le travail. La fonction des rites est centrale ici, à la portée de tous. Le rite est la matérialisation du sacré dans nos vies, avec ou sans le travail. Comment procéder ?

D'une part, je peux retrouver **le sens de la fête**. Tous les moments festifs en entreprise n'ont pas la même signification, qu'il s'agisse de fêter un contrat ou une nomination, un événement familial ou un succès large. Mais, à force de toasts portés sans sincérité et de cocktails faits à contrecœur, les rites professionnels ont perdu leur sens, surtout dans le secteur privé. Une question peut s'avérer précieuse même pour la fête la plus triviale : au fond, qu'ai-je envie de célébrer ? Si la fête n'a d'autre sens qu'une distribution gratuite de petits-fours et de champagne, il est inutile d'en attendre un effet immatériel

203

quelconque. *A contrario*, je peux y voir un moment symbolique pour honorer le travail d'une équipe, une parenthèse pour remercier simplement chacun, voire une soupape pour relâcher la pression. On oublie que le sens de la fête est aussi de transgresser l'ordre social dans des circonstances exceptionnelles pour en réaffirmer la légitimité.

> La fête en entreprise a besoin de garder son lot d'imprévu et de jubilation, au risque de devenir sinon un instrument triste de management. En tant que manager, que faites-vous pour que les fêtes ravivent la flamme ?

Je me souviens d'un cabinet de conseil en management qui avait instauré un pot tous les vendredis soir au siège : cette occasion de garder le contact physique avec des consultants en mission chez le client était devenue un exercice de faire valoir pour les managers et un pensum pour les associés, faute d'improvisation et de décontraction. Le rituel s'était vidé de son sens, faute d'une intention claire et ludique.

D'autre part, je peux **revisiter les convenances**, conventions et règles de courtoisie. Toutes les précautions oratoires n'ont pas disparu, mais elles véhiculent aujourd'hui une symbolique pauvre. Leur fonction est pourtant d'éviter la violence directe des échanges humains dans un cadre sous pression. Parfois, le coaching de dirigeants commence par réapprendre à saluer, à prendre congé, voire à regarder dans les yeux ses interlocuteurs. En disant bonjour, ai-je conscience de mon intention de souhaiter un bon jour à autrui ? Suis-je présent à l'intensité du contact dans les poignées de main que je serre ? Comment puis-je faire passer de la ferveur et de l'authenticité dans tous les petits rites interstitiels des modes de travail de plus en plus collaboratifs ?

Une DRH m'appela un jour avec un ton de confidence embarrassée. Dans son établissement de *private equity*, l'un des plus prestigieux fonds d'investissement de la place, elle souhaitait faire accompagner l'un des directeurs généraux les plus performants qui avait aussi le comportement le plus calamiteux de l'établissement. Avec trois assistantes en arrêt maladie pour dépression, inscrit sur la liste noire d'Air France pour ses colères à bord, il était sanguin, incontrôlable et fort en gueule. *« Pourrait-on l'assouplir par un coaching comportemental ? »* me demandait-elle. En rencontrant ce patron de fonds, j'eus le sentiment de voir le Petit Nicolas dans le corps du colosse de Rhodes. Brillant, maladroit, séducteur, excessif, certes, mais aussi d'une immense générosité et totalement gauche dans sa relation aux autres, notamment aux femmes. En plusieurs mois, son coaching passa de la tauromachie à une danse apprivoisée. Sourire, se taire, avoir un geste élégant, dire un mot délicat : un continent de courtoisie s'offrait à lui. Grand brûlé de la relation, il ne savait pas écrire d'e-mails sans violence. Mais le naturel aurait vite repris le dessus s'il n'avait instauré des rituels pour civiliser ses mœurs professionnelles et personnelles : en marchant dans Paris au lieu de prendre un taxi lors de ses rendez-vous, il apprit à ne rien faire pendant les intervalles entre deux rendez-vous. Et chaque week-end, il se consacra au jardinage, sans complexe ni prétention, pour s'ancrer dans la terre et calmer son agitation mentale.

Enfin, je peux **soigner les détails** qui font mouche. Ce n'est pas par manque d'intelligence que la vie professionnelle perd de sa saveur symbolique, au contraire. Les petits cadeaux et les marques d'attention portées ici et là ont beaucoup plus de sens que les événements savamment orchestrés autour d'un plan stratégique, de valeurs d'entreprise ou du projet du siècle. Le symbole, objet qui est plus qu'un objet, trouve ici sa raison d'être.

Un client directeur de filiale organisait un séminaire avec les 30 membres de son équipe, avec une charge affective particulière ; après quinze ans dans cette entreprise, il savait que c'était son dernier séminaire d'équipe, ayant l'intention de démissionner dans le mois suivant pour se consacrer à un projet entrepreneurial. Comment marquer symboliquement son attachement à l'équipe sans la fragiliser ni se mettre lui-même en danger ? Perfectionniste et très professionnel, ayant une forte autorité de compétence et peu enclin aux épanchements affectifs, il avait prévu son séminaire dans tous ses détails de contenu et de logistique. Mais il sentait qu'il manquait quelque chose, un objet matérialisant le lien qui réunissait les membres de son équipe. Nous nous quittâmes peu inspirés sur ce point. Une demi-heure plus tard, mon client m'appelait au téléphone, surexcité : en sortant de mon bureau, il avait flâné dans la boutique de la Comédie-Française et était tombé sur un porte-clés portant la devise du théâtre, *simul et singulis* (ensemble et soi-même). Il tenait son message emblématique de l'aventure collective des quinze ans. Des années plus tard, les membres de l'équipe s'en souviennent encore.

Choisir sa devise ou travailler sur son blason ne sont pas que des exercices créatifs ludiques, à pratiquer seul ou à plusieurs. Ils nous relient aussi à un symbolisme plus large que la valeur économique du travail.

Se forger une liturgie joyeuse

On entrevoit qu'au-delà des codes et référents culturels, nos activités profanes ont un lien complexe et mystérieux avec le sens sacré qui les sous-tend. Le coaching de soi consiste aussi à dévoiler cette hiérophanie de la vie professionnelle et person-nelle. Aucun lieu, aucun mot, aucun acte n'est posé par hasard. Tout est relié, tout communique et coïncide en permanence, le monde intérieur se dépliant dans le monde extérieur que nous prenons pour la réalité. À tout moment, il y a des actes simples pour se forger une liturgie joyeuse dans le travail.

D'une part, je peux **célébrer mon environnement**. Coupés de cette réalité immatérielle où tout fait signe et tout fait sens, nous travaillons dans des corps sociaux dénaturés et désincarnés. Les sciences humaines tentent vainement de rattraper le pas du taylorisme en greffant des concepts et des explications savantes sur la robotisation généralisée des comportements. Parfois, il suffit d'ouvrir les yeux pour lire les augures de l'action : nos sens, plus que notre mental, s'imprègnent de l'esprit des lieux, des personnes et des choses qui nous environnent. Le nom d'un lieu où j'arrive, les coïncidences de mon agenda privé et professionnel, le fil rouge qui parcourt toutes mes rencontres autour d'un moment phare dans mon travail – tous ces indices de mon environnement sont à ma portée pour m'y inscrire et laisser le sens agir.

Un client, directeur des moyens généraux d'une entreprise de services, peinait à donner une vision motivante aux activités logistiques, mal considérées et peu qualifiées en général. Les outils traditionnels de gestion et de planification ne lui donnaient pas ce supplément d'âme susceptible de créer une dynamique et de valoriser les tâches répétitives du courrier, des services généraux et des fournitures de bureau. Au détour d'un échange, il lâcha en souriant que la devise de l'équipe était « *prévoir ou subir* », indiquant la logique d'urgence dans laquelle les services travaillaient souvent, bon gré mal gré. En creusant cette piste, il découvrit que ses 180 collaborateurs partageaient une éthique implicite de service et de dévouement à l'intérêt général. En lui donnant un feed-back sur l'identité postière de son département, je vis son visage s'éclairer : ancien facteur pendant ses études, il était fils d'un cadre supérieur de la Poste. Il tenait l'enracinement de son département : et si son centre de coûts était, en fait, une activité de *facilities management* fonctionnant comme un centre de profit ? En écrivant les principes clés du département logistique et un lexique des FAQ pour ses équipes ayant parfois un faible niveau d'instruction, il fit œuvre de pédagogie et dota ses équipes d'un livret de conduite qui eut un fort impact sur les usagers internes.

D'autre part, je peux **passer du temps au contact** des salariés de l'entreprise, sans autre objectif qu'écouter et partager mes idées. Les directeurs des ventes ou d'exploitation le savent, peut-on manager durablement sans aimer les personnes que l'on manage ? Sans démagogie, combien de dirigeants vivent dans un état-major qui les coupe de la réalité concrète de l'entreprise ? Dans l'imaginaire populaire, on ne se représente ces instants de vie au travail que dans la caricature et la vulgarité. Il n'empêche qu'en prenant le temps de faire des choses simples ensemble (déjeuner, boire un café, bavarder), on enrichit le lien relationnel avec ses collaborateurs. Ce lien informel signifie de la patience et de l'attention réelle, il est aussi gratifiant en tissant un échange profond avec les équipes et en s'intéressant sincèrement à leurs besoins. Par temps de crise, ces petits moments font le sel de la vie en entreprise.

Dans une banque d'affaires où j'ai accompagné plusieurs gérants futurs associés, je me souviens de la réputation de fêtard désinvolte de l'un d'entre eux. En travaillant avec lui sur son style de leadership, je me souviens qu'il dévoila un talent exceptionnel de manager d'équipe, ayant le goût du dialogue avec les juniors sur tous les sujets d'actualité financière : il était sans doute l'un des mieux informés du climat social dans la banque. En gommant dans ses comportements les aspects pénalisant sa réputation, il assuma sa relation de proximité avec les forces vives de l'établissement, dans le plaisir et la régularité.

Enfin, je peux oser **faire l'entreprise buissonnière**. La routine tue le plaisir professionnel. En entreprise, je suis toujours frappé de la docilité de l'immense majorité des cadres dirigeants, s'étonnant du manque d'initiative de leur entourage ! L'apnée et le conformisme ne sont pourtant pas des conditions substantielles de leur contrat de travail. De nouvelles pratiques comme le congé humanitaire de solidarité sont parfois propices à enrichir l'expérience et à raviver la flamme de chacun dans son poste. Pour certains chercheurs, le congé sabbatique est même une pratique indispensable de respiration individuelle. Beaucoup d'entre nous ont besoin de s'arrêter de courir pour faire le point sur leur destination professionnelle ; le congé parental est parfois l'antichambre d'une réorientation muette jusqu'ici. Et si la saveur de mon plan de carrière dépendait des risques que je prends en bifurquant ici, en faisant une pause là ? Et si la clé de la motivation professionnelle était dans les îlots de grâce au milieu d'un océan d'ennui ? Je me rappelle une cliente passionnée de théâtre, spectatrice et amatrice, qui s'ennuyait ferme comme directrice de la formation. Célibataire sans enfant, elle faisait ses projets de loisirs au gré des envies du moment. Au cours d'un déjeuner, elle me raconta qu'elle s'était inscrite sur l'intranet de l'entreprise pour un congé humanitaire, attirée par l'aventure. Elle partait quinze jours en Inde enseigner l'art dramatique à une troupe de théâtre de rue. Tout à coup, elle se sentait propulsée dans un projet qui donnait de la cohérence à sa vie professionnelle : qu'allait-elle rapporter dans l'entreprise de cette expérience singulière ?

Nos rituels sacrés dépendent aussi de la discipline avec laquelle nous nous y adonnons. Quand la griserie professionnelle ne suffit plus, nous pouvons recourir à une liturgie joyeuse faite de loisirs originaux, d'émerveillements intimes et de cadeaux surprise que les aléas professionnels nous réservent. Pourquoi s'en priver ?

Exercice n° 17 :
Quel est mon bréviaire des petits bonheurs ?

Quelle est ma chanson fétiche, ayant la faculté de me connecter à la joie dès que je la fredonne ?

....

....

Quelle serait ma devise professionnelle si j'en avais une ?

....

....

Quelle est la couleur que je porte le plus volontiers ?

....

....

Quel animal a le don de m'émouvoir ?

....

....

Dans quel lieu au monde aimerais-je vivre ? Et mourir ?

....

....

Poursuivez ce questionnaire à la manière de Proust :

....

....

....

....

....

3. *Que transmettre de la vie professionnelle ?*

Le champ symbolique qui sous-tend la vie professionnelle est immense, mais qu'en reste-t-il une fois que l'on tourne la page d'un projet, d'un poste ou d'une carrière ? Qu'avons-nous à transmettre sur le long terme de ces rites, de ces signes et de ces symboles qui ont surtout une efficacité à court terme ?

Récits, mythes et légendes au travail

L'inconscient professionnel est parcouru des mêmes archétypes que dans la vie courante. Le monde du travail est même un formidable terreau de projections imaginaires et symboliques pour alimenter des récits de hauts faits, mythes fondateurs et légendes en tout genre. On en connaît l'usage en marketing et en communication interne. En revanche, je crois qu'on sous-estime encore le potentiel onirique et créateur des histoires d'entreprise dans le développement personnel de ses membres. Comme dans *Le Magnifique* de Philippe de Broca, nous sommes tous des écrivains qui se rêvent vivant l'aventure de leur héros devant la machine à écrire. Comment enrichir mon expérience professionnelle avec ce registre imaginaire ?

D'un côté, je peux me familiariser avec le **voyage du héros**. Selon les travaux de l'anthropologue Joseph Campbell sur le monomythe, tous les grands mythes se structurent autour d'un voyage initiatique du héros qu'il décrit en douze étapes. Généralement, on les résume en cinq moments clés :

- l'annonce d'une mission vocationnelle et son processus d'acceptation ;
- la succession d'obstacles et de défis à relever, mettant le héros à l'épreuve ;
- la réussite du héros et l'obtention d'un trophée sous forme d'énigme résolue, de mystère révélé ou de danger écarté ;
- le retour du héros dans sa réalité, auprès du mandataire et des siens ;
- la maîtrise de son nouveau pouvoir au service de l'intérêt général.

Ce schéma nous intéresse en coaching pour la transformation intérieure du héros, dont les faits extérieurs ne sont que le reflet manifeste. Comme dans les contes de fées, tous les personnages qu'il rencontre parlent d'aspects de sa propre personnalité en construction. Quelle est ma mission sacrée dans le monde, dont le travail est un volet de réalisation ? Où en suis-je de mon voyage intérieur ? Quels démons ai-je affrontés et qu'en ai-je retiré ? Quels sont mes adjuvants pour continuer la route ?

Je me souviens d'un client qui dirigeait un projet informatique stratégique dans un groupe où il avait trouvé refuge après une expérience peu concluante d'entrepreneur. Polytechnicien, il se dévouait à la cause du projet corps et biens, ignorant les contraintes de l'environnement et franchissant bravement les obstacles politiques, financiers et humains qui se dressaient sur le chemin du projet. Mais son action faisait beaucoup de dégâts : en trois mois, il était devenu l'homme à abattre pour toutes les directions opérationnelles, s'était fâché avec les directeurs techniques et présentait chaque semaine sa démission au directeur général – qui la refusait à chaque fois. Au cours de son coaching individuel, il prit conscience du scénario de héros sacrifié sur l'autel de la *realpolitik* qu'il rejouait sans cesse dans sa carrière. Il souffrait de ce statut de bouc émissaire, qu'il entretenait cependant. Il revisita son passé de consultant et d'entrepreneur, et s'aperçut que l'échec venait en grande partie de son obsession de réussite en solo. Le *trouble shooting* faisait de lui un héros tragique. Ce schéma sacrificiel n'était pourtant pas le sien. Lorsqu'il se pencha sur la mission qu'il entendait défendre, il désigna la conduite harmonieuse d'un projet complexe. Son rôle sur le projet prit ainsi une autre tournure : les résultats rationnels étaient un indice de performance, mais son objectif fut de pacifier les relations en éteignant les feux qu'il avait allumés, et d'autres encore. Ce projet fut sa rédemption dans l'entreprise, il se vit offrir deux postes au terme de sa mission actuelle et choisit celui où il pouvait continuer à être un ambassadeur pacifique entre spécialistes hostiles.

> Combien de dirigeants sont prisonniers d'une mythologie personnelle où le héros démiurge finit sacrifié par des dieux en colère ? En « lâchant » sur ce fantasme de toute-puissance, nous pouvons rencontrer notre mission effective, sans effort et avec justesse.

D'un autre côté, le conte et la légende sont des instruments pour **sortir du tragique**. Ce que nous voulons transmettre n'est pas une leçon d'échec, mais le retournement d'une contrainte en un défi positif. Quand le réel est écrasant, essayons l'exercice suivant : quelle est la légende que j'aimerais raconter à mes descendants pour rendre compte de mon histoire professionnelle ? Retrouver le fil de son histoire en commençant par « il était une fois… » rouvre les portes de l'imaginaire enfantin. En laissant parler mon hémisphère cérébral droit, je contacte le registre dramatique légendaire qui éclaire d'un nouveau jour mon quotidien. Dans le secteur de l'énergie, un client directeur de projet s'ennuyait ferme dans son poste. Polytechnicien de 40 ans environ, il s'était retrouvé en disgrâce après un parcours de direction de raffineries de pétrole en Europe, dans des contextes souvent difficiles. Il avait beau tourner dans sa tête toutes les interprétations possibles, il n'arrivait pas à se résigner à cet exil implicite au siège. Le seul message qu'il avait reçu était la prescription d'un coaching par le directeur des ressources humaines pour « *avoir un comportement moins agaçant pour sa hiérarchie* »... Cela l'aurait fait sourire si cela avait été une mauvaise blague. Au cours de nos échanges, je découvris un poète égaré en entreprise, d'une douceur et d'une naïveté sans bornes, totalement démuni face aux jeux de pouvoir du siège et aux codes de conduite des états-majors. Accepter que cette réalité était la sienne et y trouver un bénéfice fut le chemin essentiel de mon client, relativisant ce qui pouvait l'être et assumant ce qui venait de lui. Très vite, son poste actuel eut moins d'importance à ses yeux que ce qu'il révélait de son décalage dans l'organisation, et plus largement dans le monde. Quand je l'invitai à raconter le conte de son étape actuelle de carrière, son regard s'alluma et il écrivit dix pages en quelques minutes. Le résultat était inventif et distancié, sésame secret pour faire la paix avec son environnement professionnel.

Enfin, je peux cueillir la **poésie spontanée du quotidien**. Nos histoires de vie sont des trésors de fiction qui dépassent toujours la réalité, pour peu que nous nous y attardions. Derrière un manager apparemment anéanti par l'opérationnel, il y a un enfant intérieur qui rêve encore de délivrer un dragon, de sauver un royaume et d'épouser une princesse. Nous sommes souvent complices d'un vécu professionnel sans issue, en étant obsédés par la dimension profane et performative de notre action : or, je n'ai jamais vu un chiffre économique signifier plus que sa valeur matérielle. Pour changer de niveau de lecture, il n'y a qu'à s'adonner à notre part héroïque, enfouie et vivace. Si je commence à voir dans les obstacles du cours des choses autant d'épreuves de vérité pour moi-même, je peux épanouir la partie de moi qui est intimement connectée à l'absolu. J'accompagnais le directeur des opérations dans une entreprise industrielle en redressement. Spécialiste des missions à haut risque, habitué des actions de commando dans divers pays, il rencontrait des résistances sans précédent aux aspérités de son style de management, et s'en trouvait déstabilisé. À part taper plus fort, il était démuni face aux blocages engendrés par son attitude. Je le vis suite à un *burn out* et une hospitalisation de deux semaines. Derrière son obsession de performance, il y avait une histoire de vie douloureuse avec un premier mariage qui l'avait conduit à faire une tentative de suicide, un père alcoolique et violent, et tout juste décédé, et une seconde femme dépressive. Comment sortir d'une histoire de vie pareille ? Mon client avait aussi un très fort instinct de survie. Pour lui, s'attarder sur ses traces avait longtemps signifié mettre sa vie en danger. En prenant le temps de dire ses failles et ses peurs, il put aussi faire une place à la très grande sensibilité que personne ne soupçonnait chez lui. En apprivoisant sa faculté d'éprouver et de partager des émotions fortes sans les agir forcément, il redécouvrit des ressources inespérées pour poétiser sa vie, et la vie en général : passionné de musique baroque et de cuisine italienne, voyageur averti des villes du monde et explorateur curieux de mers lointaines, il était un fin psychologue et un véliplanchiste émérite. Digne d'un roman d'écrivain voyageur, sa vie était son patrimoine culturel inaliénable, son grenier personnel de vérité. Comment pouvait-il s'y approvisionner plus souvent ?

Les registres imaginaire, poétique ou onirique sont un instrument de navigation précieux pour lire la carte de nos inconscients professionnels. Comment cette boussole symbolique s'articule-t-elle au collectif en entreprise ?

Vive l'insémination artificielle !

Le travail est un théâtre d'ombres où nous projetons sans cesse nos histoires et nos mythes personnels. Mais c'est aussi un lieu où nos représentations se confrontent les unes aux autres, la socialisation est une mise à l'épreuve de nos rêves. Le cérémonial collectif en entreprise passe par les séminaires résidentiels hors les murs, souvent trivialement réels : présentations de transparents aseptisés, jeux collectifs éculés et ambiance pseudo-spontanée. Qui s'amuse dans un séminaire d'entreprise est soit innocent, soit GO du Club Med. Le *muthos* renvoie étymologiquement au « mutisme », tandis que le *logos* envahit nos séminaires de travail et de communication ; à quelles conditions ces séminaires peuvent-ils forger une mythologie collective où le silence intérieur trouve sa place ?

D'une part, nous pouvons **aimer nos tabous**. Ils ont une fonction utile, rappelant la limite qui est constitutive de toute liberté. Dans la dynamique d'un séminaire, l'esprit festif nécessite aussi l'affirmation d'un tabou, notamment en prenant conscience que la manifestation ordinaire du groupe est violente, anthropologiquement. Dans tous les séminaires d'équipes de direction que j'anime, j'ai toujours en tête les mécanismes de violence symbolique inscrits dans notre ADN collectif, et j'évoque explicitement la tentation du bouc émissaire pour cimenter l'identité fondatrice d'un groupe humain. Connaître cette loi, c'est retrouver le sens du tabou ; si tout est permis dans une équipe, on aboutit très vite à un jeu de massacre. Deux ans après son coaching individuel, un dirigeant industriel me rappelle ; reprenant la direction d'une filiale à l'étranger, il découvre une entreprise en très mauvaise santé et un comité de direction à reconstituer intégralement. J'ai accompagné la cohésion de son équipe de direction pendant les dix-huit mois de redressement de la filiale, qui furent proprement herculéens pour mon client : ingénieur X-Ponts promis à une carrière de direction générale, les pertes colossales de la filiale et l'absence de culture de changement et de leadership le laissèrent sans répit, car il découvrait de nouvelles voies d'eau chaque fois qu'il enrayait des inondations. Dans les mois qui précédaient chaque séminaire trimestriel, il avait notamment pris l'habitude de limoger un membre de son comité de direction : d'abord l'ancien directeur général pour malversation, puis le DRH pour incompétence, le directeur commercial pour divergence de stratégie, enfin le directeur financier par souci d'économies.

Rien ne semblait le dissuader de ces saignées répétées ; avec un comité de direction de quatre personnes, il semblait confiant, lorsqu'il me contacta face à une crise inattendue : ses deux lieutenants opérationnels étaient dans une lutte sans merci et sans cause rationnelle, sous l'arbitrage désarçonné de son nouveau DRH. Quand je lui évoquai la répétition d'un schéma d'immolation de victime expiatoire, il comprit que son équipe de direction était parcourue de beaucoup plus de peurs, d'affects et de tabous implicites qu'il ne l'imaginait. « Sommes-nous en train de jouer aux chaises musicales ? » fut une question salutaire pour liquider certaines angoisses et nommer certains interdits, à commencer par celui de mon client : finir seul à la tête d'une entreprise exsangue.

> Tout se passe comme si l'histoire des Atrides était parfois inscrite dans nos gènes collectifs, en entreprise comme ailleurs. Nommer un tabou permet, paradoxalement, de se dégager d'un funeste destin, nonobstant la légitimité de l'action managériale ici et maintenant.

D'autre part, nous pouvons nous demander ce qu'il s'agit d'**inséminer** exactement. La racine étymologique du séminaire évoque bien la fertilisation d'un corps social, mais souvent les séminaires sont stériles. Rares sont les équipes dont la cohérence et la cohésion naissent naturellement. Le coach d'équipe est le marqueur d'un artefact symbolique, il incarne le besoin d'expérimenter un travail plus fécond, d'atteindre un délivrable à plus longue portée qu'un succès économique.

Dans un laboratoire pharmaceutique, une équipe était en charge de conduire un projet stratégique de changement des processus de gestion, des modes d'organisation et des mentalités managériales. Autour d'un ancien directeur financier ayant travaillé aux États-Unis, neuf jeunes managers issus des meilleurs MBA et de grandes écoles prestigieuses étaient censés déployer ce « *one best way* », armés d'un outil analytique puissant auquel ils avaient été formés en Angleterre. Mais l'équipe peinait à trouver un sens à son action, et la somme des ambitions individuelles de chacun créait un mouvement centrifuge de motivation dans l'équipe. Un séminaire sur la transformation s'imposait selon lui ; pour moi, l'essentiel était d'expérimenter sur soi la transformation intérieure avant de conduire d'ambitieux changements externes. Les signes d'anxiété du manager voulant contrôler tout le déroulé du séminaire m'alertèrent, mais je tins bon à mes effets de surprise. En découvrant des « premiers de la classe », dévoués, brillants et un peu perdus dans la réalité quotidienne, je compris que les notions de base sur les processus de deuil et de confiance dans les cycles de changement leur seraient des notions lointaines. Au bout d'une journée de séminaire, la partenaire qui coanimait et moi-même étions désemparés. Nous nous plongeâmes dans ce ressenti de vide et de découragement, l'éprouvâmes profondément comme un aspect de ce que cette équipe devait traverser et persévérâmes avec bienveillance dans le dévoilement de ce que changer veut dire. Comme souvent, un déclic se produisit miraculeusement le matin du deuxième jour : chaque membre de l'équipe s'était laissé toucher par un aspect de la transformation qui lui faisait peur jusqu'ici, et nous les vîmes basculer l'un après l'autre dans une plus grande intériorité et dans un partage authentique de ce qu'ils jouaient personnellement dans la question de la transformation. Ils avaient non seulement trouvé un sens commun au projet de réforme de l'entreprise, mais aussi des clés de développement personnel qui ne laisseraient aucun d'entre eux indemne. La première transformation qu'ils avaient réussie était celle de leur équipe.

Un séminaire n'est pas qu'un exercice de travail créatif, c'est aussi un espace consacré à grandir ensemble dans la conscience de ce qui se passe en entreprise. Quand un séminaire est réussi, j'observe un avant et un après dans la maturité émotionnelle et symbolique de l'équipe. Quel est le levain de cette insémination ?

Enfin, nous pouvons vivre un séminaire dans sa dimension **initiatique**. Les fameux « *kick-offs* » de projet, où l'équipe célèbre et organise le lancement d'un travail collectif, attestent bien ce rite de passage qu'est le séminaire, notamment pour une équipe de direction. Pourtant, comme pour un festival, l'essentiel se situe souvent en marge du programme officiel. Une clé indispensable me semble être de voir le séminaire comme une fractale de ce que l'entreprise est censée traverser dans la durée. Accepter de renoncer à l'ancien régime pour aborder le nouveau monde, voir et nommer des émotions contradictoires, expérimenter des temps forts dans les pauses ou au déjeuner pour découvrir une facette inattendue des autres et se découvrir autrement sont autant d'épisodes qui supposent un accompagnement attentif et attentionné, et pas seulement un contenu intellectuel savamment orchestré.

Dans le cadre d'un projet de professionnalisation du management, l'équipe de direction que nous accompagnions dans cette entreprise paternaliste de gestion d'actifs réunissait ses 120 cadres supérieurs dans une grande capitale européenne pendant deux jours de séminaire stratégique : selon un agenda minuté, tous les directeurs d'unités opérationnelles se succédaient à la tribune pour présenter leur activité et leurs résultats prévisionnels. Une journée de visite « VIP » et des dîners de gala étaient censés compenser l'ennui de l'exercice obligé. Lorsque, deux jours avant le séminaire, le président de l'entreprise eut un infarctus, ce fut la stupeur générale. Fallait-il ou non maintenir le séminaire ? À sa demande, le voyage fut maintenu, et le séminaire se déroula en son absence pour la première fois en dix-huit ans de direction. Nous passâmes un long moment de préparation avec les membres du directoire pour que chacun exprime ce qu'il ressentait et se positionne par rapport au sens qu'il entendait donner au séminaire. Il fut décidé que l'esprit du patron en convalescence serait présent dans les cœurs et le cadre de tous les ateliers proposés. Certains improvisèrent un discours pour livrer ce qu'ils n'avaient jamais partagé de leur attachement au management de l'entreprise, d'autres firent un exercice d'humour pour rassurer l'encadrement, tous se retrouvèrent solidaires dans ces trois jours. Émancipation forcée du patron fondateur, ce séminaire fut le premier rendez-vous avec la refonte du directoire et de la gouvernance de l'entreprise.

Parfois, la vie s'invite dans un séminaire de travail comme une corde de rappel aux questions essentielles du jeu à plusieurs en entreprise. Un séminaire trop huilé est comme un sarcophage de l'âme d'une équipe ; prévoir des temps d'introspection et de respiration, de débriefing et de feed-back de cœur à cœur, est un des plus sûrs moyens que le séminaire fasse germer un souffle collectif nouveau. Pour être fructueux, encore faut-il que le séminaire s'enracine dans le passé de l'entreprise.

Dévoiler le sens des origines

Le management est sujet aux modes, dont le mot « coaching » est parfois un triste signe. Mais les exercices collectifs et les outils de management plaqués sur une réalité professionnelle ne résistent pas longtemps à l'inertie de l'histoire de l'entreprise. Qu'ai-je à transmettre de mon expérience professionnelle, sinon un lien perpétué avec une certaine tradition du métier, du secteur d'activité, voire de l'industrie en général ?

À côté de la finalité stratégique des visions, projets et objectifs de l'entreprise, les managers sont aussi dépositaires d'une filiation historique, avant tout avec eux-mêmes. Ma mission professionnelle trouve son sens moins dans la finalité que dans l'origine de mon rôle : pourquoi suis-je entré et resté dans cette entreprise ? Quelle promesse ai-je porté en moi dans tous les épisodes de ma carrière ? De quelle tradition (valeurs, cultes, rites, cosmogonie) suis-je l'héritier professionnellement et personnellement ?

D'une part, il n'est jamais trop tôt pour écrire mon **testament professionnel**. Au lieu de concevoir la retraite comme une gare terminus, je peux accroître la conscience de ma finitude en m'inscrivant dans une lignée large pour assumer, ou pas, ce qui se transmet à travers moi. Ce testament immatériel est un ensemble d'héritages symboliques, mélange savant d'éducation et d'*habitus*, de parcours de vie et d'investissement dans une compétence spécialisée. Parce que je suis bien plus que ce qui est écrit sur ma carte de visite, mon avenir dépend de l'ordre que je mets dans mon passé. Il y a quelques années, j'accompagnais le directeur stratégique d'une banque, qui vivait mal le fonctionnement de l'équipe de direction. Ancien banquier d'affaires, il voyait ses propositions de diversification et d'acquisitions d'entreprises systématiquement étouffées par les conflits d'intérêts que le directeur général ne tranchait jamais. Las de tant de guerres inutiles, il s'enfonçait doucement dans l'alternance entre des provocations vaines et une déprime profonde. Doté d'un fort ego, il avait la tentation permanente de dire à un management plutôt faible ce qu'il ferait à sa place, avec l'effet boomerang que l'on imagine. Un jour, je l'invitai à mettre son intelligence stratégique au service d'une note d'orientation globale qu'il n'enverrait jamais à son actionnaire, en y mettant son propre testament managérial plutôt que ses rancunes actuelles. Suite à ce plan d'action, un changement radical s'opéra en lui : surpris d'avoir pu synthétiser en quelques lignes une vision qui lui tenait à cœur, il peaufina au fil des ans sa signature professionnelle faite de vision sociale et d'excellence technique, indépendamment de l'entreprise où il travaillait. Il s'autorisa à voir grand, sans se soucier de son quotidien. Cela fut décisif : deux ans plus tard, à la faveur d'une *joint venture*, il fut contacté par le président de la banque partenaire pour diriger la filiale commune ; il transpirait un style de leadership dans lequel ce dernier s'était reconnu.

> Réfléchir à son legs professionnel consiste parfois
> à réinventer son avenir.

D'autre part, ma destination, c'est mon **point d'entrée**. Je crois que le coaching de soi procède d'une ontologie de l'être. Autrement dit, les clés de mon avenir sont non seulement à l'intérieur de moi et non dans des réponses externes, mais aussi à la source de mon histoire. La vocation professionnelle nous semble désuète parce que nous sommes coupés de cette origine où s'est cristallisée la question que nous entendons résoudre tout au long de notre existence. Et si le développement personnel n'avait pas d'autre sens que de retrouver la piste de cette question originelle ? Une fois retourné à la question du « *gardien du seuil* », comme dit Campbell, j'ai le pouvoir de choisir de m'y soumettre ou pas, de la sublimer ou de l'assumer telle quelle.

Il y a quelques années, j'ai accompagné un client en plein désarroi quant à son orientation professionnelle. Remercié d'une entreprise de high-tech pour incompatibilité d'humeur avec son nouveau directeur marketing, il oscillait entre, d'une part, la continuité dans les études qualitatives et quantitatives de marché et, d'autre part, la rupture en se consacrant à un projet innovant à destination des agences. Cette alternative parlait d'un conflit intérieur très ancien entre son ambition sociale et son non-conformisme, entre ses racines modestes et ses études brillantes, entre son goût de l'entrepreneuriat et sa nostalgie de la recherche en sciences humaines... Cela le conduisait à procrastiner, se jugeant comme dilettante, voire comme parasite, ce qui achevait de le paralyser dans sa transition de carrière. Au cours d'un exercice utilisant la technique des mouvements oculaires, il revécut un événement qu'il croyait avoir oublié. À 2 ans, il avait fugué de la maison familiale, provoquant l'ire et l'angoisse de sa mère. Mais lui, dans son for intérieur, avait vécu cela comme un moment de liberté, d'insouciance et de confiance profonde qu'il n'avait jamais autant ressenties depuis. Sans doute avait-il été plus effrayé qu'on le retrouve pour le sermonner. Il en pleura. C'est comme si la pièce manquante de son puzzle de libération intérieure était de nouveau à sa portée : le risque d'égarement ou de vagabondage n'était pas le sien. Suivre sa voie consistait peut-être à garder la même créativité et la même audace que l'enfant qu'il était à 2 ans.

> Notre passé n'est pas uniquement derrière nous, mais aussi en nous à chaque pas que nous faisons. Si nous ne les désamorçons pas, ces grenades du temps peuvent disséminer le sens de notre action d'adulte.

Enfin, l'origine est le **lieu sacré** de ma réalisation. J'actualise mon passé en permanence par les bifurcations que j'emprunte et par les options que je laisse de côté. De toutes les sagesses que je pratique, aucune n'ignore le mouvement centripète déjà évoqué plus haut. Comme le saumon sauvage qui remonte à la source du fleuve pour aller mourir sur son lieu de naissance, nous n'avons rien de tel à transmettre que cette énigme ontologique : suis-je en paix avec la façon dont je m'incarne, ici et là ?

Je me rappelle un client quinquagénaire, président d'entreprises de construction qui s'ulcérait de n'avoir pas fait mieux, plus vite et plus fort que la carrière réalisée dans ce Groupe. Cela se traduisait par une revendication continuelle de gratification auprès de son actionnaire, qu'il finit par excéder et qui lui imposa un adjoint. Il ne lisait son vécu professionnel qu'à l'aune de son sentiment de déchoir par rapport à son idéal professionnel. En prenant du recul, il s'aperçut du bénéfice qu'il avait à autosaboter son parcours professionnel par ce verdict incessant : cela lui indiquait que la clé de son épanouissement résidait dans la paix avec son passé et non dans son avenir. Suite à plusieurs exercices pour honorer son passé, prendre congé de ce qui ne lui appartenait plus et continuer une trace dans sa lignée parentale, il prit conscience que son intention originelle n'était pas trahie et qu'il pouvait la parachever à tout moment. Ni perdant ni gagnant, il était animé par un double serment de dépassement de soi et de doute ; tel était son testament professionnel, dont il ne rougissait pas.

En définitive, nous sommes les héros inconnus d'une histoire en cours de rédaction. À l'appui des mythes, des légendes et des rites, des lois d'airain, des tabous et des symboles qui nous font signe, il nous faut découvrir le lien mystérieux entre le récit collectif auquel nous prenons part et notre chemin de vie personnel. Si cela ne change pas la réalité économique, du moins pouvons-nous l'incarner de façon plus sensée.

Exercice n° 18 :
Écrire mon testament professionnel

Prenez une feuille de papier vierge et un stylo. Imaginez que vous allez mourir demain, et que vous souhaitez laisser un écrit – à votre successeur, à vos enfants, à un journaliste – sur la quintessence de votre expérience professionnelle. De quels faits marquants, quels enseignements à portée universelle et quelles émotions souhaitez-vous témoigner dans ce document ?

....

....

....

....

....

....

Chapitre 7

Masculin-féminin : s'assumer sans dualité

Y a-t-il un terrain plus chargé de violence que la relation hommes-femmes ? Nos relations de travail exacerbent souvent la « guerre des sexes » sur un plan économique, psychologique ou moral. Si la différence hommes-femmes semble irréductible, la querelle avec le « sexe opposé » (expression qui en dit long) est-elle pour autant inévitable ? Il y a une autre voie de coexistence possible, d'affirmation de soi sans déni de l'autre. Car tout commence par la réconciliation du masculin et du féminin à l'intérieur de nous-mêmes : tel est le programme incontournable d'un développement personnel approfondi. Comment sortir de l'indifférence des genres en entreprise ? Comment réhabiliter la puissance du féminin ? Et comment rebâtir la responsabilité du masculin ?

1. Sortir de l'indifférence des genres

De la rivalité à la complémentarité

L'entreprise s'est construite sur un idéal humaniste asexué. Historiquement, le management est plus neutre que masculin : pendant longtemps, il n'y a eu aucune différenciation dans les libellés de poste, dans les codes de conduite interne et dans l'ergonomie du travail. Cela non par sexisme, mais par pragmatisme : le sexe est indifférent à la production marchande et à l'optimisation de la gestion. Les conditions sociales et historiques faisaient que jusqu'à la Première Guerre mondiale, les hommes occupant l'essentiel du travail salarié en Occident ont accaparé la plupart des fonctions clés et modelé l'organisation à leur mesure. Même si l'usine et la bureaucratie ne sont pas des espaces démocratiques, loin s'en faut, la question de l'équité est présente chez Weber et chez Taylor, mais sans distinction de genre : la notion de parité fait son entrée en entreprise sur un registre légal de normalisation croissante du travail. Des revendications communautaires féministes et légitimes, notamment dans la mouvance de la libération sexuelle, ont rencontré un registre de plaintes individuelles pour harcèlement sexuel ou moral. La sexualité, violemment réprimée et rejetée hors de l'organisation sociale comme l'indiquent les travaux de Michel Foucault, fait donc retour par une pénalisation croissante des relations hommes-femmes, notamment dans les entreprises du monde anglo-saxon : prendre l'ascenseur seul avec un(e) collègue de sexe différent est aujourd'hui dangereux dans certains environnements professionnels.

Le mieux est l'ennemi du bien : pour corriger des inégalités de traitement inadmissibles et civiliser un peu des mœurs professionnelles souvent violentes, on aboutit à une séparation de toutes les interactions suspectes. On exacerbe ainsi les stéréotypes de chaque genre, portant sur un terrain de normes un « *différend sexuel* » comme dit Lyotard, qui a un sens bien plus grand dans la tension dynamique qu'il instaure entre les deux pôles de l'espèce humaine. Dans la pénalisation croissante de la responsabilité en entreprise, les rapports homme-femme ne s'envisagent plus que sur un mode codifié, compartimenté, voire opposé parce que perçu comme dangereux. La peur de la différence de genres conduit à une rivalité sociale bien paradoxale, l'esprit belliqueux étant en soi un comportement plutôt masculin. Comment passer de la rivalité à la complémentarité ? Y a-t-il une attitude de leadership plus pacifique et plus efficace à adopter ?

D'une part, je me situe sur un chemin de **différenciation** et non dans un camp ou dans l'autre. L'identité de genre n'est jamais donnée, elle emprunte une voie d'individuation, comme dit Jung, qui dure après l'enfance et l'adolescence, bien au-delà des caractères génétiquement déterminés. L'appartenance à un genre masculin ou féminin suppose une intégration qui n'est pas seulement psychologique, mais aussi culturelle et ethnologique comme l'a montré Goffman. À partir de dispositions relativement androgynes, nous nous inscrivons dans un sexe donné par un travail d'identification et d'appartenance qui ne va pas de soi. M'inscrire dans un parcours de différenciation de genre me rend plus compréhensif et moins catégorique dans mes jugements sur les stéréotypes masculins ou féminins. Je ne nais pas seulement homme ou femme organiquement, je passe ma vie à le devenir dans mon être propre. Le coaching permet d'approfondir la question de sa place dans la communauté humaine. Quelle partie de moi profondément masculine demande à s'épanouir ? De quoi ai-je besoin pour m'incarner davantage dans ma féminité ? À quoi verrai-je que je suis pleinement homme ou femme dans mes réalisations personnelles et professionnelles ?

J'ai accompagné un directeur des relations publiques dans plusieurs postes successifs, un groupe industriel puis une institution de crédit, et enfin un géant informatique où il fit office de directeur de cabinet du président. Sa trajectoire professionnelle était une succession d'expériences de plus en plus courtes, où le climat se dégradait vite après une période d'euphorie, qui lui faisait perdre peu à peu confiance en lui. Quand je le rencontrai, il doutait de son métier et de ses capacités, poursuivant un projet de chambres d'hôte en Toscane qui insécurisait sa femme, dont la carrière était beaucoup plus linéaire, dans le marketing grande consommation. Persuadé qu'il devait faire preuve d'ambition pour réussir, il décevait son environnement en promettant beaucoup et en délivrant peu. Il avait une forte attente d'« affirmation de soi » dans son coaching individuel, souhaitant prendre plus d'aplomb et inspirer plus de respect. Fils d'un célèbre acteur de feuilletons américains et d'une danseuse russe passée à l'Ouest dans les années 1970, il avait grandi entre Moscou, Cambridge et New York, connaissant surtout le revers de la médaille de cette vie de gens célèbres : un père alcoolique entre deux tournages, et une mère absente, mentalement et physiquement. Il avait une sœur de quinze ans son aînée, mais avec qui il n'avait pas vécu. Il oscillait entre la fascination pour l'aspect artistique et nomade de sa famille, et la recherche de sécurité et de sérieux qui lui avait permis d'échapper à la violence psychique de son milieu d'origine. La communication interculturelle était son domaine d'expertise, mais il était trop « féminin » pour pouvoir s'y épanouir dans son leadership : ses patrons, de fait, lui reprochaient toujours son manque d'esprit de décision et sa difficulté à transformer en action les idées, souvent originales, qu'il proposait. En prenant conscience que son affirmation supposait un choix plus clair de son registre de leadership, plutôt masculin ou plutôt féminin, il renonça à certains projets chimériques et se focalisa sur ce qui lui semblait essentiel : la sécurité matérielle de sa famille et l'intérêt pour son travail au quotidien. Son harmonie de couple et son confort professionnel s'en ressentirent aussitôt.

Nul besoin de rêves de grandeur pour m'affirmer dans mon identité propre ; le « masculin-féminin » se vit, comme dans le film de Jean-Luc Godard, avant tout comme un questionnement fragile et douloureux. C'est l'expérience des faits, y compris dans l'orientation professionnelle, qui m'apporte des éléments de réponse.

D'autre part, je peux voir l'**étrangeté de l'« autre sexe »** au lieu de défendre avec acharnement la légitimité de mon propre sexe. Reconnaître que le leadership est sexué est déjà un pas important pour beaucoup d'entre nous, avant même de se positionner dans l'un ou l'autre des genres.

Au cours d'un cycle didactique que je coanimais, j'ai connu une consultante en stratégie free-lance qui souhaitait se former au coaching de dirigeants. Femme de tête, célibataire, séduisante et travailleuse acharnée, elle ne comprenait pas l'agacement, voire le rejet qu'elle suscitait auprès des clients : passionnée de théâtre semi-professionnel, elle avait un style très direct et occupait beaucoup d'espace dans les interactions du cycle. Volontiers susceptible, elle se percevait comme sensible et fragile alors qu'elle renvoyait une image très dure et envahissante. Je crois qu'elle représentait tellement l'archétype féminin que ses collègues et clients hommes se sentaient menacés à son contact. Ce constat s'imposa à elle et fut douloureux. S'affirmer plus est compréhensible, mais comment s'affirmer moins ?

> Parfois, notre ego prend une telle place qu'il nous conduit à donner une image caricaturale de nous-mêmes, rejetant l'autre dans une peur archaïque de la Femme ou de l'Homme, selon les cas.

Enfin, je peux trouver mon **couple professionnel**. Je crois que les deux sexes sont complémentaires, et non opposés. Chacun perçoit avec plus d'acuité une partie de la réalité, et c'est l'autre qui détient la pièce manquante de nos propres puzzles. Avant de comprendre autrui, je peux accepter que ma lecture sera, par définition, incomplète et irréductible à celle de l'autre. Souvent, en entreprise, les tandems professionnels les plus performants sont ceux où la polarité féminin-masculin est couverte très largement : l'un est affectif, l'autre plutôt rationnel ; l'un imagine, l'autre organise ; l'un est sur la scène, l'autre dans les coulisses ; etc. Président et directeur général, patron du business et patron des finances, beaucoup de configurations de management de couple mériteraient qu'on leur applique une grille de complémentarité masculin-féminin (peu importe le sexe des protagonistes, c'est leur sensibilité qui est en question).

Il y a quelques années, j'ai accompagné en supervision deux coachs homme et femme, tous deux divorcés et parents de grands enfants, associés à la scène et couple à la ville. Ils venaient de créer leur structure commune, et souhaitaient développer harmonieusement le chiffre d'affaires et l'entente dans leur couple professionnel. J'étais frappé de voir à quel point leur tendresse mutuelle colorait leurs interactions et leurs projets : ils étaient très amoureux l'un de l'autre, sans aucun doute. Mais les choses se compliquaient dans la répartition des rôles et des missions client : d'une sensibilité féminine très grande tous les deux – ce qui est fréquent dans ce métier –, ils avaient tendance à être fusionnels, croyant qu'il fallait tout partager, tout faire ensemble et être interchangeables dans les missions de coaching pour éviter les conflits et les inégalités de chiffre d'affaires entre eux. L'intention était louable, mais elle créait des frictions inévitables : l'un préférait les missions collectives, l'autre les contrats individuels ; l'un était bon en relations publiques, l'autre avait la rigueur comptable d'un gestionnaire, etc. Ils s'aperçurent qu'ils ne se trahissaient pas mutuellement en gardant des zones de liberté et de différenciation. Cela nécessitait qu'ils apprennent à se dire leurs différences, à nommer leurs désaccords et à confronter leurs fâcheries.

Au lieu de rechercher des binômes identiques ou supplémentaires, comme on dit en algèbre, nous pouvons privilégier des relations professionnelles fondées sur la complémentarité et l'estime réciproque.

Exercice n° 19 : Quel est mon numéro complémentaire professionnel ?

Passez en revue les collègues avec lesquels vous avez travaillé le plus étroitement ces dernières années et posez-vous les questions suivantes.

Quelles qualités ai-je le plus rencontrées chez mes partenaires professionnels masculins ?

....

....

Quelles qualités ai-je le plus rencontrées chez mes partenaires professionnels féminins ?

....

....

Ai-je une préférence pour travailler avec des collègues qui me ressemblent ou qui me complètent ? Pourquoi ?

....

....

Éviter les clichés « tous pareils, tous différents »

Après tout, faut-il sexualiser la relation professionnelle ? Qu'apporte la distinction sexuelle dans le développement personnel ? La diversité est-elle soluble dans le politiquement correct en entreprise ? À l'image du management interculturel tellement vulgarisé ces dernières années, la différenciation sexuelle fabrique du stéréotype. Dès que j'affirme que « les hommes » sont comme ceci ou « les femmes » comme cela, je forge des généralisations souvent abusives, car les fondements de l'identité de genre sont complexes, mouvants et parfois contingents. Les stéréotypes sont utiles à traverser pour s'en affranchir, comme les phares dont il faut s'éloigner pour ne pas s'échouer contre eux. Alors, préférons le terme de « principe masculin » ou « principe féminin » pour éviter les clichés. Comme l'*anima* de l'homme et l'*animus* de la femme, ou le yin et le yang du taoïsme, le principe masculin ou féminin est un point de repère autour duquel nous nous positionnons, non une catégorie d'appartenance figée. Ce sont des « *universaux de culture* », comme dit Edward Hall. On peut manipuler ces stéréotypes pour ne pas en être dupes, jouer avec pour ne pas s'y enfermer. Si le principe masculin renvoie à la notion de force, d'action et d'extériorité, le principe féminin évoque la

231

subtilité, la réflexion et l'intériorité. Une fois que l'on a posé ces deux principes, on peut se promener autour et composer d'infinies variations et imbrications entre eux.

L'entreprise est phallocratique, elle participe tout entière d'un schéma hiérarchique d'autorité et de production de richesses. Les utopies communautaires, plus horizontales que verticales, peinent à faire exister un modèle alternatif d'organisation et de management : même dans un kibboutz, l'optimisation des processus s'aligne sur le modèle de la firme capitaliste. Nous baignons donc dans une réalité fortement teintée de couleur masculine dans nos vies professionnelles. À cela s'ajoute une tendance à reproduire du même dans toute organisation : les leaders s'entourent de clones, sauf exception. Comment faire entendre une sensibilité différente dans un schéma culturel tellement figé ?

D'une part, je peux **reconnaître ma force et ma faiblesse** en toute situation. Se contenter de présenter sa part de lumière et nier sa part d'ombre est le comportement pseudo-viril par excellence, en ce qu'il oppose au lieu de réunir et d'intégrer. Tant que je refuse ma part d'*anima* en tant que leader masculin ou ma part d'*animus* en tant que femme, je me prive de la moitié de moi-même. En soutenant que la vraie puissance du leadership est d'assumer sa fragilité, j'encourage cette inclusion du féminin dans le masculin, et vice-versa. Je me souviens d'un client, P-DG d'une PME de gestion d'actifs très lucrative. Héritier d'une grande famille très religieuse, il gouvernait seul son entreprise de 250 collaborateurs, et sentait les limites d'un management familial dans un marché global. Polytechnicien, féru de mathématiques et de théologie, il avait un goût immodéré de la polémique et de la contradiction, mais s'entourait d'adjoints « faibles », ou du moins qu'il jugeait comme tels. Il était seul, s'en plaignait et faisait tout pour le rester. Au cours de son coaching, je lui donnais fréquemment du feed-back sur son côté archétypal du masculin, « *control freak* » comme disent les Américains. J'avais le sentiment que, tant qu'il était dans la logique – managériale, stratégique, financière, etc. –, il cherchait à avoir raison, mais s'enfermait dans un système qui le protégeait de la complexité des relations humaines. Sa compagnie était sympathique, mais lisse et intransigeante ; il ne laissait rien filtrer en termes d'émotions et je voyais bien qu'il était isolé dans sa rationalité. Je ne parvins pas à l'aider à en sortir : au bout de quatre séances, il interrompit le coaching sur un prétexte d'exemplarité budgétaire – la rationalité était sauve.

D'autre part, je peux **accepter mes ambivalences**. La notion de paradoxe est au cœur du coaching, car c'est elle qui permet de changer quand l'issue semble impossible. Tant que je veux ériger une performance, un projet, une ambition, je suis, là encore, dans la triste mécanique de la bête pseudo-virile, obsédé par la maximisation du résultat. Au contraire, je prône-rais volontiers un tantrisme managérial : la sublimation de son propre désir de puissance dans une conscience élargie de soi et du monde extérieur. L'auto-excitation des dirigeants est ce qui les rend impuissants, justement. Au lieu de courir après un objectif de jouissance unique, je peux voir ma réalité comme duale, et voir le trésor que ma prétendue faiblesse recèle.

Un dirigeant dans le commerce international n'avait de cesse de s'effacer derrière un rôle qu'il voulait « coach » des managers. L'ennui, c'est que toute l'équipe dirigeante le percevait comme un homme de pouvoir, empreint de Jésuitisme et de manipula-tion. Sûr d'être à l'écoute, sincèrement humaniste, il souffrait qu'on lui prête des intentions inverses. Dernier garçon d'une fratrie de sept, touché d'un handicap physique dû à une affec-tion mal soignée dans son enfance, il avait grandi en se sen-tant laissé-pour-compte, et rejouait sans cesse un sentiment d'injustice. Il lui fallut du temps pour reconnaître le bénéfice qu'il avait à rester l'éternelle victime de son entourage à ses yeux : se voyant comme infirme, il prenait férocement sa revanche sociale, en toute impunité. Quand il put accepter sa part d'ombre et reconnaître son ambition « masculine », il n'eut plus besoin de s'abriter derrière un rôle de manager « féminin » dont personne n'était dupe, sauf lui.

Enfin, j'ai le choix entre **me différencier seul** ou en meute. On associe malheureusement les stéréotypes du masculin-féminin à leur caricature sociale : les poupées, le shopping et les commérages pour les unes ; le football, le sexe et l'alcool pour les autres. Les enterrements de vie de jeune fille ou de garçon, dépourvus de tout le rituel sacré qu'ils pourraient signifier, frisent le ridicule, quand ce n'est pas le sordide. Ces idées reçues contaminent les stages de formation en entreprise et ne permettent guère de se construire réellement dans son leadership. Comme si le seul moyen de se différencier était de singer un stéréotype à outrance. Or, le chemin d'individuation est un chemin individuel, dans lequel je suis face à moi-même, et surtout face à mes ombres. Tant que la meute me protège, je n'ai pas l'occasion de traverser les stéréotypes du masculin ou du féminin, selon les cas. Les cabinets de conseil sont souvent remplis de jeunes gens encore hésitants dans leur détermination professionnelle : en choisissant cette passerelle entre la junior entreprise et l'industrie, ils peuvent rester prisonniers d'un moule collectif homogène, et indifférenciés dans leur orientation professionnelle.

J'ai connu un jeune dirigeant anesthésié par ce parcours en bande. Diplômé de SUPÉLEC, il avait intégré une filiale de conseil d'EDF par défaut, car c'était la voie de la facilité. Un camarade de promotion lui présenta un jeune ingénieur des Arts et Métiers qui cherchait des associés pour créer une entreprise informatique. Je le rencontrai à ce moment-là. Il n'avait aucune vocation d'entrepreneur, et peu de fibre managériale : cérébral et volontiers caustique, très introverti et souvent misogyne, il provoquait des conflits à répétition avec toutes les collaboratrices sous sa responsabilité. Seuls ses copains d'études lui importaient. Au cours de son accompagnement, il put prendre conscience d'une forme d'autisme qu'il portait en lui depuis la mort subite de son père quand il avait 20 ans, mais que ses études et ses fréquentations avaient édulcorée et légitimée à ses yeux. Faire ses choix tout seul lui était pour l'instant impossible, l'opportunisme étant le verrou qui lui évitait de revisiter ses blessures d'adolescence. En douze mois de coaching, je l'ai vu trois fois se défaire réellement de cette carapace, à chaque fois en choisissant une position solitaire (dans le comité de direction, dans sa vie amoureuse, face à un client). Aujourd'hui, je ne sais pas s'il y a pris goût, et s'il a eu le courage de se libérer de l'emprise de sa bande d'amis pour s'affirmer dans sa singularité.

Les stéréotypes du masculin-féminin ne semblent pas plus éclairants que la rivalité archaïque entre les sexes. Comment en sortir ?

Savoir discerner une loi ontologique

La question du masculin-féminin est, pour moi, un enjeu essentiel en développement personnel, je ne crois pas qu'un coaching de dirigeants puisse l'esquiver. La distinction mâle-femelle est ontologique, elle nous préexiste et nous survit, transcende les civilisations et les lois humaines, c'est un principe dynamique de la vie. Cela paraît anachronique à certains managers de lire cela aujourd'hui, tandis que les progrès génétiques et l'évolution des mœurs occidentales semblent estomper les différences entre les sexes. Il n'empêche, dans la plupart des sagesses traditionnelles, et notamment dans l'ésotérisme, la « loi de polarité » chère à Hermès Trismégyste est pourtant un des principes sacrés du règne du vivant. Respecter cette loi fondamentale nous rend-il réactionnaires ? Savoir que l'on est face à un principe ontologique m'inspire de l'humilité et de l'obéissance pour ce qui me dépasse. Si cette distinction entre le masculin et le féminin existe, elle est un instrument au service de mon développement, la polarité créant une tension créatrice. Toute conscience en éveil a besoin d'instruments de connaissance, en voici un qui permet de distinguer sans rejeter. Comment puis-je concrètement m'en servir dans mon coaching propre ?

D'une part, **en me frottant à ce qui me résiste**. C'est à cela que servent les énigmes, non pas à être résolues. L'indifférence conduit au mépris, tandis que la conscience de cette différence de genre me permet d'éprouver ma limite, de me confronter à ce qui m'échappe. Quel est l'enseignement d'une querelle avec mon adversaire ? Qu'ai-je à gagner quand je l'accepte sans même chercher à le comprendre ? Que puis-je intégrer, métaboliser de ce qui semble constitutif du point de vue de l'autre, pour être davantage moi ?

Dans une équipe de direction composée de six hommes et de deux femmes, le nouveau directeur général avait tout du « gendre idéal » : ancien directeur commercial, ayant acquis ses faits d'arme dans la roue du précédent DG promu à New York, il semblait identique à son mentor, en plus jeune et plus ambitieux. Quand je le rencontrai il y a quelques années, il avait tout du jeune ingénieur à qui tout réussit, exigeant et voulant parfois brûler les étapes. Peu à peu, il prit conscience que la relation avec son précédent patron n'était pas si limpide qu'il pensait, et commença à énumérer les griefs qu'il avait contre lui. Il se rendit compte qu'il ne gagnerait pas sa légitimité en dégradant celle de son prédécesseur aux yeux du comité de direction et de la maison mère. Qu'est-ce qui se jouait en lui, au fond ? En prenant soin de s'intérioriser, il s'aperçut qu'il avait enfilé de longue date le costume de prédateur de son mentor à contrecœur, niant ses aspirations éthiques et sa sensibilité personnelle pour être conforme à ce que l'on attendait de lui, croyait-il. Il put prendre congé de son patron sans rejouer avec lui cette lutte que l'on observe dans certaines hordes animales. Il éprouvait même une gratitude muette à continuer la mission de son prédécesseur avec un registre plus « féminin », moins brutal à ses yeux. Et il vit que toute l'équipe de direction n'attendait que cela…

D'autre part, **en disposant d'une clé de lecture** simple et efficace sur mon rapport aux autres. Tout le monde comprend cette dialectique entre le masculin et le féminin, c'est une échelle de progression facile à s'approprier. Qu'ai-je à approfondir de la polarité de mon état civil ? Quelle zone d'ombre ai-je bénéfice à explorer quant au sexe opposé ? Que me disent mes relations familiales, de couple et de travail de ma relation au masculin, au féminin ? Si nous faisons l'hypothèse que notre chemin d'individuation passe par l'intégration de la part de l'autre en nous, approfondir notre rapport au masculin quand on est une femme et réciproquement est une question essentielle, peut-être aussi importante que l'affirmation dans son propre genre. J'ai rencontré une dirigeante très charismatique, qui collectionnait les prix décernés par la presse et les nominations dans des comités parapublics avec une apparente insouciance et une liberté de ton, notamment sur les femmes en entreprise, qui alimentaient son image d'*executive woman* d'un nouveau genre. Mais dans la confidence du coaching individuel, je découvris une femme fatiguée de se battre et de servir son propre ego. À 40 ans, elle s'était prouvé qu'elle pouvait se comparer aux hommes, et voyait que le prix cher payé était d'avoir emprunté les mêmes sentiers et les mêmes armes que les hommes. Amère, elle sentait qu'elle n'avait pas encore fait la paix avec la partie masculine à l'intérieur d'elle-même : son ambition, son âme guerrière, son sens des responsabilités, etc. Le combat extérieur était fini, commençait pour elle une réconciliation intérieure. Comment retrouver le chemin vers mon féminin quand je l'ai sacrifié sur l'autel du militantisme ?

Enfin, **en renonçant à nier l'évidence**. Cette loi ontologique signifie, entre autres, que nous avons tous à réunir, à concilier, à honorer deux énergies contraires, masculine et féminine. Vaste programme de développement personnel ! Tant que je ne construis qu'un pôle de mon leadership, je n'œuvre pas en ce sens. Accepter cette contradiction intrinsèque en nous heurte avant tout notre ego, qui recherche une intégrité en niant son contraire (précisément le Soi). Mais de cette humiliation volontaire nous ressortons grandis, porteurs du féminin intérieur pour les hommes et de la verticalité du masculin pour les femmes. Dans l'industrie chimique, un directeur de projets stratégiques avait construit sa carrière sur l'obtention de résultats économiques en un temps record. Médecin de formation, c'était un homme de défis, très exigeant avec les autres et ne se laissant aucun répit à lui-même. Entre Singapour, Washington et Paris, ce père de trois enfants avait mené, à 38 ans, une première partie de carrière tambour battant. Au cours d'un examen médical de routine, une maladie orpheline fut diagnostiquée chez lui, qui allait le rendre invalide d'ici cinq ans environ. Son réflexe fut de cacher son handicap dans son environnement professionnel, en compensant sa déficience par une activité plus intense : il ne pouvait bientôt plus assumer que 20 % des dossiers qui lui incombaient. Personne n'ignorait sa maladie dans l'entreprise, mais chacun respectait son refus d'apitoiement. Au cours de son coaching, il posa ses valises et put dire sa peur d'être affaibli, diminué, et mort professionnellement. Soulagé, il fut surpris de ne pas être abattu par son *coming out* ; il avait compris qu'il devait désormais changer de vélo au lieu de pédaler plus vite. Télétravail, repositionnement personnel, et pourquoi pas bifurcation de carrière. Et si cette tragédie annonçait une bonne nouvelle quant à son féminin intérieur ?

Rencontrer la différence des genres n'est pas qu'un exercice formel d'acceptation de la diversité hommes-femmes, cela nous invite à nous réinventer, loin des stéréotypes socioculturels, face à notre dualité intime : nous sommes tous concernés par le leadership féminin et par l'autorité masculine. Sommes-nous prêts à cette « *mutation intérieure* », selon l'expression d'Annick de Souzenelle ?

2. Réhabiliter la puissance du féminin

Ma part féminine, point de départ du coaching

En coaching, tout commence par le principe féminin : c'est, symboliquement, dans cette énergie que les coachs travaillent et c'est à la rencontre du féminin intérieur que vont les personnes coachées. Cette énergie profonde, synonyme d'ouverture du cœur et de réflexivité, a été niée et bafouée par toutes les civilisations fondées sur des mythologies et des religions phallocentriques. Comment renouer avec cette puissance féminine au quotidien ?

Pour garder la terminologie de l'anthropologue biblique Annick de Souzenelle, « *le féminin de l'être* » désigne avant tout la part inaccomplie en chacun de nous. Domaine de l'intériorité et de l'avenir par excellence, siège de notre inconscient pour certains, de nos ombres pour d'autre, c'est la partie complémentaire de notre action consciente : car c'est de l'autre côté – et non de la côte – d'Adam qu'est faite Ève. C'est dans ce territoire enfoui, obscur et abyssal que nous rencontrons nos émotions, à commencer par la peur de notre part d'ombre. En matière de leadership, les points de progrès, les échecs et les projets inaboutis renvoient à cette partie de nous-mêmes.

Sur un plan symbolique, le féminin est dans l'horizontalité : c'est la matrice d'eau des alchimistes, l'origine de toute chose incarnée, et le lieu trouble et insaisissable par nature. L'infini, la complexité, la subtilité et l'intuition créatrice sont aussi des valeurs féminines qui sont à notre disposition, si nous nous libérons de la peur qui est associée à nos tréfonds. Tant que je reste dans mon mental, je me coupe du corps et donc de l'esprit : car l'émotionnel est une voie d'accès vers le spirituel, dans tout stage de développement personnel nous en faisons l'expérience : les larmes sont de l'eau de mer, force nourricière au contact d'un océan intérieur beaucoup plus vaste qu'on ne l'imagine, et nécessaire pour fertiliser notre propre terrain d'action.

En premier lieu, je peux **rencontrer mon féminin intérieur**. Combien d'entre nous sont familiers de l'exploration de leur intériorité – psychique, émotionnelle, mais aussi érotique et spirituelle ? Mobilisés à 100 % sur l'action visible, matérialisable dans l'avenir, nous en oublions parfois nos besoins de repli, de recueillement et de récupération de nos expériences antérieures.

Dans une entreprise de cosmétiques et de parfums de luxe, j'accompagnais le directeur général adjoint, qui faisait office de chef de projet transverse sur des questions allant de la stratégie à l'organisation commerciale et l'innovation produit. Il était partout, mais se voyait nulle part dans l'organigramme ; à 45 ans, diplômé de HEC dévoué à son entreprise et à un patron paternaliste bientôt à la retraite, il s'inquiétait de ne figurer dans aucun plan de succession. Il vivait comme un sacrifice ce que sa hiérarchie percevait comme une précieuse abnégation à la tâche, acceptant des voyages fréquents aux quatre coins de la planète pour restructurer des filiales ou installer de nouvelles implantations. En interrogeant profondément ce que lui disait son insatisfaction, au-delà de la plainte, il découvrit que sa « faiblesse » était l'expression d'une sensibilité aux autres et d'une curiosité pour la diversité humaine insoupçonnées : ayant fait toute sa carrière en marketing et stratégie, il ne s'imaginait pas DRH ou en fonction support au service des autres. C'est pourtant le poste qu'il accepta à Singapour pour toute la zone Asie-Pacifique : qu'importait l'ascension de carrière, il avait le sentiment de réunir ses aspirations humaines avec son utilité professionnelle.

> Le féminin intérieur, c'est d'abord une façon d'aborder
> le monde en conscience de soi et de ses failles revisitées,
> qui sont parfois un trésor de bonheur professionnel.

En deuxième lieu, je peux **pratiquer l'art du feed-back**. Je crois que le feed-back tel que nous l'avons présenté au chapitre 4 est l'expression canonique de l'énergie féminine en coaching : l'écoute de ses émotions, la formulation empruntant la créativité du cerveau droit, l'intention bienveillante au service du progrès de l'autre… Quelle meilleure façon que de livrer de cœur à cœur ce qui est de nature à faire grandir une relation ? Quand je donne et que je reçois du feed-back, je suis au contact de la partie de moi la plus délicate, parfois blessée et souvent émotive, qui peut tout entendre et tout dire dans ce cadre. Donner un feed-back en position basse nous oblige à aller chercher des trésors de compassion (cf. chapitre 8) et à connaître nos propres failles pour regarder celles des autres. Dans un cycle didactique de formation au coaching de dirigeants, j'avais un participant consultant en stratégie, qui donnait des feed-back toujours très originaux et un peu déstabilisants. Outre l'originalité de son observation et sa maîtrise de la technique du feed-back, je constatais que sa force tenait largement à une attitude bien particulière : il marquait un long silence, respirait bruyamment et parlait de choses fortes dans un quasi-murmure, mais avec une voie témoignant d'infiniment de douceur et de compréhension. Je crois qu'il était en état de transe hypnotique sans s'en rendre compte, et que ses feed-back étaient reçus comme des oracles ou des offrandes par les autres participants.

Enfin, je peux **développer mon attention au processus** plutôt qu'au contenu. Cette logique floue, cette vue d'hélicoptère ou position « méta » selon les approches relève bien d'une lecture intérieure globale de la réalité qui nous est accessible en contactant notre dimension féminine. Ce n'est pas tant être à côté que voir au-delà d'un enjeu immédiat dans la résolution de problèmes au quotidien. Cette qualité de coach n'est pas toujours reconnue en management, c'est pourtant une fonction essentielle de prise de hauteur et de dénouement subtil des décisions difficiles. J'ai accompagné récemment une dirigeante dans une entreprise de grande consommation qui manquait de confiance en elle face à un périmètre couvrant les ressources humaines, la communication et, *de facto*, le coaching du comité de direction. Titulaire d'un MBA de Harvard, psychologue de formation, de retour d'un congé maternité, elle se sentait écartelée entre sa sensibilité humaine et un climat de plus en plus dégradé dans son secteur d'activité. Devait-elle malmener les managers, quitte à se faire violence ? ou bien respecter son éthique au risque d'être discréditée ? Ses doutes se dissipèrent quand elle s'ouvrit à son patron de son talent pour l'influence plutôt que pour l'action brute. C'était précisément l'attente de ce dernier : « *J'ai un bras droit directeur financier qui met la pression, il me faut un bras gauche à l'écoute des signaux faibles du système.* »

Pratiquer la générosité, la tendresse et le pardon

Cela peut sembler utopique d'exercer son leadership dans un registre féminin quand la vie quotidienne ressemble à une guérilla professionnelle… C'est une question de point de vue. Mon expérience me laisse à penser que nous avons tous tendance, hommes et femmes d'entreprise, à refuser aux autres ce dont nous avons le plus besoin. Au lieu de leur reprocher de faire ou de ne pas faire ceci ou cela, et si nous leur donnions, précisément, ce que nous attendons d'eux ? En clair, je donne du feed-back à un collaborateur qui ne m'en donne pas assez, je remercie sans retenue celui qui ne manifeste pas beaucoup de gratitude envers moi, j'apprivoise celle ou celui qui semble le plus sauvage.

Cette position est celle de l'*alma mater*, la mère consolatrice que nous avons engrammée en nous, quelle que soit notre histoire personnelle. Par-delà tout jugement et toute indignation, nous avons la ressource pour nous laisser attendrir par ce qui nous révolte, pardonner ce qui nous a blessés et être généreux avec les plus avares de leur bienveillance : cette inversion de perspective n'est pas nouvelle, elle a comme archétypes la Terre, la Vierge, Isis ou Shakti. Elle renvoie à un culte très ancien de la Déesse Mère, pratiqué dans les civilisations sumériennes avant que la femme sacrée ne soit massacrée. Comment nous laisser toucher quand tout nous invite à nous battre dans la vie professionnelle ?

Premièrement, cela consiste tout simplement à passer des « *hard skills* » aux « *soft skills* », des savoir-faire aux savoir-être dans l'exercice de son autorité. Formé aux sciences dures et aux instruments rationnels de gestion, le glissement vers un comportement mécaniste et binaire se fait le plus souvent à mon insu. Je n'ai pas un seul client qui n'ait pas d'états d'âme et de doutes quant à l'attitude de leadership appropriée. Il suffit de poser la question en termes de ressenti et de contact avec ce qui est essentiel pour faire resurgir le continent féminin chez l'homme : qui voit la blessure jumelle chez soi et chez l'autre ne peut plus tout à fait regarder l'autre avec haine ou mépris. Je me rappelle un client directeur de travaux dans une entreprise de BTP, qui suivait un coaching bon gré mal gré, suite à des critiques de sa hiérarchie et du DRH : « *Il manque de courage et de consistance managériale* (*sic*). » Je vis arriver un ingénieur ENSAM totalement démuni face aux relations humaines, qui s'appuyait sur de solides compétences techniques, mais fuyait les questions interpersonnelles. Il n'avait jamais appris à écouter ses émotions et à faire avec. Au lieu de s'ulcérer ou de se sacrifier, il découvrit qu'il pouvait faire entendre ses attentes et sa vision. En prenant conscience du statut d'enfant mineur et victime du destin dans lequel il se complaisait, il transforma son déficit apparent de charisme en une générosité assumée : il disait explicitement qu'il protégeait ses équipes, recadrant gentiment mais fermement celles qui n'étaient pas au rendez-vous, et s'épanouissait manifestement dans ce registre.

> Sortir de la confusion entre faiblesse et douceur managériale
> est parfois utile pour rencontrer sa puissance féminine.

Deuxièmement, je peux **donner au lieu de demander**. Dans l'esprit du renversement de perspective évoqué plus haut, je peux illustrer par mes actes ce que j'attends que l'on fasse à mon égard : non seulement cela me libère de la plainte, mais cela crée aussi un effet de contagion positive. Un acte de don ou de pardon vaut mieux qu'un discours incantatoire. Je peux être à la fois exigeant et généreux, lucide et attentionné, arbitral et compréhensif.

J'ai accompagné pendant quelques années une équipe de banquiers spécialisés en LBO et autres financements à fort effet de levier. De jeunes gens très diplômés, ambitieux et plutôt individualistes travaillaient sous une forte pression dans une culture professionnelle mêlant le conseil et l'inspection générale. Leur patron était une figure emblématique de leadership féminin : il leur témoignait de nombreuses marques d'affection, même implicites, prenait un grand soin à leur hygiène de vie et, pour fil rouge incessant dans son management, invitait chacun à s'intérioriser par du développement personnel. Cela ne l'empêchait pas de fixer des objectifs très ambitieux et de challenger son équipe de direction. Son style dérangeait les plus jeunes et faisait sourire les plus anciens, qui le trouvaient parfois contradictoire entre ses sermons et son action. Lorsqu'il s'employa à s'appliquer à lui-même les principes d'écologie personnelle qu'il prônait, il se mit à partir plus tôt du travail, partagea ses fiertés et ses regrets, et osa dire sa fatigue quand elle se présentait. L'efficacité fut immédiate : en pleine crise financière, l'équipe n'avait jamais été aussi alignée collectivement et mature dans la prise de responsabilité individuelle.

Troisièmement, je peux **encourager sans relâche mes équipes**. Si la persévérance, la constance, la patience, l'équanimité ou la tempérance sont représentées par des allégories féminines, ce n'est pas un hasard. Donner sans attendre en retour, promouvoir les autres et donner des signes incessants de reconnaissance prennent certes un temps considérable. C'est aussi le moyen le plus efficace de faire changer des comportements en instaurant une confiance mutuelle. Comment soutenir l'effort d'une équipe et manager avec équité sans cette forme de générosité ? Je crois que l'on ne dit jamais trop « merci », « pardon » ou « bravo » à son entourage professionnel avec sincérité. La directrice d'un organisme paritaire régional de l'économie sociale était la doyenne des 25 directeurs en exercice. Autodidacte, ayant un passé d'assistante sociale, elle avait appris le management et les nouveaux outils de gestion au fil du temps, toujours curieuse des innovations venant du privé et attachée aux valeurs de son secteur. Elle refusait le rôle de vestale de la tradition dans lequel syndicats et politiques cherchaient à la complaire, voulant agir en manager, tout simplement. Au cours de son coaching, elle prit conscience qu'elle maternait les 1 200 personnes lui reportant hiérarchiquement, ce qui la forçait à tout voir, tout résoudre et tout assumer. Au cours de son accompagnement individuel, elle décida de distinguer les bons des mauvais aspects de son leadership « maternel », pour n'en garder que les premiers : elle ne s'économisait pas en pédagogie et en soutien des membres de son équipe de direction, mais cessa de faire avec eux, ou à leur place. Deux ans plus tard, en arrêt de travail pour épuisement, elle m'appela pour évoquer un choix délicat entre une promotion sur un poste au siège et le management d'un organisme plus grand, mais dans une région qui la déracinerait. Elle n'aspirait qu'à rester dans son poste actuel, pour continuer à faire grandir les équipes. Un arrêt cardiaque fatal ne lui en laissa pas le temps. Elle est morte à 58 ans.

Le don de soi nécessite un dosage et une attention à soi autant qu'aux autres. D'où la question suivante…

Le leadership féminin est-il dangereux ?

Les hommes ont peur des femmes, la cause est entendue. Depuis la nuit des temps, ils se sont emparés du pouvoir sacré pour leur laisser le pouvoir domestique, les cantonnant ainsi au rôle de « sexe faible » sur des critères de force extérieure uniquement. Toute la domination de la planète repose sur cette hiérarchie des sexes. Certains datent cela du Néolithique, et de la victoire des éleveurs agriculteurs sédentaires sur les chasseurs-cueilleurs nomades : elle s'accompagna d'une assignation des femmes à résidence dans un rôle subalterne, préfigurant notre hiérarchie sociale. Le mythe de Médée ne raconte rien d'autre que cette prise de pouvoir par Jason, figure masculine, riche et solaire mais infidèle et narcissique, inconsciente de son ombre, donc coupée des notions de fertilité, de puissance lunaire et de fidélité aux mystères de la nature, qu'incarne Médée. L'histoire finit mal, Médée se suicidant avec ses enfants sous les yeux de Jason. Le féminin fait peur, sa puissance dégradée confine à la folie. Qu'est-ce que l'hystérie, sinon une énergie du corps-esprit entravée qui fuit dans la maladie mentale ? Le leadership féminin a donc des risques, qui sont l'ombre de mon ombre : le caractère envahissant et changeant du principe féminin peut-il se maîtriser ?

D'une part, nous pouvons agir avec **modération**. L'entreprise, comme toute institution sociale, tolère mal les emportements et moins encore l'irrationnel. S'installer dans son féminin intérieur ne signifie pas être sous l'emprise exclusive des émotions et de l'intuition ! Un des pièges du leadership féminin est de s'exprimer de façon vindicative et démesurée, ce qui perpétue une violence animale qui n'a rien de féminin ni de masculin.

245

J'ai accompagné la directrice de la communication de crise d'un groupe industriel, qui avait travaillé auparavant dix ans comme consultante en agence. Ce sont souvent des fonctions très « féminines », et très fragilisantes. Incontrôlable pour son management flegmatique, elle souhaitait prendre moins à cœur les projets qu'elle conduisait, et ne plus être source d'incendies relationnels qu'elle éteignait ensuite. Mais les choses étaient plus complexes que cela : passionnée et omniprésente, engagée et donneuse de leçons, elle rendait ses solutions inaudibles par une attitude de réclamation et de critique permanentes. Manquant de soutien dans son rôle stratégique qu'elle surestimait probablement, elle s'improvisait avocate de toutes les causes difficiles dans l'entreprise, attisant les rumeurs et colportant la diffamation de son directeur dans tout le Groupe. Elle parlait tellement que même les séances de coaching en devenaient insupportables. Je lui fis entrevoir le plus doucement possible l'inefficacité de son comportement d'égérie autoproclamée de la vertu bafouée, faisant appel à son bon sens et à son goût de la réussite. Cela lui fit trouver une certaine quiétude temporairement. Seule la méthode paradoxale se révéla pertinente : je l'invitai à préparer pour la séance suivante une riposte massive à tous les torts qu'elle avait subis dans sa carrière, et lui certifiai que nous la mettrions en œuvre très rapidement. Elle revint en colère contre mon côté pousse-au-crime, et entreprit, enfin, de faire la paix avec la guerrière infatigable en elle.

La figure de l'amazone a peu de chance de succès dans une entreprise gouvernée par une énergie masculine encore plus destructrice. Le féminin parle doucement en chacun de nous, à voix basse entre le cœur et le ventre, comme une musique infinie : l'entendez-vous ?

D'autre part, nous pouvons dépasser la position de **martyr**. Je dis souvent à mes clients gouvernés par l'archétype féminin qu'il y a peu de chance que l'adresse du siège social de leur entreprise soit rebaptisée à leur nom. C'est toujours une partie de mon ego qui trouve un bénéfice à être tantôt victime, tantôt sauveur, pour finir immolée sur l'autel de la performance. Ce faisant, je trahis la puissance féminine éternelle. Que puis-je faire de plus efficace que me sacrifier ? Quelle partie de moi refuse de lâcher prise, en prenant le faux nez du féminin intérieur ?

J'ai connu en supervision une coach suicidaire, qui mettait son énergie au service de situations impossibles. Voulant responsabiliser les autres, elle n'endossait pas la charge de ses clients et de ses proches, mais elle vivait toujours au milieu de situations inextricables. Je crois que sa croyance profonde était « la vie n'est pas simple », et qu'elle faisait tout pour la confirmer. Il y avait quelque chose de surhumain qui forçait l'admiration dans son dévouement, mais qui donnait aussi le vertige tant elle se mettait toujours en danger. Je n'ai jamais su lui dire mon ressenti sur son côté prométhéen, et ne sais pas comment elle y trouve son équilibre.

Enfin, nous pouvons nous méfier de la **fragilité érigée en dogme**. Au lieu de moraliser les comportements professionnels, cela conduit à créer de nouvelles idoles, qui ne résisteront pas à la prochaine mode de leadership. La force des faibles est dangereuse, car elle devient une posture systématique d'impuissance. Je crois, au contraire, que le féminin réside dans une variation fugace de l'humeur, un doute inattendu, un échec humiliant. Ce n'est pas un état permanent de l'être, et pourtant le principe féminin est essentiel à notre développement personnel, notre verticalité masculine. Christian Bobin parle du « *Très-Bas* » pour désigner ce rapport humble, précautionneux et fragile au divin. Pour moi, l'éternel féminin ressemble à cela. J'ai accompagné le directeur d'un centre d'art contemporain national. À 62 ans, il n'attendait pas du coaching qu'il transforme radicalement sa façon d'être, mais il souhaitait gagner encore en sérénité et en efficacité. C'était un grand émotif, écorché vif par une mère qui ne lui avait pas témoigné beaucoup d'affection. C'était encore une blessure à vif, et chaque situation y ressemblant le démolissait à nouveau. Son chemin de guérison intérieure fut de faire alliance avec cette souffrance, de l'assigner à résidence pour pouvoir s'en passer en d'autres circonstances : il s'agissait de se prémunir de situations trop violentes pour lui, tout en acceptant que cette plaie nar-cissique fût béante à ce point. Et dans tous les autres cas, il pouvait mobiliser son autorité masculine, qui ne demandait qu'à s'exprimer.

Exercice n° 20 :
Être efficace avec le féminin qui m'anime

Comment puis-je décrire la part féminine qui vit en moi ?

....

....

Dans quelles situations professionnelles puis-je l'exprimer davantage ?

....

....

Que vais-je faire concrètement dans les semaines qui viennent pour épanouir mon leadership féminin ?

....

....

Pour réhabiliter la puissance du féminin, nous avons besoin de tendresse et de douceur, avant tout pour nous-mêmes. Qu'en est-il de la responsabilité masculine ?

3. Rebâtir la responsabilité du masculin

L'autorité masculine a-t-elle jamais existé ?

L'humanité a une histoire tragique, que nos mythes fondateurs racontent tous : le viol du féminin intérieur par une force cruelle et tyrannique. Et si ce pouvoir viril était une imposture ?

Ce que l'on qualifie de « pouvoir masculin » n'a pas grand-chose à voir avec la masculinité dont il s'agit en coaching ; brutal, violent et dominant, c'est un homme barbare qui règne en nous, plus proche de la sauvagerie que de la civilisation. Peut-on retrouver un principe masculin qui n'aboutisse pas à la catastrophe ? À l'évidence, le registre masculin semble resurgir dans les questions de coaching et de développement personnel. Mais qu'est-ce qui nous y conduit, sinon le sentiment que la responsabilité masculine est à rebâtir sur des fondements plus humains ?

En premier lieu, nous pouvons **distinguer la pulsion de la volonté**. Le surhomme nietzschéen s'émancipe de ce magma indifférencié de la nature qu'est notre animalité pour s'hominiser. Or, je suis frappé de rencontrer une majorité de patrons mus exclusivement par la pulsion, qui agissent sans vraiment réfléchir au sens de leurs actes. Les dirigeants de sexe masculin tout particulièrement aiment se dépenser en actions visibles à retombées immédiates, conquérants et héroïques pour séduire la Femme, quelle qu'elle soit. Il y a quelque chose de pathétique dans cet épuisement de ressources pour capter du pouvoir, de l'argent ou de la notoriété, ces drogues de notre ego. Nous courons vite après des chimères presque par un comportement réflexe, que seul un accident de parcours interrompt (cf. chapitre 5). La jouissance sommaire que procure un succès quantifiable est toujours trop brève, et laisse un goût amer si nous nous définissons uniquement par cette recherche éperdue de conquêtes.

J'ai eu le privilège d'accompagner un homme politique dans son développement personnel et professionnel. En passant une journée de *shadowing* sur le terrain avec lui, je fus surpris de voir qu'il était totalement investi dans l'action, voire dans l'action réflexe. Certes, il arbitrait entre des dizaines de sollicitations et décidait incroyablement vite, mais il était sans cesse en mouvement. Rien ne résistait à son impulsion, il orchestrait tout, voyait tout et traitait instantanément les événements qui se présentaient à lui. Point d'espace de réflexion, point d'écriture d'un schéma de synthèse, point de temps pour avoir une vision d'ensemble. Cette addiction sans fin générait son propre stress, mais comment renoncer à une telle ivresse de toute-puissance ?

En deuxième lieu, nous sommes tous appelés à nous **verticaliser**. La station debout est le propre de l'homme, c'est aussi l'invitation à s'élever en ayant les pieds dans le sol et la tête dans les airs. La verticalité est, par essence, le symbole de l'éveil de la conscience. En sortant d'un état archaïque d'animalité, nous cocréons la part sacrée en nous. Le masculin ne se résume pas à un phallus symbole de pouvoir et de force vitale, c'est aussi un mouvement de croissance vers la lumière, la confiance, la protection, la sagesse, ou d'autres principes d'action masculins. Saint Paul parle de « *circoncision du cœur* », attestant notre responsabilité pour progresser dans l'accomplissement de soi.

Il y a quelques années, j'ai accompagné le directeur général d'une marque de haute couture et de prêt-à-porter. Créatif devenu manager, il n'avait aucun désir d'exercer de l'autorité et ne se posait guère de questions quant à son éthique, mû par un pragmatisme à toute épreuve : grisé par le pouvoir et par son statut, menant une double vie, amateur de fêtes et de sports extrêmes, il conduisait sa carrière avec cynisme et sans état d'âme. Il avait 42 ans, mais agissait comme s'il en avait 16. Cela s'enracinait dans un épicurisme de façade, cachant un syndrome d'imposture dans son leadership. Au fil de son coaching, je le vis sortir de cette adolescence symbolique. Mettre de l'ordre dans sa vie, faire preuve de cohérence entre son discours et ses actes, être moins égoïste furent quelques-uns des plans d'action qu'il entreprit. Quand je m'interroge sur l'effet déclencheur, je crois que c'est son fils de 6 ans qui lui fit prendre conscience de sa responsabilité d'adulte.

> Parfois, rien ne nous arrête dans notre quête nombriliste,
> sauf un enfant qui nous met face à notre responsabilité
> parentale, donc à notre verticalité.

En dernier lieu, nous pouvons prendre conscience de notre **potentiel de destruction**. Beaucoup de prédateurs sont en liberté en entreprise, déguisés en dirigeants à potentiel. Tant que je n'ai pas éprouvé les effets de ma cruauté ou de mon hostilité, qu'est-ce qui me fera changer ? Parfois, c'est le seul moyen de survie que j'ai trouvé, et tant que rien ne me résiste, je continue à infliger à mon entourage un management brutal et violent. Le directeur commercial d'une société financière a commencé un coaching de dirigeant pour assouplir son style trop direct, aux yeux de tous. Il ne lâchait sa proie que lorsqu'elle lui était soumise, induisant un management clanique et un comportement despotique en comité de direction : tout ce qui ne servait pas son département était voué aux gémonies. Le directeur général adjoint était en dépression nerveuse en partie à cause de lui, mais cela ne l'empêchait pas de sévir. Je voyais un garnement hyperactif dans un corps d'adulte, obsédé par la réussite matérielle pour affirmer sa virilité, et qui ne mesurait pas les conséquences de ses actes. Il y avait en lui une franchise édifiante, une vraie innocence infantile et pas le moindre calcul politique. J'eus le temps de lui renvoyer un reflet de son impact carnassier alors qu'il était le contraire de cela. Il me répondit qu'il était d'accord avec cette contradiction, et qu'il y travaillerait quand les affaires seraient moins florissantes. Il interrompit son coaching sans donner signe de vie. Deux ans plus tard, j'appris qu'il avait été congédié par le conseil d'administration, à l'occasion de la fusion surprise avec un établissement concurrent en plein *credit crunch* ; j'attends qu'il me rappelle...

Du barbare au guerrier, une voie de pacification

Le sexe faible n'est pas celui que l'on croit. La représentation est en crise, et les figures d'autorité symbolique remplissent difficilement leur fonction de ciment culturel et d'appartenance sociale. La mise à mort du père n'en finit pas de résonner dans nos inconscients individuels et collectifs, avec une construction d'identité masculine sans repère de leadership traditionnel. Une conception plus libérale et transgressive, privilégiant le réseau féminin par rapport à la pyramide masculine, est désormais la norme en matière de management, notamment pour la « génération Y ». Cette mutation fragilise le masculin : tout pouvoir hiérarchique est suspect d'abus, toute autorité formelle considérée comme tyrannique. Au-delà de la différence de genres, cela préfigure-t-il un management émasculé, perpétuant le viol du plus faible par le plus fort ? Car si le fils ne tue pas le père, il y a fort à parier que le père dévorera son fils. Tous les dirigeants que je rencontre, hommes et femmes, sont confrontés à cette perte de légitimité de l'autorité verticale : certains adoptent une attitude de retrait et désinvestissent le principe masculin, d'autres « passent en force » et terrorisent leur entourage – dans les deux cas, le masculin sacré leur échappe. À force de confondre violence et virilité, nous accélérons un processus de désymbolisation où seule compte la domination manifeste. Le psychothérapeute canadien Guy Corneau a beaucoup contribué à retrouver le chemin vers une masculinité noble, porteuse de paix et non de destruction. Qu'est-ce que le masculin dans sa version non dégradée ? Une énergie de puissance, de rayonnement et d'immatériel, au service de la protection des faibles et de l'écosystème vivant. Ce « *guerrier de lumière* », dont parle Paulo Coelho et que l'on retrouve dans les traditions chamaniques amérindiennes, est un homme vaillant, initié à des rites psychomagiques pour se dépasser, gouverner en conscience de soi et protéger les autres. Le seul combat dont parle Castaneda est un combat intérieur, avec nos démons égotiques. Il n'est point besoin d'obéissance, d'exploit ou de violence gratuite dans cette acception du masculin. La responsabilité masculine est de gérer « en bon père de famille » les choses et les personnes dont on a la charge. Comment retrouver une voie de pacification du barbare vers le guerrier dans nos vies professionnelles actuelles ?

D'une part, je peux aller à la rencontre de mon **homme sauvage**. Nous avons peur du caractère archaïque de la puissance du masculin, cette force tellurique que tous les mythes fantastiques racontent. Rien ne nous empêche de voir en face cette

252

énergie brute que nous avons en nous, pour la maîtriser, car, à force de l'ignorer, elle surgit à notre insu, dans des accès de rage et de colère qui nous épuisent autant que ceux qui en font les frais. Je rencontre souvent des dirigeants qui sont comme *L'Incroyable Hulk*, pétris de bonnes intentions, mais monstrueux dans leur façon de procéder. Ils tendent à anesthésier leur puissance masculine pour éviter les dégâts. Mais cette « *répression pulsionnelle* », au sens de Norbert Elias, n'est pas une vraie douceur ; elle est une inhibition de notre géant intérieur, qui devient ainsi un monstre dangereux. Je fais lire à mes clients particulièrement coupés de leur « homme sauvage » – et, on l'aura compris, potentiellement plus violents que les autres – le conte des frères Grimm *Jean de fer* dont parle Corneau dans un de ses ouvrages, car il décrit parfaitement le chemin d'unification entre certains archétypes masculins : le roi, le chevalier, le chasseur, l'enfant et, bien sûr, l'homme sauvage. Dans certains cas, j'encourage des cadres dirigeants à pousser un rugissement animal dans l'esprit d'un cri primal, dans mon bureau ou dans une forêt de leur choix, simplement pour éprouver cette partie tapie en eux-mêmes, qui ne demande qu'à être reconnue et domestiquée. L'effet est saisissant.

Je me souviens d'un client, associé d'un cabinet de conseil en stratégie, qui suivait un coaching court pour prendre plus d'aplomb et avoir plus d'impact auprès du collège des associés, de ses clients et des consultants qu'il encadrait. Âgé d'une trentaine d'années, ancien violoniste professionnel, il avait une solide réputation de séducteur dans le cabinet, et était père de deux enfants avec deux consultantes différentes. Fumeur et noceur, il avait décidé qu'il était temps pour lui de mettre de l'ordre dans sa vie. Au prétexte d'un conflit mineur avec un consultant qu'il encadrait sur une mission et qui ne respectait pas son autorité, je lui proposai de faire l'« exercice de l'extincteur » : nous jouons alternativement les deux rôles, debout et face à face, les mains sur un extincteur d'incendie qui symbolise toute la colère brute qu'il peut exprimer et renvoyer sur terre. À mesure que je l'invitais à se mettre en colère, à faire entendre son point de vue, à dire en termes crus ce qu'il pensait du consultant, etc., je vis le conflit intérieur entre le « gentil garçon », qui réprimait ce type d'émotions, et l'animal féroce hésitant entre la fuite et le combat. Au prix d'un effort sur lui-même, il finit par formuler avec force ce qu'il avait sur le cœur, et découvrit qu'il ne s'effondrait pas, au contraire. En général, il ne prenait jamais sa place avec cette détermination tranquille, il n'était pas étonnant qu'il ne fût guère écouté.

> Contacter l'homme sauvage ne signifie pas lui donner un blanc-seing sur sa propre existence, mais cela permet de s'installer dans sa force inébranlable, de s'enraciner dans une lignée masculine qui est à notre service à tout moment.

D'autre part, je peux choisir entre **la guerre et la paix**. C'est un choix conscient fondateur, quant à l'intention avec laquelle on interagit avec nos collègues et nos clients. Posez-vous la question de temps en temps : « Suis-je en train d'éteindre un incendie ou d'allumer d'autres feux ? » Vous constaterez l'immense responsabilité que nous portons à chaque instant pour envenimer ou réparer les situations rencontrées. Que faut-il pour rendre les armes ? Qu'est-ce qui a transformé en Itzhak Rabin le faucon en colombe ? Comment Gandhi est-il passé de la révolte nationaliste à la non-violence ? Que faut-il pour que le terroriste en nous signe un armistice ? Arouna Lipschitz raconte dans l'un de ses livres qu'il lui fallut beaucoup souffrir et beaucoup aimer pour cesser le feu avec elle-même. À chacun de trouver sa limite, sa boussole et son ange gardien.

Il y a quelque temps, j'ai accompagné une banquière d'affaires dans son évolution professionnelle. Habituée depuis toujours à livrer bataille sur tous les fronts, elle n'avait pas même conscience de l'énergie sanguinaire qu'elle déployait pour exécuter ses ennemis, pour humilier les uns et saboter le travail des autres. Elle souhaitait passer de la fusion-acquisition vers la direction générale dans l'industrie, et cela requérait encore plus de force et de sang-froid. Le coaching devait être sa nouvelle artillerie. Au fil des séances, elle entrevit les dommages collatéraux de son style belliqueux, y compris sur sa vie de famille. Comment raccrocher quand on a bâti toute sa carrière sur cette énergie de combat ? Elle apprit, certes, à se préserver plus, à ne plus s'acharner sur autrui quand la bataille était livrée ou perdue, mais avait-elle réellement choisi la paix ? Quand je la revis récemment, je la trouvai sereine, pleine de gratitude pour le miracle professionnel qu'elle vivait, mais plus seule que jamais dans l'exercice de son pouvoir.

Enfin, je peux me poser une question : « **Puis-je répondre de mes actes ?** » Je crois que le jugement dernier, s'il existe, s'actualise chaque jour, ce n'est pas un verdict solennel qui nous attend après une vie de purgatoire. La responsabilité, d'essence masculine, renvoie à cette question du répondant, au regard d'un principe qui nous transcende. Cet exercice d'examen de conscience est une façon très concrète de se verticaliser. Ai-je fait ce qui me semblait juste ? De quoi ne suis-je pas fier ? Comment puis-je faire acte de réparation ? Quel cadeau cette expérience m'apporte-t-elle ? Autant de questions qui nécessitent un peu d'intégrité et d'engagement avec soi-même.

Un directeur de salle des marchés dans une banque souhaitait développer son leadership, notamment dans le contexte de succession de son patron et mentor. Polytechnicien, célibataire, il flambait sa vie entre voitures de sport, jeux de hasard, alcool et cigarette. À 40 ans, il paraissait en avoir 10 de plus. Il avait quelque chose d'un clown triste, jamais vraiment grisé par sa vie. Une partie de son moteur ne tournait pas à plein régime, sous des dehors d'excès en tout genre. Il me livra un matin que la femme qu'il aimait le battait et qu'il craignait un jour de lui rendre les coups, de façon fatale pour elle. Comment se redresser dans sa vie d'homme pour sortir d'un tel cauchemar ? Il souffrait autant de subir cette humiliation incessante que de la peur de sa propre violence. À force de patience, d'écoute profonde de sa vérité, il décida finalement de se séparer – pas tant de cette femme que de la partie de lui-même qui y était associée. Il prépara comme une cérémonie sacrée chacun des actes qu'il entendait poser, mettant du soin et de la conscience dans l'intention, dans la forme et dans le fond. Je le vis renaître littéralement en même temps qu'il prenait congé de ce passé autodestructeur.

Le guerrier en nous est dans une énergie « *sharp* », dans cette acuité du regard et cette présence à l'essentiel difficiles à traduire en français. Un leader « *sharp* » sait marier le feu et l'eau, le sec et l'humide, le pouvoir extérieur et la puissance intérieure, le masculin et le féminin, pour qu'ils se complètent sans s'annihiler.

Réussir le mariage intérieur entre masculin et féminin

La vraie puissance est de se savoir impuissant. L'un des paradoxes majeurs du leadership est d'agir et de laisser être *en même temps* : il nous faut à la fois la volonté et l'engagement du principe masculin, et l'ouverture et le détachement du principe féminin.

Dans de nombreuses traditions, ce mariage intérieur entre le masculin et le féminin est une clé de développement immatériel. Annick de Souzenelle fait valoir combien la Bible mélange les notions de mari et femme, de frère et sœur pour célébrer ces « *épousailles intérieures* ». Que s'agit-il d'épouser au juste ? notre ombre, notre part mystérieuse et inconsciente. Cette alchimie intérieure procède de l'inclusion, de l'acceptation et de la conciliation entre des forces apparemment contradictoires. En matière de leadership, le coaching procède de ce même mouvement de dialogue intime entre nos forces et nos faiblesses, entre nos certitudes et nos doutes, entre nos désirs d'accomplissement et nos peurs enfouies. Si le principe masculin est la face émergée de notre leadership, il ne se suffit pas à lui-même, la toute-puissance conduisant à la folie ou à la chute. Comment s'y prendre pour réussir le mariage entre l'ombre et la lumière en soi-même ?

Premièrement, je peux **assimiler mon ambivalence**. Toute ambition est paradoxale, tout succès porte en lui le germe de l'échec : « *Je suis la plaie et le couteau, je suis le soufflet et la*

256

joue, je suis les membres et la roue, et la victime et le bourreau »,
dit Baudelaire dans *L'Héautontimorouménos*. En bon maïeuticien, je peux faire l'hypothèse à tout moment que mon énigme
porte en elle aussi sa solution intrinsèque. Le mariage intérieur
commence quand j'intègre que c'est moi qui m'entrave en voulant nier l'une ou l'autre partie de moi-même. Si je m'accepte
dans ma totalité, en conciliant mes contradictions les plus intimes, je deviens plus patient, plus indulgent et plus respectueux d'autrui.

Le directeur de la formation d'un groupe industriel souhaitait
mener un coaching pour résoudre une contradiction qui le
minait : était-il fait pour diriger un département opérationnel
ou pour occuper une fonction support stratégique ? Polytechnicien féru d'arts et de culture, entre l'action et la réflexion, le
pouvoir et l'influence, il n'avait cessé d'hésiter au cours de sa
carrière, induisant une trajectoire en zigzag qui le perturbait.
Pour ma part, je le trouvais très androgyne dans son style de
leadership : fin, doux et très introverti, il se montrait aussi cassant, combatif et engagé en toutes circonstances. J'avais le sentiment que son côté masculin tolérait mal son côté féminin, se
reprochant sans cesse d'être trop affectif ou pas assez déter-
miné. Et s'il y avait de la place pour ces deux facettes, en bonne
intelligence ? Je lui dis qu'il n'avait peut-être pas à choisir, que la
solution s'imposerait d'elle-même s'il tricotait harmonieusement
les deux fils de son canevas de personnalité. Naturellement,
son impatience et son cartésianisme voyaient cela d'un mauvais œil, mais il se prêta à l'exercice, refusant donc les deux
postes qui lui étaient proposés, l'un fonctionnel et l'autre opérationnel. Deux mois plus tard, le directeur général le convo-
qua. Il avait remarqué les qualités complémentaires de mon
client, et lui proposait d'agrandir son périmètre, couvrant des
projets transverses de ressources humaines, allant du développement des compétences à la gestion d'une université d'entreprise. Il se retrouvait à la fois opérationnel et fonctionnel, sans
avoir rien fait d'autre qu'un dialogue intérieur entre des
aspects de lui apparemment antagonistes.

Deuxièmement, je peux **descendre pour remonter**. Je crois que ce mouvement est toujours celui que nous faisons en développement personnel : descendre dans nos profondeurs, à la rencontre de nos ombres, avant de remonter plus haut, avec plus de lucidité et d'énergie. Accepter de descendre quand je ne sais pas si je remonterai est parfois difficile, mais c'est un moment incontournable en développement personnel, car il peut être nécessaire d'aller plus mal avant d'aller mieux (cf. chapitre 5). Le mariage intérieur consiste à revisiter inlassablement nos défauts, nos peurs et nos blessures, pour, à chaque fois, les accepter et les aimer un peu plus.

J'ai accompagné pendant deux ans un ancien élève du MBA d'HEC devenu consultant en stratégie. Très ambitieux, d'origine modeste, il avait un plan rationnel pour réussir sa vie professionnelle et privée, que seul le stress semblait entraver. De fait, il était sujet à des crises d'angoisse, pouvant aller jusqu'à des attaques de panique ou des épisodes dépressifs. Son parcours m'a beaucoup touché ; chaque séance de coaching était comme une gare d'étape sur son chemin, avec des bagages à laisser en consigne, des passagers clandestins à regarder en face et des droits de douane intérieure à régler pour pouvoir repartir. Il se montrait très courageux pour replonger et réparer sans relâche ses blessures multiples. Au fur et à mesure, il se densifiait de ses chagrins, de ses deuils et de ses espoirs, prenait une étoffe plus riche que l'arrivisme qui le motivait au départ. Moins pressé, plus grave parfois, il devenait un homme plus complet, plus féminin sans doute aussi.

Troisièmement, je suis invité à **mettre au monde mon enfant intérieur** (cf. chapitre 3). Ce mariage entre le masculin et le féminin, entre ces deux énergies cosmiques consubstantielles de notre être, est fertile et prolifique. Notre développement personnel consiste à accoucher de nous-mêmes, débarrassés des vieilles peaux de notre passé et des chimères de nos névroses. L'enfant intérieur que nous avons décrit plus haut a des parents symboliques dont nos parents biologiques ne furent que les messagers, ce sont les principes masculin et féminin que nous tentons d'unir chaque fois que nous nous exerçons au coaching de soi.

J'ai accompagné une sportive de haut niveau reconvertie dans le marketing industriel. Privée d'adolescence par une carrière internationale, elle avait de la peine à trouver sa place dans l'entreprise, jugée trop individualiste et exigeante par ses pairs et trop affective et susceptible par ses clients internes. On lui reprochait d'être trop junior et trop « féminine », alors qu'elle avait l'impression d'être trop sérieuse et trop « virile » ! Peu à peu, elle s'aperçut qu'elle avait à se réconcilier avec ce qu'elle rejetait le plus en elle, dans son histoire personnelle et familiale : dure et tendre, froide et éprise de contacts, toutes ses contradictions avaient leur place, pour peu qu'elle les intègre à la dirigeante adulte qu'elle était désormais. Accepter son enfant intérieur fut l'un des moments clés de son développement, tant elle le sacrifiait pour être rapidement acceptée dans le monde adulte. À la fin de l'accompagnement, elle ne se faisait plus de reproches quant à sa place dans l'organisation, elle avait seulement une furieuse envie de se pardonner et de s'apprécier elle-même.

La différence des genres n'est pas qu'une grille psychologique qui assignerait aux hommes et aux femmes de retourner sur Mars ou sur Vénus. C'est une clé d'entrée puissante dans notre dualité ontologique, une invitation à trouver la complémentarité là où semble régner l'opposition. Cette voie d'acceptation de l'autre en soi n'annonce-t-elle pas aussi une compassion réelle pour les autres ?

Chapitre 8

Pratiquer
le mimétisme compassionnel

Le mariage intérieur entre masculin et féminin est plus simple que la rencontre avec l'autre. Quel client, quel manager, quel collaborateur ou partenaire n'est pas, un jour, source de conflit et de contrariété pour nous ? L'entreprise est-elle le théâtre inéluctable de querelles et de luttes de tous contre tous ? Il y aurait une éthique contestable à faire du coaching de soi un outil d'affirmation égotique de l'individu, pour armer les leaders les uns contre les autres. En réalité, le coaching suppose une compassion primordiale, un accueil inconditionnel de l'autre dans ce qu'il signifie pour nous de désirable, de mystérieux, voire de haïssable. La compassion s'apprend-elle ? Une attitude compassionnelle est-elle contagieuse ? Est-il réaliste de la pratiquer dans la vie professionnelle ?

1. Adopter une intention bienveillante

« La pitié dangereuse », de la posture à l'imposture

Il règne une confusion sémantique autour de la notion de compassion en Occident : fortement déconsidérée par une pose religieuse, hypocrite, dégoulinant de bons sentiments, elle a mauvaise presse depuis *Tartuffe* et le siècle des Lumières. Une attitude objective, d'adulte à adulte, fraternelle sans prêchi-prêcha lui serait, dit-on, préférable. D'où vient ce discrédit ?

La pitié n'est pas la compassion. Cette position haute et condescendante, que l'on retrouve dans une certaine contrition humanitaire des gens célèbres ou des fondations d'entreprise, n'est que calcul et stratégie d'image, sans intériorisation ni humilité. Un supplément d'âme (solidaire, caritatif, de responsabilité sociale des entreprises – RSE –, etc.) fait surtout du bien à celui qui l'adopte, il lui donne bonne conscience. Pourquoi pas ?

La sympathie n'est pas la compassion. Certes, éprouver une communauté de souffrance soulage notre interlocuteur, et l'empathie est une attitude nécessaire pour créer la confiance en coaching. Mais elle ne suffit pas : la commisération et le détachement par rapport à l'action ont un caractère d'« assistance sociale » peu adapté aux relations professionnelles.

La compassion n'est pas un don ou une vertu que l'on détient, c'est une pratique concrète d'amour inconditionnel de l'autre, sans jugement négatif ni positif. Cette attitude consiste à chercher une source de bienveillance absolue ; nous nous y abreuvons quand nous plongeons dans l'acceptation de notre impuissance, et quand nous avons confiance dans les ressources propres de l'autre pour nous y rejoindre. C'est souvent par manque de compassion pour soi-même que les dirigeants que je rencontre peinent à résoudre leurs difficultés. Le terme de « miséricorde », bien que du registre religieux, décrit cette force qui transcende nos volontés dans une bienveillance totale. On est loin du *problem solving* et des outils d'usage en développement professionnel. Comment s'assurer que l'on est face à un coach bienveillant ?

La certification des coachs mesure des compétences, garantit le respect d'un code de déontologie et valide un parcours didactique et de supervision ; mais il n'existe pas, et c'est heureux ainsi, de label de bienveillance. Le paradoxe des systèmes professionnels d'habilitation est qu'ils font intervenir le jugement des pairs réunis en associations concurrentes – ou dans des instituts privés de formation. Les jeux de domination d'un champ professionnel et d'allégeance au maître y sont légion... Ce qui s'y déploie est moins un mimétisme compassionnel qu'un marketing de réseau.

Il y a quelques années, j'ai été contacté par le responsable du coaching d'un groupe industriel de grande consommation pour un référencement de coachs de dirigeants. Bien qu'ayant déjà mené des coachings dans cette entreprise, je me prêtai à l'exercice. Après avoir rempli un dossier classique, je fus invité à le rencontrer. Au cours d'un entretien interminable, je subis un interrogatoire inouï, mêlant des questions intimes très insistantes avec des considérations épistémologiques sur l'*organisational development*. L'intention était louable, mais la forme très maladroite, me mettant très mal à l'aise ; je crois qu'il voulait à tout prix me coacher et me faire une leçon de théorie des organisations. Lorsqu'il mit fin à cet entretien déstructuré, il m'informa qu'il souhaitait reprendre contact prochainement pour terminer l'entretien par trois heures d'approfondissement ! Je déclinai poliment la proposition. Il a quitté l'entreprise entretemps pour s'installer comme coach et formateur. J'appris plus tard qu'aucune demande de coaching des cadres dirigeants du Groupe n'a jamais transité par lui...

L'intention bienveillante est difficilement mesurable en entreprise, seule l'expérience concrète nous semble de nature à la déceler. En quoi le management ne suffit-il pas à l'exercice de cette compassion ? La compassion « en position haute » s'accompagne parfois de lâcheté managériale : lorsque la ligne hiérarchique se défausse sur un conseil externe, elle le fait parfois avec une apparence d'humanité qui veut surtout cacher un « bon débarras ».

Je me souviens de l'accompagnement d'un directeur de département dans un groupe de restauration collective qui souhaitait, sur recommandation de son directeur général, déployer plus de charisme et d'engagement dans ses décisions opérationnelles. Dans un métier gouverné par le terrain et les flux logistiques, il avait un côté cérébral et un ton professoral qu'il put corriger en quelques séances. Une grande bienveillance émanait de sa personne, et son leadership nécessitait seulement qu'il se désinhibe pour être plus performant. Ce qu'il fit, avec des résultats visibles dans son action. Lors d'un entretien de clôture du coaching, le discours de son directeur général lui fit cependant l'effet d'une douche froide : les critiques étaient les mêmes qu'avant le coaching, avec la bienveillance en moins. Je lui demandai comment il comptait aider mon client à réussir, et je n'obtins qu'une réponse évasive. Je crois qu'il craignait que son dauphin ne progresse trop vite, et convoite son propre poste de directeur général.

> Parfois, un coaching doit composer avec une maigre bienveillance de l'entourage pour permettre à la personne de progresser malgré tout.

Pour exercer sa bienveillance, je crois qu'il faut avoir reçu beaucoup d'amour, ou alors en avoir manqué infiniment. C'est un peu comme la loi de Durkheim à propos du suicide. Indépendamment des postures apprises souvent artificielles, rien ne remplace l'expérience de la personne coachée. Les meilleurs coachings sont ceux prescrits par des personnes qui ont elles-mêmes fait l'expérience du coaching. Mais je rencontre aussi beaucoup de prescripteurs de coachings qui sont des « grands brûlés » de la bienveillance, essayant d'offrir à leurs collaborateurs ce qu'ils ne s'accordent pas à eux-mêmes. Ce n'est pas idéal, mais c'est honorable quand c'est explicitement reconnu. Pouvons-nous cultiver de la compassion, y compris pour ceux qui s'en défendent ?

Dans une entreprise d'électronique grand public, j'ai accompagné le directeur d'un département sur des enjeux de maîtrise de son temps et de sa disponibilité, notamment vis-à-vis de l'équipe de direction. Sa prescriptrice était la directrice générale déléguée, qui refusait un coaching pour elle-même, et entretenait une relation très perverse avec mon client. Clanique, cinglante dans ses jugements, passionnée quoique pas affective, elle manageait par la terreur et dominait ceux qu'elle protégeait. Il régnait un climat de violence autour d'elle. Quand je la rencontrai, je découvris une femme brisée par la vie, ne faisant confiance à personne et qui cachait sa peur des autres derrière un cynisme et une franchise qui me touchèrent. Personne n'était dupe, pas même elle. Elle donnait le maximum de sa bienveillance à mon client *via* ce coaching. Un des enjeux fut d'aider ce dernier à s'émanciper de cette relation en cultivant de la compassion plutôt que de la violence à son encontre.

La compassion suppose un pari pascalien sur l'autre, au-delà des postures et des impostures. En quoi le coaching est-il pertinent pour s'y exercer ?

Pas de coaching sans amour inconditionnel

Peut-on coacher quelqu'un sans l'aimer ? Peut-on manager ses collaborateurs sans les aimer ? Peut-on servir un client sans l'aimer ? Je crois que non. La condition du succès d'un coaching consiste à s'installer dans un amour inconditionnel de ce que la personne dégage, sentiment souvent plus grand que l'estime qu'elle se porte à elle-même. Quel autre délivrable d'un coaching que cette compassion pour soi, qui assouplit le regard porté sur le monde ? Au-delà de l'intention pensée et en deçà du « transport » ressenti, la compassion est un état involontaire dès lors qu'on le cultive. En suspendant mon jugement, en regardant l'autre qui se présente sur ma route comme une occasion d'avancer dans mon développement personnel, je sors du conflit interpersonnel et de la lutte sans merci. Comment s'y exercer ?

D'une part, **une partie de moi peut toujours aimer une partie de l'autre.** Catherine Bensaïd et Jean-Yves Leloup ont proposé, dans un de leurs ouvrages, une échelle des états amoureux. Preuve que l'on peut doser, graduer et grandir dans notre accueil inconditionnel d'autrui. Cette échelle nous fait sortir d'une lecture binaire amour-haine, et offre la perspective de trouver chez l'autre quelque chose d'aimable, ne serait-ce que partiel. De l'amour appétit à l'amour gratuit, nous avons dix registres d'expérience, autant de territoires affinitaires à cultiver pour pratiquer la compassion.

Pendant quelques mois, j'ai accompagné un client directeur financier dans le secteur de l'énergie. Contraint au placard par le DRH, il souffrait d'une réputation de redresseur de torts, héros solitaire stakhanoviste dans une entreprise conservatrice et aux multiples réseaux internes. Son comportement était problématique pour ses hiérarchies successives, mais ses résultats opérationnels s'avéraient excellents. La rencontre fut rude : je vis un homme d'une quarantaine d'années, obsédé par l'ordre, torturé par des principes moraux hérités d'une éducation extrêmement rigide, dont les propos étaient souvent confus et excessifs. Se voyant comme victime d'un système bureaucratique, il était étranger à lui-même, peu conscient de la violence et de la dureté qu'il dégageait. En respirant profondément, je contactai intérieurement la partie de moi qui pouvait aimer instantanément une partie de lui, sans jugement. Mon enfant rebelle et solitaire resurgit, avec une vraie compassion pour son côté fils d'enseignants, dernier d'une fratrie de six, pour qui la pression à la réussite scolaire n'avait jamais étanché une soif d'amour et de justice. À chaque séance, n'écoutant pas le contenu de ses propos, je me focalisai sur le processus dans lequel il se trouvait en m'installant dans cette partie de moi qui aimait profondément cette autre partie de lui. Peu à peu, il s'apaisa, parla avec douceur de ses proches et s'engagea sur des plans d'action visant à témoigner plus d'indulgence pour lui-même, donc pour les autres. Cette brèche ouverte, il a désormais les clés d'un développement personnel plus profond, qu'il pourra faire dans d'autres lieux en étant devenu aimable.

Exercice n° 21 : Gravir l'échelle de l'amour

En songeant à vos relations professionnelles actuelles, sur quel(s) échelon(s) de l'amour pourriez-vous positionner chacun des liens qui vous importent le plus ?

10 : *agapè* (amour gratuit) : « Ce n'est pas seulement moi qui t'aime, c'est l'Amour qui aime en moi. »

....

....

9 : *charis* (amour célébration) : « C'est une grâce de t'aimer. »

....

....

8 : *eunoia* (amour dévouement) : « J'aime prendre soin de toi. »

....

....

7 : *harmonia* (amour harmonie) : « Je trouve le monde plus beau quand tu es là. »

....

....

6 : *storgè* (amour tendresse) : « Je suis touché(e) que tu sois là. »

....

....

5 : *philia* (amour amitié) : « J'aime ta singularité. »

....

....

4 : *eros* (amour érotique) : « Je te désire. »

....

....

3 : *mania pathè* (amour passion) : « Je ne peux pas me passer de toi. »

....

....

2 : *pothos* (amour besoin) : « J'ai besoin de toi. »

....

....

1 : *porneia* (amour appétit) : « Je te mangerais. »

....

....

(D'après Leloup et Bensaïd, voir bibliographie en fin d'ouvrage.)

D'autre part, **ce que je déteste chez l'autre est aussi en moi**. C'est un principe d'universalité qui, de Térence à Montaigne, nous incite à rejoindre le monde dans une « commune humanité ». Voir le défaut de l'autre comme le reflet du même défaut chez soi est un sûr moyen de pacifier nos relations, et de sortir du reproche ou de la vanité.

J'ai connu un DRH particulièrement narcissique, qui s'employait à critiquer tous les membres du comité de direction susceptibles de lui faire de l'ombre. Le directeur financier était fourbe, la directrice marketing était incompétente, le directeur de la logistique paresseux, et le directeur général faible – personne ne trouvait grâce à ses yeux. Quand je l'invitai à voir en lui-même le fourbe, l'incompétent, le paresseux ou le faible, il fut d'abord interloqué. Puis je le vis rougir, et balbutier qu'il avait longtemps combattu ces mêmes démons intérieurs. L'image de la médiocrité lui était si insupportable en lui-même qu'il la pourfendait chez les autres. En prenant conscience de sa propre fragilité n'affectant pas sa valeur d'homme et de manager, il put travailler sur un registre plus bienveillant avec les autres membres du comité de direction.

Enfin, je peux **me « brancher sur la fréquence »** de l'autre. Ce n'est que dans ma pleine subjectivité que je peux accueillir inconditionnellement celui qui vient à ma rencontre. Un paradoxe du coaching consiste à plonger profondément en soi tout en entrant complètement en vibration avec la réalité vécue par l'autre. Cet aller-retour entre soi et l'autre permet d'éviter les projections et de parler authentiquement de cœur à cœur. Êtes-vous apte à devenir caméléon pour mieux exprimer ce qui vous tient à cœur ?

Dans le cadre d'une formation interne au coaching des consultants de son cabinet, j'ai accompagné individuellement le patron d'un cabinet de conseil en ressources humaines, spécialisé dans le recrutement et l'outplacement. Proche de milieux politiques, auteur de livres pamphlétaires et très exposé médiatiquement, il préférait exercer son métier au contact des clients plutôt que de manager ses consultants et chargés de recherche. La formation mit en évidence qu'il était probablement le moins à l'aise avec les techniques et les attitudes du coaching, interne comme externe. Comment faire progresser l'ensemble du cabinet sans fragiliser son patron ? En m'efforçant de regarder le monde avec ses lunettes, je compris que l'exemplarité managériale n'était pas son registre. Il avait besoin de briller et de rayonner à l'extérieur du cabinet, à la fois pour sa respiration personnelle et pour le flux d'affaires de sa structure. Je l'encourageai à expliciter sa logique auprès des consultants qui attendaient de lui une présence plus forte. À sa grande surprise, toute l'équipe salua sa franchise et son humilité, et de nouveaux modes de responsabilisation furent instaurés d'un commun accord.

Se forger une éthique compassionnelle

La pratique compassionnelle renvoie à soi autant qu'à l'autre. Elle suppose aussi une éthique personnelle ; comment concilier une attitude humaniste avec la logique de performance ? En vertu de quoi y a-t-il de la tolérance pour des fragilités humaines au sein de mon équipe ? Par quels principes moraux suis-je animé dans mon leadership ?

Qu'il s'agisse d'une fraternité laïque ou de la mise en œuvre d'un « christ intérieur », la compassion ne va pas de soi dans la vie professionnelle. Et pourtant, nous disposons tous d'une capacité d'acceptation, de compréhension et d'humanité immense. Sans rousseauisme, je crois que c'est la tendance naturelle de la majorité des cadres dirigeants que je rencontre que de vouloir réussir en restant humain. Le bien est ontologique, le mal ne l'est pas, comme le signale saint Augustin pour qui la charité n'allait pas de soi : pour lui, c'est dans l'oubli de soi que l'on peut parvenir à être heureux, comme l'analyse Hannah Arendt. Le choix fondateur que nous sommes invités à faire dans la vie professionnelle est de concilier l'exigence de résultats et la bienveillance quant à leur atteinte. C'est dans cette tension que le coaching intervient, révélant que l'un peut même servir l'autre. Comment l'attester ?

D'une part, la **cruauté** n'apporte rien au management. Je n'ai jamais rencontré une entreprise régulée par la violence interne qui fut durablement efficace, comme le confirment les travaux de Jim Collins. Au-delà du contrat de travail qui fait consentir certains collaborateurs à travailler dans des conditions plus ou moins confortables, je crois que l'intérêt du manager est de les traiter avec bienveillance. La générosité est rentable sur la durée, pas seulement en termes de rétribution matérielle, mais aussi dans les valeurs insufflées par l'encadrement.

Dans une entreprise du secteur mutualiste, le président cherchait à réformer les comportements de management auprès de ses cadres stratégiques. Dirigeant très paternaliste, figure emblématique des valeurs mutualistes de solidarité et d'entraide, il n'en était pas moins un entrepreneur innovant, soucieux de la rentabilité et de la croissance de son entreprise. Mais il sentait que s'il ne créait pas une dynamique de changement, l'idéologie paralyserait l'entreprise sur des marchés en plein essor. Quand je rencontrai son comité de direction, je fus surpris du contraste avec lui : c'étaient des chasseurs de primes, individualistes et opportunistes, qui ne se reconnaissaient en rien dans le « folklore » du secteur – tout juste toléraient-ils l'utopie de leur président, pourvu qu'il leur laisse la liberté d'entreprendre. Rien ne régulait les comportements au sein du collège de direction, avec l'impact que l'on imagine sur le reste de l'entreprise. En les sensibilisant à l'inefficacité de la cruauté et à la perte d'énergie qui résultait du fonctionnement en ordre dispersé, chacun put incarner concrètement ce qu'il entendait par les valeurs qui l'animaient. Après quelques ricanements, les directeurs prirent la mesure de la révolution éthique que le patron leur imposait. D'un fonctionnement de cour d'école, ils apprirent peu à peu à s'écouter, à s'apprécier et à s'encourager même dans un sens d'intérêt général qui ne demandait qu'à s'exprimer.

D'autre part, je peux **soulager** mes interlocuteurs en toutes circonstances. Ce *servant leadership* déjà évoqué (cf. chapitre 5) consiste en une démarche systématique d'allégement de la problématique plutôt que d'aggravation. Cela n'empêche pas des différences de vue et des stratégies personnelles, mais cette posture *a priori* de simplification de toute situation crée un climat bienveillant et de soutien. Toutes les fonctions support en entreprise n'ont-elles pas dans leur raison d'être cette éthique compassionnelle ?

J'ai connu un DRH dans l'industrie agroalimentaire qui s'était formé au coaching et à la PNL sans autre intention que de faire mieux son métier. Habitué aux groupes anglo-saxons, les plans de réduction d'effectifs et les entretiens de licenciement étaient parfois son quotidien. Je n'ai pas rencontré de professionnel des ressources humaines plus habité par des questions éthiques sur son rôle et sur la portée humaine de ses actes. D'éducation protestante, ancien frère d'une loge maçonnique, il mettait un soin particulier, en restant dans l'ombre, à écouter, accompagner et faire progresser ses collaborateurs, qu'ils soient patrons ou ouvriers. Quand je lui demandai s'il n'était pas las de mener le énième chantier social lourd, il réfléchit puis me dit qu'il aimait se sentir utile dans ces moments douloureux, qui étaient inéluctables dans son industrie. Les salariés quittaient l'entreprise, mais heureux et transformés par leur rencontre avec lui.

Enfin, je peux **donner aux autres ce que j'attends** le plus d'eux. Cette inversion du reproche en gratitude (cf. chapitre 7) est un puissant levier de changement de représentation. Souvent, la même énergie alimente le manque et la ressource, le besoin et la gratuité. Si tel comportement ou tel événement me sont indispensables, alors c'est que j'ai le pouvoir de les reconnaître, de les provoquer et de les entretenir. Il suffit de donner ce que je demande le plus aux autres.

J'ai accompagné le directeur des études et de la prospective d'un organisme du secteur sanitaire et social. De formation documentaliste, ayant gravi les échelons de l'organisation au fil de ses vingt-cinq ans de carrière, il encadrait 10 chargés de mission de profil consultant en stratégie et 15 documentalistes qui étaient ses anciens collègues. Peu préparé à accueillir les changements de métier et d'organisation qui gagnaient son environnement économique, il s'évertuait à reprocher aux juniors leur manque d'expérience et aux seniors leur manque de réactivité, sans s'apercevoir qu'il induisait ces comportements par son micromanagement et son autorité strictement fondée sur l'expertise. Quand il commença à privilégier avec son équipe l'attitude qu'il attendait d'elle, il eut le sentiment que la loi de gravitation s'inversait : à quoi cela rimait-il de remercier des collaborateurs ingrats, ou de partager des informations avec les plus réfractaires au *reporting* ? En quelques mois, l'effet de contagion fut pourtant flagrant : chacun adoptait le comportement que le manager avait induit, bien au-delà des attentes de ce dernier.

La bienveillance est une ligne de conduite qui modifie soi et autrui, notamment par l'imitation qu'elle entraîne. Quels sont les bienfaits de ce mimétisme compassionnel ?

2. Découvrir les bienfaits du mimétisme

Inverser la violence du désir mimétique

Au commencement était la convoitise... En contrepoint de la prohibition de l'inceste formulée par Claude Lévi-Strauss comme constitutive de la civilisation, René Girard a dégagé de ses travaux d'anthropologie une lecture plus libérale et plus tragique de l'humanité : c'est le désir mimétique qui nous conditionne ; nous convoitons la même chose que notre voisin. Pourquoi ne nous entre-tuons-nous pas ? Les mythes antiques répondent : parce que la violence potentielle à l'intérieur du groupe est canalisée sur une victime expiatoire, innocente ou non, à l'extérieur du groupe social. La thèse de Girard sur le bouc émissaire est la base de tout coaching d'équipe, à mon sens : prévenir les mécanismes de tiers exclu et augmenter le discernement des dirigeants sur cette pulsion de sacrifice rituel d'un des leurs me semble une fonction essentielle du coach de comité de direction, sinon la seule.

Le seul ennui avec le bouc émissaire, c'est que ça ne fonctionne pas. Le feu allumé par la violence symbolique est contagieux, il se déplace, s'amplifie et réclame une immolation après l'autre. La tentation mimétique n'est donc pas, en soi, une bonne nouvelle. Comment inverser ce cycle de violence ritualisée ? L'alternative à cette tragique organisation du lien social est dans la mise en lumière du mécanisme lui-même. Révéler l'inhumanité du bouc émissaire, en déjouer les stratagèmes pervers, permet seul de liquider la tentation de rejeter au lieu d'inclure, de nier au lieu d'accepter. C'est, selon Girard, la révélation de l'Évangile que d'inviter l'humanité à rompre avec cette violence émissaire. Dans le quotidien de l'entreprise, nous sommes toujours au stade primitif du mimétisme négatif : concurrence pour les postes clés, jalousies entre départements pour l'obtention d'un budget, perversion des outils de comparaison des personnes et des projets (*benchmarking* et 360°). Comment passer d'un mimétisme négatif à un mimétisme positif, sublimant le désir du même en accueil inconditionnel du même comme du différent ?

Primo, je peux **imiter les bons côtés d'autrui**. Oser voir chez mon collègue un attribut que j'envie ne signifie pas que je vais lui nuire pour autant. Je peux choisir de lui rendre hommage en imitant son comportement. Je peux lui emprunter sa vertu et en faire quelque chose de différent de lui, s'il en a peut-être fait un vice à mes yeux. Je peux surtout voir combien la logique de comparaison est une impasse, soit parce que je dispose sans le savoir des mêmes dons, soit parce que l'objet de ma fascination est illusoire.

Il y a quelques années, j'ai accompagné un directeur dans la filière finance en pleine tourmente de l'entreprise où il travaillait, suite à un scandale médiatique qui menaçait cette dernière de faillite. Dévoué et admiratif pour son directeur financier, ne comptant pas ses heures, il pilota héroïquement le sauvetage des comptes et géra une équipe jour et nuit tant que l'urgence le nécessita. Cela dura deux mois. Quand je le revis, il avait perdu dix kilos, n'avait pas revu ses enfants depuis des semaines, mais se sentait fier du travail accompli. Il était sûr que le directeur financier en tiendrait compte au moment des augmentations et des primes individuelles, d'autant qu'une promotion lui avait été refusée l'année précédente. Il attendit, rien ne vint. Commençant à s'impatienter, son admiration pour le directeur financier se mua en agacement, puis en colère. Quand je l'invitai à voir que le directeur en question n'avait probablement pas changé du tout au tout, que c'était probablement son regard qui le diabolisait après l'avoir idéalisé, il résista dans un premier temps ; puis il entrevit ce qu'il pouvait apprendre du comportement de son patron, y compris dans cette situation qu'il vivait comme injuste : le sang-froid, l'inutilité du sacrifice personnel, le sens des priorités, l'absence de favoris et de courtisans… Il comprit que son attente était pour partie infantile, et qu'il trouvait là

© Groupe Eyrolles

une occasion de grandir. Quand, trois mois plus tard, sa promotion fut annoncée, il n'y accorda guère d'importance,
s'interrogeant sur l'implication qu'il souhaitait désormais avoir
dans son travail.

Secundo, je peux **répondre aux « non » par un « oui » intérieur**.
Le mouvement d'inclination et d'acceptation que les choses
sont comme elles sont n'est pas une résignation contrainte,
c'est un réel acte d'humilité dans lequel nous dépassons nos
résistances à éprouver une compassion profonde pour tout ce
qui nous entoure. Le bénéfice que nous trouvons à tenir une
position compassionnelle est beaucoup plus vaste qu'on l'imagine, et s'avère contagieux à notre entourage. Au lieu de me
soumettre à la tentation de me battre contre un client ou un
partenaire, de défendre mon point de vue de toutes mes forces, comment puis-je persévérer dans ma bienveillance contagieuse, même s'il ne la perçoit ou ne l'exprime pas ? En quoi
l'invitation à la violence empêche-t-elle d'être dans la bénédiction et la gratitude ? Comment les différends renforcent-ils ma
compassion inconditionnelle ?

Au cours de son accompagnement individuel, une jeune associée dans un fonds de capital-risque découvrit que sa demande
initiale n'était pas juste : dans un environnement âpre et misogyne, elle souhaitait s'endurcir et s'affirmer pour s'imposer
auprès des clients et des partenaires du fonds. Or, à mesure
que le coaching se déroulait, elle découvrit qu'il lui était
impossible de nier ses valeurs humaines pour réussir. Au lieu
de se faire violence pour jouer avec les règles imposées, je
l'invitai à approfondir son credo, à amplifier son respect de la
personne humaine en toute occasion et à ressentir ce qui se
passait en elle lorsqu'elle esquivait les tensions en réaffirmant
sa confiance – en un client, en un junior, etc. La peur de mal
faire, voire d'être licenciée, s'estompa avec le temps, au profit
d'un sentiment de plénitude et de légitimité intérieure à faire
son métier sans se trahir. Au final, elle s'était effectivement
affirmée sans se nier pour autant.

Tertio, je peux toujours **mettre un genou à terre** en premier. Quand la relation est difficile avec quelqu'un, nous n'avons jamais rien à gagner à nous draper dans notre orgueil blessé et à attendre que l'autre fasse le premier pas. Après l'effet de surprise, un mimétisme de nature à dénouer la relation est à la clé, comme dans les comédies de Molière, où celui qui tombe le masque en premier favorise le *happy ending*. Le pardon ou la magnanimité ne sont pas que des notions abstraites, ce sont aussi des exercices d'assouplissement pour ne pas nous scléroser sous l'effet de la susceptibilité et de la rancune. Sommes-nous prêts à fluidifier nos relations humaines ?

J'ai accompagné pendant quelques années le directeur général d'une banque d'investissement européenne sur les registres symboliques de son développement. Polytechnicien de 42 ans mais étranger au sérail, tout lui réussissait sur un plan professionnel, restructurant à grande vitesse une banque « belle au bois dormant », en créant une dynamique positive autour de sa vision et en s'entourant d'hommes loyaux et compétents. Mais l'héritage calamiteux de son prédécesseur, le contexte politique complexe de son actionnaire et la dégradation des marchés eurent raison de son succès : malmené par la crise financière, son président réclamait qu'une tête tombe pour apaiser les actionnaires qui connaissaient mal le secteur de la banque d'investissement et nourrissaient divers préjugés à son égard. Son président le lâcha en lui demandant d'assumer les errements du passé, et demanda sa démission. Je le revis deux fois par semaine en plein cœur de la tourmente médiatique, quand ses conseillers de communication et son agent de relations publiques l'encourageaient à riposter par voie de presse : publier une tribune, lancer une campagne de diffamation, allumer des contre-feux à partir d'un concurrent, faire du chantage grâce aux dossiers confidentiels qu'il connaissait... Nous travaillâmes, au contraire, sur l'enseignement positif de tout cela, et sur le mouvement intérieur que cela générait en lui : il était déçu, blessé, mais grandi par cette expérience. Son côté jeune-turc n'était pas étranger aux épisodes récents, et les signaux faibles qu'il n'avait pas voulu voir dans son entourage se payaient

276

chèrement aujourd'hui. Il adopta la voie de la sagesse, acceptant l'humiliation immédiate, ne surenchérissant pas sur la calomnie, et entama un cycle de rencontres informelles avec des philosophes, des économistes et des acteurs de la société civile, pour se consacrer à un projet qui lui tenait à cœur : réinventer une banque humaniste.

La violence mimétique a son double dans le choix délibéré de la compassion sans attente en retour. Quel regard cela nous fait-il porter sur autrui ?

Voir en l'autre un allié

Plus je fais de développement personnel, plus je suis seul face à moi-même, mais plus j'ai conscience aussi que nous sommes nombreux à partager cette communauté de solitude, si l'on peut dire. Plutôt qu'un altruisme béat ou tactique, ce n'est qu'en apprivoisant toutes les facettes de soi-même que l'on peut commencer à rencontrer l'autre à l'intérieur de soi, puis à l'extérieur.

En d'autres termes, les lois du mimétisme m'inspirent que tout ce qui me plaît ou me déplaît, m'attire ou me fait peur, m'amuse ou me révolte chez l'autre parle **toujours** de moi. La formule de Palo Alto « *on ne peut pas ne pas communiquer* » est incomplète, j'y ajouterais que l'on ne peut pas communiquer non plus… Dans la vie professionnelle, voir les autres comme des reflets dorés ou sombres de soi-même ne rend pas égocentrique, mais plus conscient des projections incessantes de son monde intérieur sur la réalité externe.

Dans sa découverte du chamanisme amérindien, Carlos Castaneda parle de l'« allié » qu'il rencontre en état altéré de conscience. Sorte de « double moi », l'allié est ce qui confère au guerrier toltèque le pouvoir de s'approcher de la connaissance de réalités parallèles en se détachant de la réalité apparente, d'aller du *tonal* vers le *nagual*. Les personnes qui sont sur ma route professionnelle n'y sont pas par hasard. Pour instaurer une relation de bienveillance mutuelle, j'ai d'abord à contacter intérieurement la partie de moi qu'ils font vibrer, positivement ou négativement. Comment procéder ?

D'une part, en pratiquant la **synchronisation**. Cette technique, issue de la PNL, permet de s'ajuster sur le canal de communication de l'autre. Ce n'est pas qu'un mimétisme comportemental, mais aussi une façon d'entrer en osmose avec l'univers de l'autre, par un effort de concentration et une intention d'accueil inconditionnel. Par la respiration, le contact visuel ou le toucher, nous pouvons nous brancher sur la réalité profonde de l'autre, et visualiser intérieurement (rêve éveillé, flash intuitif, émotion immédiate) ce que cela produit en nous.

Au cours de l'accompagnement d'un client, j'ai ressenti la nécessité de me synchroniser profondément avec lui pour que nous puissions échanger utilement. Il suivait un coaching pour assouplir l'image abrupte et colérique qu'il renvoyait de lui-même, et qui lui fermait les portes d'un poste de directeur général, malgré un parcours de carrière irréprochable. Directeur d'un grand projet sidérurgique, stakhanoviste omniprésent, touche-à-tout infatigable, son esprit était sans arrêt occupé ailleurs et je sentais bien que le mode opératoire du coaching ne lui convenait pas. Il avait quelque chose d'animal, de tripal et d'impulsif que la réflexion raisonnée et sophistiquée n'effleurait pas. Bâti comme un colosse, il dégageait une violence retenue qui tenait tout le monde à distance. Lors de nos rencontres et juste avant celles-ci, je me concentrais sur lui, adoptant le même rythme de respiration et calant ma voix sur la sienne. L'animal totémique qui surgit en moi fut un grizzli ; je le voyais comme un ours colossal, grognant au fond de sa tanière, effrayé par ceux qu'il effrayait, infiniment seul et triste de la terreur qu'il inspirait. Je compris ainsi que la seule façon de le rencontrer était d'aller, moi aussi, à la rencontre de mon grizzli intérieur. Inconsciemment, je lui parlai en endossant ma peau d'ours, acceptant de « boxer » avec lui et m'adressant à lui dans un même langage direct, âpre et pourtant sensible. Il se laissa approcher, acceptant mes feed-back et formulant très précautionneusement les plans d'action qu'il refusait auparavant. Une complicité, à un autre niveau de réalité, était née entre nous.

D'autre part, je peux regarder le **verre à moitié plein** chez l'autre. Il y a toujours une partie de mon ennemi le plus farouche susceptible de me toucher et par laquelle je peux commencer à l'aimer. Ici encore, c'est un choix éthique fondateur que de voir plutôt le verre à moitié plein qu'à moitié vide. En suspendant ainsi mon jugement l'espace d'un instant, s'ouvre la possibilité de me reconnaître en l'autre, et de partager quelque chose de son expérience de vie.

J'ai accompagné la directrice d'un établissement de soins en région, qui encadrait 700 personnes environ. Elle entamait chaque séance par un cahier de doléances, me racontant par le menu tous les torts et les humiliations qu'elle avait subis de la part de son directeur adjoint. À ses yeux, ce collaborateur pourtant compétent n'avait d'autre obsession que de lui nuire. Il y avait un terrain paranoïaque qu'elle soignait par ailleurs, mais il n'y avait pas que cela. Que rejouait-elle dans ce couple infernal ? En quoi ce sentiment incessant de persécution la justifiait-elle dans son leadership ? Que reprochait-elle à son adjoint qu'elle aurait pu aussi bien s'appliquer à elle-même ? En menant ces réflexions, elle constata à quel point elle en voulait à son adjoint d'être comme elle : secret, autoritaire et affectif. Sans s'en rendre compte, à mesure qu'elle se voyait en miroir dans cet homme, elle commença à moins le détester. Toujours méfiante à la fin de son coaching, elle commença à lâcher prise, consciente qu'elle provoquait les problèmes dont elle se croyait victime.

Enfin, je peux **regarder profondément l'autre**. Il m'est difficile de transmettre cette rencontre par le regard, qui est trop indicible et sacrée à mes yeux pour en faire une technique de coaching. En regardant pendant une seconde en face quelqu'un droit dans les yeux – faites l'expérience, c'est impossible de regarder les deux yeux en même temps ; Castaneda évoque que l'œil gauche est celui par lequel l'esprit du *nagual* se manifeste – il se produit quelque chose en moi. Le regard est-il le miroir de l'âme ? Ici encore, au-delà des outils de PNL ou des techniques de mouvements oculaires, certes efficaces, nous plongeons dans la vie intérieure de l'autre en regardant attentivement ses yeux. J'y vois les émotions racines, les valeurs profondes, les blessures anciennes même. Il y a quelque chose de cette nudité absolue qu'évoque André Gide dans *Les Nourritures terrestres*, pas seulement dans la peau mais dans les yeux. Tourné à Matera, ville troglodyte du Mezzogiorno où même les pierres semblent avoir des orbites, *L'Évangile selon saint Matthieu* de Pier Paolo Pasolini est truffé de ces images fixes, gros plans face caméra, propres au réalisateur italien. Ces regards en disent long sur ce qui nous transfigure dans certaines rencontres, mystiques ou non. Oserez-vous regarder vraiment vos collègues à la prochaine réunion ? Pourrez-vous vous laisser attendrir par ce que les yeux révèlent que le discours ne dit pas ? Irez-vous jusqu'à laisser les autres dévoiler votre bienveillance sans détourner le regard ?

J'ai accompagné un banquier d'affaires il y a quelque temps dans le développement de son leadership, notamment auprès de ses clients. Quand je l'écoutais, j'entendais le récit d'un brillant élève, diplômé de Polytechnique et titulaire d'un MBA de l'INSEAD, dont le ton trahissait parfois une certaine fatuité et une aspiration intellectuelle très haute. Mais quand je regardais ses yeux, je voyais une détresse inconsolable et une douceur qui me bouleversait. Étais-je victime d'un biais morpho-psychologique ? En échangeant sur ce ressenti, nous fîmes l'un et l'autre connaissance avec cette partie souterraine de lui-même qui vivait en lui, et qu'il commença par nier : sa mélancolie. Sa vie professionnelle était une sorte de pis-aller, en attendant le rôle de sa vie. Ses yeux criaient cela, et il n'entendait pas ! Peu à peu, il apprit à se voir de l'intérieur, à soutenir ce regard et à le consoler intérieurement, à cultiver aussi le « troisième œil » en lui qui percevait l'essence des choses. Je retiens de lui la transformation de son regard au cours de son coaching, habité par une empathie profonde et joyeuse.

Voir en l'autre un allié consiste, en somme, à repérer nos similitudes pour mieux accepter nos différences. Mais la vie professionnelle ne nous laisse pas toujours le temps de cette danse mimétique : que faire lorsque mon client, mon patron ou mon collègue ne m'inspire que de la haine ?

Le contraire de l'amour n'est pas la haine

Nous avons vu l'échelle de graduation des sentiments amoureux. Y a-t-il la même échelle en négatif, dans les degrés de détestation d'autrui ? La haine n'est pas ontologique, elle est la manifestation dégradée et pervertie d'une peur irrésolue. Je crois que la haine est une illusion du mental, rien de plus, et que notre mouvement intérieur nous porte, bon gré mal gré, vers une ouverture du cœur. Dans la vie professionnelle, les conflits interpersonnels sont légion, et les occasions de s'affronter beaucoup plus grandes que dans le reste de notre vie, où les interactions demeurent plus limitées. Lire la haine qui monte en moi comme une manifestation de la peur est une précaution essentielle : peur de mes ombres, peur de ce que l'autre pourrait produire en moi de pire ou de meilleur. Notre ego a des raisons de s'effrayer à l'idée que nous puissions aimer notre entourage sans danger. La haine de la haine est donc improductive. En entreprise, avant d'agir, je peux aimer tout sentiment négatif qui surgit en moi, m'invitant à dépasser la peur qui l'a déclenché. Alors, que faire de ce qui me dérange chez l'autre ?

Dans ma vie personnelle, j'ai fait l'expérience de rejoindre par le cœur des personnes avec lesquelles le contact extérieur, tangible, physique m'était impossible car trop chargé de ressentiment. J'ai pu ressentir un flux de bienveillance circuler entre nous, qui a perduré ensuite dans ma conscience, changeant radicalement le regard que je portais sur elles extérieurement. Par diverses formes de méditation, je peux me relier aux autres dans une intention absolument bienveillante, aller à l'endroit où ils ne me menacent plus parce que je les comprends et les honore pour ce qu'ils sont, indépendamment de ce qu'ils font.

281

Beaucoup de conflits de management et de crises d'état-major se résoudraient si chaque protagoniste entreprenait de faire la paix par l'intérieur avec l'autre, avant de rechercher une médiation extérieure. Comment amorcer ce chemin par le cœur quand la voie externe semble sans issue ?

Premièrement, je peux **apprendre à rencontrer les autres de l'intérieur** (cf. chapitre 1). Ce n'est pas parce que notre quotidien est un terrain miné, où nous affrontons parfois des *snipers*, que nous ne pouvons pas préserver un autre rapport aux autres dans notre intériorité. Rien ne m'empêche d'arroser les graines de la compassion dans mon cœur, nonobstant les combats qu'il faut livrer au quotidien. Je me rappelle un client, directeur senior dans un établissement financier spécialisé dans le crédit export, qui suivait un coaching pour se préparer à la direction générale d'une filiale à l'étranger. Grand fumeur, son bureau était aussi chaotique que son écologie personnelle. Entièrement consacré à l'action et à la résolution de problèmes complexes, il n'avait pas de temps pour réfléchir et se consacrer à lui-même. Le bénéfice principal qu'il trouva à son coaching fut de se poser pendant trois heures par mois. C'était presque magique de le voir retrouver de la vitalité et du plaisir à rêver de son expatriation lorsque son téléphone était éteint, à recadrer sa perception des directeurs parisiens qui lui semblaient moins hostiles quand il n'était plus dans son bureau, à prendre soin du changement de vie pour sa femme et ses enfants en comprenant intérieurement leurs peurs, etc. Il se sentait rajeunir. Je crois qu'il apprenait tout simplement à aimer la vie, lui qui avait passé trente ans à la gagner sans en jouir. Quand j'allai le voir pour la séance de clôture à Madrid où il vivait désormais, j'eus le sentiment qu'il était plus dense intérieurement.

Deuxièmement, je peux **remercier silencieusement mes ennemis**. La gratitude est contagieuse, et surtout réparatrice. Nos ennemis nous font franchir des obstacles que nous n'aurions jamais imaginés seuls. Ils n'en sauront rien, mais nous leur devons de nous être surpassés, d'avoir affronté des peurs et pris des décisions capitales pour notre vie.

Après un coaching didactique, j'ai supervisé une consultante en recrutement qui vivait douloureusement le rachat de son cabinet de dix salariés par un cabinet anglo-saxon de très grosse taille. Célibataire de 35 ans, dévouée à son travail et ayant tissé des liens fusionnels avec les autres chasseurs de têtes et chargés de recherche du cabinet, elle était le bras droit du patron, qu'elle avait connu depuis la création de sa structure. Travaillant plus et gagnant moins, elle se sentait profondément lésée par la nouvelle donne. Elle se sentait trahie par le directeur général, qui avait sacrifié les liens humains de dix ans de collaboration pour son profit personnel. Mais, le temps passant, elle comprit le cadeau que lui avait fait son directeur avec ce rachat : il lui permettait de s'émanciper de son travail, et l'incitait à penser plus à elle. Elle fit des voyages lointains, se lança dans diverses formations en développement personnel et entreprit de reconstruire sa vie privée. Grâce à ce sevrage professionnel brutal mais salutaire, elle abordait sa carrière en adulte. Si, au quotidien, les relations avec son patron – devenu un directeur de département intraitable sur les exigences de rentabilité et de chiffre d'affaires – étaient difficiles, dans son for intérieur elle le remerciait sincèrement de l'avoir tant déçue.

Troisièmement, je peux **progresser sur ma courbe d'attendrissement**. En parallèle à notre courbe d'expérience professionnelle, nous sommes lancés dans un apprentissage continu de la vie, consistant à ouvrir notre cœur et transformer nos peurs en ressources de confiance. Combien de nos haines les plus courantes sont des bulles de savon, qui s'évaporent pour peu qu'on les prenne entre nos mains ? S'attendrir demande de la persévérance, du soin et du renoncement. Notre ego souffre, mais nous en ressortons riches d'une qualité de relation aux autres et d'une solide éthique intérieure.

À 55 ans, le directeur de la stratégie d'un groupe sidérurgique menait un coaching pour prendre de la distance par rapport à son stress professionnel. Obnubilé par l'optimisation de la performance, il se faisait un ennemi de chaque patron d'activité, voire de chaque directeur d'usine qu'il humiliait involontairement en pointant du doigt les gains de productivité et les améliorations opérationnelles qui dérangeaient l'ordre établi. Il remportait des victoires, mais au prix d'un épuisement et d'un discrédit croissants dans l'organisation. Je le questionnai sur sa vocation de moine soldat, à laquelle il préféra un autre projet : s'adoucir. Ses plans d'action ne furent consacrés qu'à la tendresse et l'indulgence qu'il pouvait apprendre à témoigner dans tous les registres de sa vie. Il changea de poste et se maria quelque temps après.

Exercice n° 22 : M'exercer à la gratitude

Dans votre parcours professionnel, vous avez croisé la route de collègues et partenaires, mentors de fortune, qui vous ont donné un coup de pouce significatif dans votre développement, parfois à leur insu. L'un d'entre eux vous revient-il en mémoire spontanément ? Fermez les yeux. Visualisez cette personne, là devant vous. Elle est revenue spécialement pour entendre ce que vous avez d'essentiel à lui dire. Cet instant magique ne va durer qu'un instant, après lequel cette apparition s'évanouira.

De quoi êtes-vous foncièrement reconnaissant envers lui/elle ?

....

....

Quelles qualités vous ont particulièrement touché(e) chez lui/elle, et accompagné(e) au fil des ans ?

....

....

Que ressentez-vous à ce moment précis ? En quoi cette expression de gratitude vous grandit-elle ?

....

....

C'est notre ego qui souffre quand nous nous exerçons aux bienfaits du mimétisme compassionnel par le chemin intérieur du coaching de soi. Pourtant, notre ego nous est utile dans le rapport extérieur aux choses et aux êtres. Comment transformer notre orgueil en amour-propre ?

3. Que faire de son amour-propre ?

Rejoindre la communauté des hommes sensibles

L'amour-propre n'est pas l'orgueil. L'un parle de chaleur et de sécurité intérieure, l'autre est tout en rigidité et demande réparation extérieure. L'amour d'autrui commence par de l'amour-propre, en acceptant l'autre partie de nous-mêmes, et en contactant intérieurement l'autre comme on l'a décrit plus haut. Qu'est-ce qui nous rassemble, sinon une commune fragilité ? Les célébrations d'entreprise, fêtes obligées ou grand-messes sans liturgie, n'ont plus d'effet sur la motivation des collaborateurs, notamment parce qu'elles mettent en scène un faste et une force que la réalité quotidienne du travail conteste : le lien social repose sur nos difficultés plus que sur nos triomphes. Tous les dirigeants coachés que je rencontre ont en commun de dépenser de l'énergie à devenir meilleurs. Ils se caractérisent par leurs fêlures, leurs faux pas, voire par leurs effondrements. Le mimétisme compassionnel consiste à se laisser toucher par ces zones de faille qui nous rapprochent dans une commune humilité.

D'une part, je peux **dire mes failles** sans honte ni déni. Plus il y a de responsables en entreprise qui osent livrer leurs doutes et témoigner de leur impuissance, plus cela encourage d'autres collaborateurs à s'y aventurer. Ce n'est pas par contrition ou par coquetterie qu'ils le font, mais parce que c'est la seule façon de rester humain dans leur développement professionnel.

Je me souviens d'un jeune directeur de la communication que j'accompagnais pour développer son leadership. En deux ans, il était passé d'un rôle d'expert sorti d'agence de publicité à celui de manager de 65 personnes, siégeant au comité de direction d'un grand groupe, en charge de dossiers critiques. À 34 ans, cela forçait le respect, d'autant qu'il semblait immunisé contre la « grosse tête ». Mais il subissait un stress croissant, absorbant une charge de travail immense et compensant les insuffisances de son organisation par une présence non-stop sur ses dossiers. Père d'un nourrisson, vivant un déménagement personnel, il encaissait la pression sans se plaindre, mais aussi sans prêter attention à sa fatigue accumulée. Au cours de nos échanges, je m'aperçus qu'il était probablement un ancien enfant précoce, « *enfant doué* » au sens d'Alice Miller, ayant appris à taire ses fragilités par risque de son effondrement psychique. Peu à peu, je l'invitais à explorer ses points faibles, à les nommer pour qu'ils soient dans son champ de vision. Cela lui coûta beaucoup sur un plan narcissique de s'avouer imparfait, mais le rendit plus humain.

D'autre part, nous pouvons **mutualiser nos expériences fragilisantes** pour en faire une force didactique. L'entreprise fonctionne comme une ruche, chaque leader travaillant dans une alvéole très cloisonnée par rapport à la voisine, et sans guère de contact avec le monde extérieur. Je suis frappé de voir le peu d'occasions saisies par les cadres dirigeants de se former à l'extérieur de leur société, de partager des *best practices* avec des confrères qui ne sont pas toujours concurrents, de se frotter à des visions alternatives de leur métier. Un tel confinement ne favorise pas l'ouverture du cœur. Les associations d'anciens élèves et les cercles de dirigeants sont des clubs où chacun prétend faire mieux que son voisin. Il faudrait faire l'exact inverse : aller en explorateur – littéralement pour pleurer hors les murs – témoigner de ses doutes, de ses inquiétudes et de ses espoirs ici et là. Choisir des lieux de préférence à l'extérieur de l'entreprise pour entendre et parler de nos fragilités et de nos doutes est une thérapie de groupe pour tout manager en bonne santé. À quand remonte votre dernier partage en public sur vos questionnements professionnels et personnels ?

Il y a deux ans, sous l'impulsion de mon associée, nous avons accompagné 80 DRH d'un groupe industriel grand public *via* un programme de développement personnel à leur intention. Filière malmenée et laissée-pour-compte des programmes d'*executive education*, la fonction ressources humaines regroupait une population hétéroclite d'anciennes secrétaires, jeunes diplômés de psychologie ou sociologie et managers défroqués. Une fois par mois pendant un an, tous ces « *business partners* » se retrouvaient en région parisienne pour partager des techniques et des savoir-faire sur la fonction RH le matin, et participer à des ateliers pour prendre soin de leur écologie personnelle l'après-midi. Au cours de mon intervention sur le thème du changement, je fus touché par ce qui les rapprochait : le goût du service et de la relation humaine, un sentiment d'impuissance face aux cas particuliers des collaborateurs qu'ils géraient, une peur quant au devenir de leur entité, leur site, leur fonction, le sentiment de bricoler du coaching sans retour d'expérience, etc. Le simple fait de se retrouver dans ce cadre sans jugement, voué à la reconnaissance de chacun d'eux, leur était bénéfique.

Enfin, je peux **découvrir le mimétisme compassionnel dans le silence**. Savoir se taire est une vertu de leadership qui, hélas, ne s'entraîne dans aucune formation initiale. Je ne crois pas que l'on puisse donner du feed-back en toutes circonstances. Il y a des fois où il est préférable de ne rien dire. Faire silence en soi nous connecte à une autre qualité de présence à ce qui nous environne, et à nous-mêmes. Face à autrui, écouter le flux intérieur de nos émotions, les regarder sans jugement et sans empressement est souvent le meilleur signe de bienveillance que l'on peut lui apporter. Cette attitude confessionnelle ne fait pas de nous des prêtres ou des psychanalystes, tout au plus des auditeurs libres et compréhensifs.

J'ai accompagné un jeune directeur marketing dans sa prise de fonction après un passé en communication. Brillant raisonneur, ancien élève de khâgne et de Sciences-Po, il parlait indéfiniment, analysant ses moindres contradictions et cherchant des solutions sur tous les registres de management qui l'attendaient. Je lui donnais régulièrement comme feed-back qu'il compliquait tout à force de tout décortiquer, il approuvait... et repartait dans une longue explication de ce trait de caractère. Peu à peu, je me tus, laissant de longs silences s'installer, et l'invitant à les cueillir sans inconfort. Au lieu d'agir et de réagir, il y avait maintes occasions dans lesquelles il pouvait se taire et écouter, puis voir les choses se dénouer par le pouvoir du silence.

Manager par l'appréciation

Un préjugé tenace veut que le management soit le domaine de l'évaluation et du contrôle, incompatible avec le mimétisme compassionnel dont il est question ici. Certes, la notion de « manager coach » est très suspecte. Mais la logique de performance n'empêche pas une attention sincère à l'autre. Diriger consiste à entraîner, faire progresser, surveiller, mais le mode d'obtention des résultats ne suppose pas nécessairement une froideur rationaliste et une sécheresse du cœur ; entre le favoritisme et l'insensibilité, nous disposons d'un large éventail d'attitudes possibles. Les techniques inspirées de l'*appreciative inquiry* de David Cooperrider mettent en avant un regard positif, bienveillant et encourageant sur la performance, plutôt qu'un jugement critique, tranchant et arbitral. Les questions ouvertes, la créativité et la valorisation des bonnes idées méconnues s'articulent ici autour d'une hypothèse originale : tout système vivant tend à répondre à la question qu'il pose continuellement en trouvant le lien entre les multiples niveaux de conscience qui le parcourent. Comment poser des questions positives et respectueuses de ce mouvement mystérieux de la vie en entreprise ?

Premièrement, je peux **renoncer à argumenter** pour accompagner mes équipes. En maïeutique, chaque personne détient ses propres solutions en elle. Voir ses collaborateurs comme des personnes porteuses de leurs ressources est un renversement parfois édifiant. Notre rôle consiste alors à les apprécier, dans tous les sens du terme, suffisamment pour qu'ils prennent leur autonomie et apprennent d'eux-mêmes. Je me souviens d'un client, dirigeant un département informatique, qui hébergeait certains collaborateurs dont l'organisation ne savait plus quoi faire : managers tombés en disgrâce, chefs de projet au relationnel difficile ou salariés syndiqués, réputés intouchables. Polytechnicien, brillant et sûr de lui, ancien consultant en stratégie promis à une carrière rapide, il voyait son poste actuel comme une épreuve d'ennui, voire une punition. Son patron lui demandait de cesser de démontrer pour convaincre, mais il se rendit compte qu'il avait mieux à faire en écoutant simplement l'intelligence de son équipe, en témoignant de la reconnaissance à cette dernière et en fixant des challenges réalistes. Peu à peu, il s'aperçut qu'il avait plus à apprendre d'eux qu'il ne le croyait, en termes d'humilité, d'intelligence de situation et d'esprit collectif. Il ravisa ses critères d'efficacité et prit du plaisir à passer du temps avec cette équipe inattendue.

Deuxièmement, je peux **m'abstraire de la comparaison**. Le jugement en entreprise est officiellement celui des fonctions et non des personnes, des tâches et non de ceux qui les remplissent. L'équité managériale passe par une mise à distance de la comparaison des uns avec les autres. Dans notre développement professionnel, nous sommes dans une recherche de valeur absolue, la compétition interne n'est qu'un artifice social auquel il nous appartient d'échapper en ne donnant pas prise aux joutes avec nos soi-disant concurrents. Toute carrière professionnelle est une course contre la montre, se comparer n'alimente que le manque et l'envie. Dans votre appréciation, entendez-vous plutôt l'appel à devenir meilleur qu'hier ou meilleur que les autres ?

Dans une entreprise du secteur de la bancassurance, le directeur général était un actuaire, d'une expertise sans faille et d'une rigueur qui frisait la rigidité. Il était d'une sévérité telle avec lui-même qu'il ne tolérait aucune marque de faiblesse dans son entourage. Il entreprit un coaching pour s'assouplir sur ce point, quoique n'étant guère désireux de mettre un genou à terre dans son esprit critique. Quand on lui rapporta des propos injurieux à l'égard du DG d'une activité concurrente qui lui étaient prêtés, son réflexe fut de se raidir encore plus, criant à la calomnie, consultant son avocat, ameutant sa garde rapprochée et répondant par écrit qu'il envisageait de porter plainte pour diffamation. Les propos qu'il avait effectivement tenus étaient maladroits, et prêtaient effectivement à une interprétation malveillante, mais cette possibilité était inaudible pour lui : il ne supportait pas la comparaison avec l'autre directeur général. Peu à peu, il prit conscience du piège dans lequel il tombait chaque fois qu'il se jugeait en comparaison des autres, et inversement. Voir cet épisode comme un non-événement fut un long chemin d'appréciation de lui-même, indépendamment des autres.

Troisièmement, **apprendre à aimer ses collaborateurs** plutôt que chercher à leur plaire. Le management paternaliste a comme défaut central la recherche du consensus social pour flatter notre ego, qui ne consiste pas réellement à apprécier les autres pour ce qu'ils sont, mais pour ce qu'ils nous renvoient de gratifiant pour nous-mêmes. En reconnaissant ce méca-nisme narcissique, je peux instaurer des rapports humains fondés sur une estime réciproque et sur une capacité à tout dire et tout entendre avec respect. La séduction trahit notre amour-propre et gonfle notre orgueil. Apprécier ses collabora-teurs signifie adopter un mode relationnel franc et sensible à la fois. Le tact est-il une valeur managériale partagée ?

Cela peut aller très vite. Au cours du coaching d'un directeur régional dans le secteur des travaux publics, j'ai découvert que l'appréciation lui était interdite tant qu'il se sentait « *insecure* » dans ses qualités propres de manager. Cherchant l'assentiment continuel auprès de son équipe rapprochée, il se privait d'une relation adulte avec eux. Autodidacte, excellent commerçant et conducteur de travaux, il était mal à l'aise avec le siège de l'entreprise, avec lequel il se retrouvait souvent en position infantile. Lorsqu'il se rassura pleinement sur son statut et sa carrière dans l'entreprise, recevant des signes positifs de pro-gression, il changea son leadership de façon spectaculaire : toujours chaleureux et proche des équipes, il n'avait plus peur de s'affronter et de mettre de la distance, affermi qu'il était intérieurement dans sa légitimité de patron.

Diluer son orgueil dans un regard holistique

Au terme de ce voyage à la rencontre des vertus du mimétisme compassionnel, nous découvrons que l'ego est ce que l'on en fait : nous pouvons piloter des programmes aux enjeux ambitieux sans renoncer à l'intention bienveillante qui nous anime. Il y a un lieu symbolique où l'individualisme se dilue. Certains parlent d'intersubjectivité, d'autres d'un intérêt général englobant les intérêts particuliers ou subsidiaires, d'autres encore d'une énergie du cosmos d'où tout provient et où tout retourne. Au demeurant, il s'agit de diluer son orgueil dans un regard holistique, pour concilier l'amour-propre et le bien commun. Concrètement, nous pouvons écouter notre mouvement intérieur d'harmonie et de concorde, en regardant l'enjeu humain comme le seul vrai objectif que nous poursuivons dans notre expérience professionnelle. Le produit à lancer, les chiffres à obtenir ou la décision à prendre ne sont que des alibis, des occupations divertissantes pour nous donner l'occasion, encore et encore, de rencontrer nos ombres et d'essayer de coexister pacifiquement avec autrui. Quelques règles simples jalonnent cette vision du développement personnel vers soi et vers les autres.

D'un côté, toute rencontre est un **voyage** de plus. À chaque fois que nous coopérons avec un partenaire, interne ou externe, c'est un monde qui en rencontre un autre. Au lieu de craindre les crises et les conflits qui ne manqueront pas de retarder nos projets matériels, voire de les contrarier, nous pouvons nous réjouir du fragile équilibre qui fait qu'il n'y a pas plus de combats, vu les sources immenses d'inertie et d'anéantissement dans nos organisations complexes. La bonne volonté qui structure l'ordre social s'alimente de nos efforts répétés pour sortir de nos sentiers battus, à la rencontre hasardeuse de l'autre. L'ajustement plus ou moins précaire qui en résulte n'est-il pas un miracle quotidien ?

J'ai accompagné le directeur technique d'une entreprise high-tech, qui peinait à sortir d'un registre tyrannique avec les managers, les consultants en régie et les ingénieurs qu'il encadrait directement. Très cérébral, mathématicien de formation et ancien consultant en stratégie, il avait du mal à garder son sang-froid, détruisant le fragile édifice des projets innovants par ses sautes d'humeur qui paralysaient l'organisation. Il prit conscience qu'« avoir raison » était depuis longtemps son moyen d'éviter toute interaction susceptible de le déranger dans sa bulle égotique. Au contact de sa vision d'ensemble, il souffrait de son isolement professionnel et privé. Peu à peu, il apprivoisa sa peur. Ayant fui un pays en guerre, il était inconsciemment sur le qui-vive à tout moment, traumatisé par des images de destruction dans son enfance. Mais ces événements lui avaient donné le goût du voyage. En envisageant chaque rencontre humaine comme un voyage, il revisita sa relation aux autres, se découvrant tolérant et patient dans des proportions inouïes. Il s'aperçut qu'il était compatible avec des référentiels très variés, pour peu qu'il repoussât les limites du sien.

D'un autre côté, nous pouvons **investir intensément nos relations interpersonnelles**, quoi qu'il arrive. Il en résulte un contact beaucoup plus riche que l'opportunisme standard des relations d'affaires. Des points communs surprenants, une communauté d'expériences, une complicité née de la mise à nu par chacun de ses zones de faille sont autant de façon d'aborder le trésor de la rencontre professionnelle. Doser l'investissement dans la relation et le degré d'ouverture du cœur constitue une autre façon d'aborder le travail collaboratif que par les outils de gestion de projet : les PERT, GANT, visioconférences et autres interfaces technologiques nous font gagner en efficacité mais perdre en profondeur de relation. Or, nul n'est jamais à l'abri d'une bonne rencontre. La disposition intérieure consistant à se laisser surprendre, séduire même au cours de nos interactions change profondément ce que nous en tirons.

Je me souviens d'une femme de 50 ans environ, associée d'un cabinet de conseil en stratégie, qui se formait au coaching de dirigeants pour étoffer son portefeuille d'activités. D'une intention froide et calculée, je la vis évoluer au cours du cycle didactique vers une attention à sa propre sensibilité féminine, cadenassée derrière trente ans de carrière menée tambour battant, avec un succès économique reconnu. À mesure qu'elle se réconciliait avec la petite fille blessée, l'amazone solitaire ou l'infirmière dévouée qui étaient en elle, son puzzle relationnel s'en trouvait agrandi et embelli. Avec étonnement d'abord, puis avec gourmandise, elle s'aventura à écouter autrement ses clients, et à témoigner avec pudeur d'expériences authentiques qui lui tenaient à cœur : elle perdit des contrats avec certains clients, en gagna d'autres et se découvrit plus passionnée qu'au premier jour par les rencontres qu'occasionnait son travail. Son humanité, enfouie puis remise à nu, était contagieuse.

Enfin, je peux contacter une **responsabilité globale** qui me transcende ainsi que l'autre, notamment par des exercices de méditation et de relaxation holistiques. Même quand nous ne sommes pas en contact physique avec nos interlocuteurs, nous sommes reliés les uns aux autres, ne serait-ce que parce que notre pensée crée des réalités en permanence. Nous ne sommes jamais étrangers ni indifférents les uns aux autres. Si je suis bouleversé par la souffrance de telle personne, ou perturbé par l'agressivité de telle autre, c'est que j'ai en moi une corde qui résonne à leur contact ; en agissant sur cette corde, j'agis également sur eux. Dans cette conception unifiée de l'humanité et du cosmos, nous avons le pouvoir de nous connecter à cette unité primordiale où nous avons une responsabilité totale sur tout ce qui advient. En coaching, nous avons désormais à notre disposition des techniques issues de traditions antérieures à l'individualisme contemporain pour nous réconcilier, pardonner et guérir. *Ho'oponopno* est un exemple d'une compassion mimétique, œuvrante en soi.

Dans les années 1990, Morrnah Simeona, une thérapeute hawaïenne, a vulgarisé des pratiques de guérison holistique. Le *Ho'oponopono*, qui signifie « *faire ce qui est juste* », est une technique fondée sur l'hypothèse suivante : si ma réalité extérieure n'est qu'une création de mes pensées, alors je ne peux aider l'autre qu'en guérissant la partie de moi-même qui a créé cette réalité. Plus précisément, cette technique psychomagique consiste à invoquer une énergie globale – pour certains une divinité, pour d'autres un ange gardien, pour d'autres encore une source mystérieuse d'énergie vitale – pour lui demander de purifier les mémoires de souffrance que nous portons tous en nous et qui se manifestent dans notre réalité extérieure. Peu importe de comprendre pour réparer, la force de la prière consiste en un abandon de la volonté. Il y a quatre formules, dont l'ordre est sans importance : je suis désolé, je te demande pardon, je t'aime, je te remercie.

Exercice n° 23 : Savoir guérir nos relations

Concentrez-vous sur une personne avec laquelle vous avez une relation qui vous contrarie. En respirant profondément, adressez-vous à ce qui vous relie à cette personne – le cœur, l'esprit, un souvenir, ou toute entité que vous convoquez – et formulez simplement et fermement les quatre injonctions : « Je suis désolé, je te demande pardon, je t'aime, je te remercie. » Dans les semaines qui suivent, observez les points suivants.

Comment cet exercice affecte-t-il votre état intérieur ?

....

....

Quel regard posez-vous désormais sur ce qui vous heurtait initialement concernant cette personne ?

....

....

Comment allez-vous entretenir de la gratitude pour la qualité de cette relation ?

....

....

Je me souviens d'une cliente, directrice financière d'une société en plein LBO, de plus en plus démotivée : stakhanoviste, elle avait calé son calendrier privé, et notamment le projet de faire un enfant, sur les exigences de sa vie professionnelle. Mais depuis quelques mois, elle était en conflit ouvert avec sa directrice générale. Elle vivait leur relation comme un abandon, voire une trahison personnelle. Travaillant sans relâche à l'externalisation de sa filière du Groupe industriel, elle subissait une pression de plus en plus grande de toutes parts : fonds d'investissement, commissaires aux comptes de son ancien actionnaire, management opérationnel, sous-traitants. Elle souffrait réellement de cette situation, mais ne voyait pas comment cesser de la créer par le cercle vicieux des 3 D : dévouement, déception, dévalorisation. Quand je l'invitai à transcender les différences individuelles, et à s'en remettre à une force plus grande que sa volonté, elle se montra d'abord sceptique : « *À quoi bon une méthode de résolution de conflit si c'est pour me culpabiliser !* » Puis, en cherchant de l'amour inconditionnel, en se recueillant profondément, elle put abolir les reproches et les blâmes qui se retournaient inéluctablement contre elle-même. En voulant réussir seule, elle était responsable de la situation pénible qu'elle vivait où tous les ego en présence s'exacerbaient mutuellement. En demandant humblement pardon à la partie puissante d'elle qu'elle trahissait par ces conflits, et en éprouvant une sincère gratitude pour le processus de transformation de conflit qui la dépassait ici, elle fut soulagée de la culpabilité qu'elle nourrissait inconsciemment. Elle se sentait désormais reliée par une force invisible à ses collègues, dans une solidarité de cœur qui se passait de mots. Elle savait sans hésitation qu'elle œuvrait à la réussite du LBO, et voyait les querelles et les échecs partiels comme autant d'occasions de transcender son propre ego.

Le mimétisme compassionnel nous entraîne à sortir de nos citadelles mentales pour honorer ce qui nous grandit : la source de nos maux est en nous, et nous avons la faculté de les guérir en acceptant inconditionnellement ce qui nous relie les uns aux autres. S'aimer soi-même, pour découvrir l'autre qui y habite, est un trésor du coaching à célébrer sans modération.

Chapitre 9

Amor fati, rendre grâce à ce qui nous transcende

Quelle est la finalité de ma vie professionnelle ? Les succès managériaux sont éphémères, et la vanité du pouvoir ne résiste pas à la fin inéluctable de toute carrière. Avec ou sans crise, on a épuisé les recettes de motivation par la volonté extérieure. Comment retrouver l'essence de son action quand le cœur n'y est plus ? Sans le savoir, nous nous trouvons à la croisée de deux humanismes : l'un prend l'homme pour le centre du monde, et a accompagné le paradigme utilitariste depuis le siècle des Lumières, faisant de nous des démiurges, conquérants et désenchantés. L'autre, plus ancien, est héliocentrique, et nous confronte à notre humilité de créatures parmi d'autres. Laissons de côté l'individualisme pour trouver le sens caché de notre activité dans une conscience plus globale de soi : toute conscience de soi suppose une profession de foi. En quoi le coaching de soi nous fait-il contacter plus grand que soi ? Comment concilier l'exercice de mes responsabilités avec cet humanisme transcendé ? Comment puis-je accomplir ma vocation professionnelle ?

1. Être responsable, c'est avoir du répondant

Se montrer responsable ne s'accompagne pas nécessairement d'un surcroît de volonté. Cela consiste surtout à avoir du répondant quant au sens de l'action, c'est-à-dire à pouvoir répondre de ses actes. Si j'ai en mémoire ce au nom de quoi j'agis, alors je peux prendre ma place. Sans un critère immatériel (ligne de conduite, lettre de mission, valeur morale), mon action matérielle perd son sens. Comment convoquer ce qui me gouverne ?

Que faire de ma volonté ?

La part de notre libre arbitre face au destin agite toutes les sciences humaines, à commencer par la philosophie. La notion d'*amor fati*, que l'on rencontre surtout chez Spinoza et chez Nietzsche, décrit un fragile équilibre entre déterminisme et liberté. Qu'il s'agisse de « *conatus* » chez l'un ou de « *volonté de puissance* » chez l'autre, l'idée est semblable : face à l'inéluctable du destin, de la contingence ou de la nécessité, je suis appelé à toujours dépasser les obstacles par l'affirmation d'une force motrice personnelle, une « persévérance dans le devenir ». Sans entrer dans une querelle entre existentialisme et phénoménologie, cet *amor fati* est presque un oxymore : je suis mû par un désir souverain mais conscient et respectueux d'une énergie plus grande qui me transcende. Ma seule puissance repose-t-elle sur la connaissance que j'ai de mon impuissance à changer le cours des choses ?

Dans la vie professionnelle, nous sommes un peu dans la situation des joueurs de curling : ce n'est pas en poussant le palet qu'on l'oriente de façon déterminante vers un but ou l'autre, mais en chauffant la glace. Les managers volontaristes, suractifs ou despotiques ont atteint leurs limites face à la complexité des organisations. Leur marge de manœuvre est plus symbolique que pratique, et c'est une bonne nouvelle : pour exercer notre leadership, la conscience de notre faible influence sur l'entreprise nous rend humbles, et nous force à recourir au registre symbolique, seul apte à donner un sens à l'action (cf. chapitre 6).

Premièrement, il est **inutile de m'enflammer** par rapport à ce qui m'échappe. Certains managers s'ulcèrent en posant des équations sophistiquées, mais avec tant de variables que cela devient un exercice vain et démoralisant. L'acceptation du principe de ne pas tout contrôler est parfois, en soi, une victoire personnelle. Quand je prends conscience de ce qui dépasse ma sphère d'influence dans mon travail, cela me permet de concentrer mes efforts sur ce qui dépend plus directement de moi. J'ai accompagné le directeur d'un projet informatique à haut risque dans un groupe industriel. Troisième projet de refonte du système d'information de gestion après deux échecs cuisants, c'était l'un des terrains réputés les plus pharaoniques et périlleux de la profession : pour un budget de 280 millions d'euros, le futur système dont dépendait toute la facturation de l'entreprise était suivi de près par le P-DG qui ne tolérerait pas un échec de plus. La pression ne cessait d'augmenter pour mon client. Expert senior mais pas du sérail, il avait un style de leadership combatif, dévoué bien qu'impulsif qui en faisait un homme clé pour l'entreprise. Il prenait tellement à cœur les aléas incessants d'un tel dispositif qu'il se mettait de plus en plus en colère contre ses interlocuteurs métiers, ses utilisateurs et ses consultants, avec des effets désastreux pour lui et pour son entourage : plus il intervenait, plus le jeu se bloquait. À force de réflexion et de prise de recul, il adopta du jour au lendemain une position qu'il percevait comme plus « rationnelle », en ne livrant que les batailles sur lesquelles il avait prise. Pour le reste – dérapage du budget, atermoiements de la hiérarchie, choix d'options techniques contestables, etc. –, il restait coi. Plus pragmatique que fataliste, il savait d'expérience qu'il n'avait aucun bénéfice à s'ulcérer pour des problèmes hors de sa portée.

Deuxièmement, je peux consacrer plus d'énergie à **réunir les conditions de succès** qu'à provoquer le succès lui-même. En environnement incertain, être responsable nécessite, certes,

des qualités de gestion opérationnelle et d'animation au quotidien, mais surtout une vision préalable et une rigueur pour
organiser le succès. Pourtant, si le cadre de mon action est
clair, je vis mieux avec les impondérables, et j'ai moins tendance à m'épuiser en réactions au fil du temps. Si je connais
mes raisons d'agir, mes mobiles manifestes et les enjeux plus
souterrains que je poursuis, je suis plus libre des contraintes
matérielles. Je peux alors renoncer plus facilement à ma
volonté car j'ai conscience de sa limite une fois les conditions
de succès réunies. Le reste ne m'appartient plus, et me donne
même l'occasion d'exercer ma confiance en ce qui arrive.

Je me souviens d'un client entrepreneur dans l'univers d'Internet qui cherchait à se défaire d'un pacte d'actionnaires pour se
consacrer exclusivement à un nouveau projet d'innovation
technologique, seul cette fois. Il dirigeait quatre entreprises
sans ménager sa peine, en dépensant une énergie tous azimuts. Cela le conduisait à des décisions désordonnées et des
malentendus occasionnant des conflits qu'il traitait sur un
mode très émotionnel. Son objectif était de se séparer de ses
partenaires actuels sans violence, pour une fois. Hanté par la
peur de manquer d'argent, il souhaitait récupérer ses parts
d'actionnaire avec une plus-value estimée à 2 millions d'euros.
Ses associés contestaient cette somme, arguant qu'en rompant
unilatéralement le pacte d'actionnaires avant les échéances
prévues – notamment la mise en Bourse des start-ups – il
n'avait droit qu'à sa mise de départ. Un brin flambeur, il était
terrorisé à l'idée de perdre cette somme colossale. Les relations s'envenimèrent rapidement avec ses associés d'alors qui
l'accusèrent de trahison, proférèrent des menaces diffamatoi-
res et l'exclurent bientôt de toutes leurs décisions courantes.
Envisageant le recours juridique, il s'éloignait à grands pas de
son objectif initial. En prenant conscience de ce que révélait
son rapport à l'argent – un substitut de protection paternelle, à
grands traits –, il vit combien sa volonté obsessionnelle de
gagner le pactole faisait obstacle à son leadership d'homme
adulte, le poussant à reproduire dans tous ses rôles la même
immaturité. Ses associés le tenaient symboliquement par ce

biais, il n'en pouvait plus. Et si le prix de sa liberté était 2 millions d'euros ? Peu à peu, il envisagea un scénario de sortie sèche mais pacifique, renonçant totalement à batailler avec ceux qui incarnaient son passé. Prêt à tout accepter matériellement, mais fermement centré dans sa vie, il se focalisa sur son projet solitaire, sur son déménagement personnel et sur la naissance imminente de son enfant. Je le revis quelques mois plus tard : sans qu'il intervienne, ses anciens partenaires lui avaient accordé un million d'euros. Il n'en espérait pas tant.

Troisièmement, je peux **faire des pauses** dans mon action pour vérifier le sens que j'y trouve. Cela semble évident, mais que faisons-nous concrètement des idées claires et fulgurantes qui nous viennent à l'occasion d'une prise de recul par rapport au rythme habituel de travail ? Qui prend encore de bonnes résolutions en début d'année, sachant qu'elles restent lettre morte d'un an sur l'autre ? Ces flashs qui nous traversent, dès lors que nous prenons de la distance par rapport à la griserie quotidienne, méritent pourtant notre attention. Dans ces moments de calme, nous sommes plus lucides sur nous-mêmes et nous pouvons réaffecter notre volonté là où elle a du sens.

À la première séance de coaching après un mois de vacances, un client directeur de la recherche dans une banque d'investissement me fit part de ses réflexions estivales : « *Je ne suis pas démotivé, mais profondément ennuyé à l'idée de reprendre le travail* », disait-il. Cette année plus que les autres, il avait perçu combien le temps passé avec ses enfants lui manquait, et combien il était triste de les laisser pour revenir faire tourner le quotidien de l'organisation ; après un mois d'absence, les affaires tournaient très bien sans lui, alors à quoi bon chercher à s'améliorer dans cet aspect de son management qui l'ennuyait tellement ? Passé la déprime de rentrée, il intégra ce constat dans son mode de fonctionnement. Puisque son intervention n'était pas si indispensable à l'atteinte des résultats opérationnels, il pouvait regonfler sa motivation en passant plus de temps avec ses enfants, sans attendre les vacances scolaires.

Avoir du répondant suppose d'entretenir une sphère extra-économique. Car l'énergie qui m'anime n'est pas qu'automotrice, elle provient aussi d'un centre de ressources plus vaste, ma vitalité globale.

Quelle est mon écologie personnelle ?

On parle beaucoup de responsabilité environnementale, d'empreinte carbone et de développement social durable. L'effet est parfois seulement culpabilisant. Le macrocosme n'est jamais que le reflet d'un microcosme subjectif et intérieur ; et si l'on évoquait l'écologie personnelle de chacun ? Nous sommes, face à nous-mêmes, comme le jardinier en charge d'un espace vivant à aimer, à faire croître, à préserver aussi. Prendre soin de soi est, peut-être, le premier acte écologique que nous posons. Cela ne consiste pas seulement à faire des check-ups réguliers, à arrêter de fumer ou encore à contrôler son poids. La santé est une notion holistique englobant plusieurs corps subtils ; les organes physiques, mais aussi plusieurs enveloppes émotionnelles et spirituelles y ont leur place. De même que nous ne sommes pas propriétaires des ressources minérales, végétales et animales que nous exploitons, nous sommes sans doute dépositaires d'une vitalité qui ne dépend pas de notre volonté. Alors, quelle est ma responsabilité vis-à-vis de cette santé globale ?

D'une part, nous pouvons **doser notre besoin d'énergie** au plus juste, sans être maître de la quantité d'énergie dont nous disposons. Je rencontre souvent des dirigeants qui courent un marathon comme une succession de sprints, sans économie de ressources ni gestion raisonnable du temps. Pris dans l'utopie d'ubiquité et d'abolition du temps, nombreux sont ceux qui croient pouvoir s'affranchir de leur capital santé. Si je ne compte que sur ma force de travail et ma résistance au stress, sans me ménager des espaces de récupération, j'ignore les limites inhérentes à tout règne vivant. Agir avec modération et avec respect pour l'énergie qui nous met en mouvement est une posture de responsabilité sans démesure.

Il y a quelque temps, le président de la filiale européenne d'un groupe industriel américain a demandé à me voir pour réfléchir à l'éventualité d'un coaching pour lui-même. Enfant unique surdoué, il avait été admis premier à l'École normale supérieure qu'il avait refusée par anticonformisme. Polytechnicien issu du corps des Mines, père de cinq enfants, champion de France d'escrime et premier prix de conservatoire de piano, qu'il continuait à pratiquer à ses heures perdues, il menait sa vie tambour battant, partagé entre quatre continents. Toujours à plein régime, dormant quatre heures par nuit, il semblait disposer d'une énergie hors du commun. Tout lui souriait, les plus hautes sphères du pouvoir lui étaient accessibles, sa vie privée était enviable, mais cela l'embarrassait de plus en plus : à 47 ans, il attendait encore de trouver sa vocation profonde. Ses succès extérieurs compensaient mal un sentiment de vide intérieur très perceptible. Quand je lui demandai ce qu'il faisait pour rendre grâce à ce don de vitalité, il sembla interloqué. Dans son système de valeurs, l'énergie disponible se dépensait et se renouvelait automatiquement. Je lui fis remarquer que le coaching signifiait, entre autres, une meilleure allocation de ses ressources personnelles. Prendre du temps pour soi l'amènerait à une conscience plus aiguë de ses aspirations, de ses besoins, de ses dons et de ses limites humaines, et donc, éventuellement, à moins d'activisme professionnel. « *Envoyez-moi une proposition* », me dit-il. Quand je le rappelai à plusieurs reprises dans l'année qui suivit, je compris qu'il préférait garder son rythme intensif mais insensé. Je crois que l'hypothèse que l'énergie à sa disposition ne dépendait pas de sa volonté l'effrayait encore.

Il est vrai que notre énergie est plus limitée que nous le croyons quand nous agissons en héros d'entreprise. Mais elle est aussi bien plus grande que nous l'imaginons, sur d'autres plans de conscience ; quand nous sommes épuisés et désemparés, nous réalisons que nous pouvons convoquer des ressources immatérielles illimitées qui prennent le relais : providence, hasard, anges, guides ou aides, à chacun son référentiel pour nommer ces forces qui nous soutiennent à tout instant, que nous le voulions ou non.

D'autre part, nous pouvons **honorer notre santé globale** en acceptant d'aller mal (cf. chapitre 5). Je prends conscience de ma fragilité et du trésor de mon équilibre vital dans les moments de creux, non de plein. Cela semble contre nature de vivre pleinement la souffrance quand elle surgit car notre ego préfère la nier, l'esquiver ou la détruire. Quand les premiers signes d'usure apparaissent, savez-vous ralentir à temps ?

Prévenu par le DRH d'une holding de grande consommation qu'un mystérieux dirigeant allait m'appeler confidentiellement dans les jours suivants, je ne fus pas surpris quand le directeur général d'une filiale très réputée me contacta le lendemain. Après trente-deux ans de bons et loyaux services, son départ pour divergence de vues avec le président n'était pas encore officiel, mais il souhaitait bénéficier d'un accompagnement pour retrouver rapidement du travail. Il semblait très pressé, et préférait un coaching à un *outplacement*. Je le mis en garde contre la précipitation à ouvrir un nouveau chapitre de sa vie professionnelle sans refermer le précédent, l'invitant à éprouver profondément la crise qu'il traversait. Mais il m'affirma qu'il n'en avait pas besoin, et que son sang-froid ne l'avait jamais trahi. Sa façon de refuser la réalité en voulant garder tout contrôle sur les événements était désarmante de naïveté. Il choisit un autre coach.

Enfin, nous pouvons **pratiquer l'entreprise buissonnière**. Sans déserter son poste, chacun peut remettre son engagement professionnel à sa place au regard de son écosystème personnel. Je suis ahuri du nombre de dirigeants qui s'interdisent de prendre une demi-journée de temps libre pour se regarder vivre : voir une exposition, flâner, rendre visite à un proche, etc. Dès que je bouscule mon emploi du temps au profit de ces instants essentiels, je découvre la vanité de mes enjeux professionnels, que j'aborde alors plus sereinement.

Je me souviens d'un client, patron des risques dans une banque, qui réduisait ses séances de demi-journées à de sempiternels plateaux-repas ; il arrivait en retard, partait en avance, son développement personnel semblait dérobé illégalement sur son temps de travail. Dévoré par son activité professionnelle, il se plaignait de plus en plus d'une surcharge qu'il s'employait à alimenter. Il n'avait plus conscience de franchir les limites de sa santé, lorsqu'il fit deux malaises successifs sur son lieu de travail. Ce jour-là, il découvrit qu'il vivait pour son travail. Fallait-il un tel coup de semonce pour retrouver un équilibre de vie ?

La fatigue du coaching

L'énergie propre du coach est limitée, comme celle du coaché. Plus j'accompagne de cadres dirigeants, plus j'ai recours à des espaces de détente et de redynamisation : supervision individuelle et collective, thérapies, soins énergétiques, relaxation, méditation… Je ne crois pas qu'il y ait d'économies d'échelle en coaching ; la fatigue – mentale, physique, mais surtout énergétique – est proportionnelle au volume d'activité. Quand je me sens fatigué en cours de séance de coaching, j'y vois le signe que j'ai trop puisé dans mes réserves personnelles et pas assez invoqué de l'aide, pourtant accessible à tout moment : pour la personne accompagnée et son coach, les lieux, le lien et les forces de l'univers recèlent une énergie considérable, sur laquelle j'oublie parfois de m'appuyer. Il en va de même pour le coaching de soi. Comment procéder ?

D'une part, je peux **me protéger avant et me purifier après** chaque moment de travail. Le pouvoir de l'intention est tel que je peux créer un temps et un lieu sacrés en formulant simplement une demande claire sous forme d'affirmation ou de prière. La culture occidentale s'est coupée de gestes traditionnels encore présents dans des sociétés asiatiques ou amérindiennes qui savent activer des énergies profondes mais invisibles. Certaines disciplines comme le reiki essénien ont formalisé des protocoles précis. Ensuite, il appartient à chacun d'y adjoindre les rituels et les symboles qui vont véhiculer cette protection : ancrages, visualisations, huiles essentielles, mantras, bougies, encens, pierres, talismans, etc. Car toutes les énergies importées dans une séance de coaching – *a fortiori* quand les outils employés convoquent l'inconscient de personnes absentes – ne sont pas positives. Qu'il s'agisse d'autosuggestion ou de réelle désintoxication, comment y recourir dans des professions du lien ?

Il y a un an environ, j'ai accompagné un jeune directeur marketing qui se préparait à s'expatrier vers un poste difficile à Singapour. Passionné de développement personnel, il avait aussi une demande didactique latente, oscillant entre une attitude de client et de confrère. Quelque chose m'avait mis mal à l'aise dès la première séquence, mais je n'y prêtais guère attention. Au cours d'une séance où nous travaillions sur sa part d'ombre, je ressentis brusquement une douleur très vive dans un tympan, suivie d'un spasme violent. Pendant quelques jours, je fus terrassé par une hypertension qu'aucun examen médical n'expliqua. En thérapie, je découvris la résonance malheureuse que son travail avait provoquée avec mon histoire personnelle. Les séances suivantes, je fus très vigilant à établir un cadre sécurisé pour moi et pour lui avant, pendant et après la séquence.

D'autre part, je suis l'**interprète, et non l'auteur-compositeur** de tout coaching. Ce postulat est central dans la pensée socratique dont se réclame notre profession : ce n'est pas nous qui transformons la situation du coaché, c'est une énergie supérieure qui survient, et que nous allons chercher par une écoute profonde, une intuition aiguisée ou d'autres techniques. « Ça » coache, devrait-on dire, comme en psychanalyse. Le risque, dans le cas inverse, est de se prendre pour un magicien, voire un mage opérant lui-même les changements chez son client.

Je l'ai découvert à mes dépens. Il y a quelques années, je rencontrai la DRH d'un client au prétexte de faire le point sur les coachings en cours au sein du comité de direction. Fatigué par une longue semaine, grisé par le sentiment de puissance que donne parfois le partage des confidences de clients, je me laissai aller à des considérations générales sur la culture de l'entreprise, sur les arbitrages de la présidence, sur son image calamiteuse de DRH sans rien rapporter du contenu des séances de coaching… Elle notait tout en souriant, je ne vis pas que cela l'avait piquée au vif. Ce que je prenais pour un échange informel était un interrogatoire visant à me piéger : ce fut mon dernier contact avec cette entreprise, la DRH ayant émis des réserves sur ma déontologie.

Enfin, la fatigue du coaching conduit à des **feed-back moins bienveillants** que d'ordinaire. Si je ne prends pas soin de me connecter à une force plus grande que moi, que nous avons nommée ici l'intention bienveillante, il peut m'arriver de blesser un client avec une métaphore hasardeuse ou un recadrage trop provocateur. Comme dans un couple ou une ancienne relation d'amitié, le temps érode les précautions et les signes de bienveillance, qu'il est pourtant essentiel de rappeler pour nourrir le lien. Je me souviens d'une ancienne cliente que j'avais accompagnée sur son addiction professionnelle deux ans auparavant. Elle avait mené aussi une psychanalyse longue, dont plusieurs éléments rejoignaient le coaching. Source de compensation de blessures d'enfance autant que goût du pouvoir mal assumé, elle composait bon gré mal gré avec cette ambition dévorante. Quand je la revis au cours d'un déjeuner où elle se montra particulièrement *speed*, j'eus une formule d'humour maladroite, qui la fit grincer. Je crois qu'elle m'en veut encore.

La fatigue nous conduit parfois à des faux pas, qui ont heureusement un mérite : nous ramener à notre impuissance à tout maîtriser. Dans ces aveux de fatigue réside aussi le trésor de notre responsabilité dans le coaching de soi : invoquer l'énergie du vivant, qui seule est agissante.

Exercice n° 24 : Invoquer l'énergie en présence

Prenez conscience de l'endroit où vous lisez ces lignes en ce moment précis. Selon que vous êtes dans un lieu public ou non, calme ou bruyant, familier ou inconnu, vous vous trouvez dans des espaces chargés d'une énergie différente.

Que vous évoquent spontanément les personnes et les choses qui vous environnent ici ?

....

....

En prenant appui sur votre respiration, que se passe-t-il en vous lorsque vous « purifiez » l'air qui vous entoure ?

....

....

Comment pourriez-vous vous relier ici à une source d'énergie plus grande – lumière, silence, chaleur, etc. ?

....

....

2. Agir pour que le mouvement du vivant opère

Voir que le Soi est plus grand que soi

L'un des paradoxes du coaching consiste à lâcher prise et à s'accrocher en même temps : comment peut-on laisser les choses s'accomplir tout en tenant bon sur le besoin de trouver du sens à ce qui arrive ? Distinguer l'accessoire de l'essentiel n'est pas aisé quand on est pris dans l'agitation mentale du quotidien, où tout s'enchaîne avec un même degré d'urgence et de nécessité. Ni laisser-aller ni vigilance de tous les instants, le coaching nous invite à voir le Soi comme plus grand que soi. Le sens est perpétuellement présent, mais nous ne le voyons pas ; il s'accomplit dans le mouvement naturel de la vie, que nos efforts mentaux tendent souvent à empêcher. En suivant cette « *loi de l'attraction* », selon le terme emprunté aux travaux d'Esther Hicks, nous accompagnons un processus de recherche perpétuelle du point d'équilibre de tout système, par la conscience de soi dans un champ plus vaste que soi. L'entropie suppose un ordre ontologique qu'il nous appartient de voir et de rétablir, ou pas. Quand j'agis dans un sens précis (une mission ou une tâche donnée), je peux concentrer mes efforts sur le rétablissement de cette fluidité du vivant, plutôt que sur ma volonté isolée et brute. Ni fatalisme ni autosuggestion, il s'agit de s'immobiliser en soi pour que le Soi opère. Comment trouver cette immobilité agissante dans nos vies professionnelles ?

D'une part, je peux me mettre en marche pour **trouver mon centre de gravité**. Beaucoup de dirigeants, même agnostiques, choisissent à un moment de leur carrière de faire le chemin de Saint-Jacques-de-Compostelle. Entre pérégrination sportive et cheminement mystique, tous vont à la rencontre d'une partie essentielle d'eux-mêmes, dans un temps suspendu et sur une route à laquelle ils accordent une forte valeur symbolique.

Je me souviens d'un client, directeur de production dans une entreprise du luxe, qui avait fait trois fois le voyage pour Saint-Jacques. À chaque fois, il en revenait avec des clés de lecture sur sa vie et ses étapes de progrès ; au gré des rencontres jamais fortuites, des noms de lieux de passage et des images fortes du voyage, il composait un puzzle de signes comme autant d'arcanes quant à son développement personnel. Émerveillé par ces clins d'œil et s'amusant de les voir, il saisissait ces traces de sens sans les interpréter trop, observateur attentif qu'il était de ces indices souvent frappants qui échappaient à toute rationalisation. Je crois que c'était sa façon de se poser les questions essentielles de son existence occultées par le quotidien, et non d'y répondre par une divination simpliste. Comme dans le mythe d'Ulysse, cette marche d'orientation le ramenait à soi, mais transformé.

D'autre part, je peux **m'affranchir de l'agenda paravent**. Plus je suis dans le faire, moins je m'emploie à être. La suractivité à laquelle nous sommes souvent soumis par le rythme de la vie professionnelle nous éloigne de nous-mêmes tandis qu'elle nous grise. Reprendre le pouvoir sur son agenda pour y libérer des plages de respiration est un combat essentiel à mener pour sortir de ce mouvement brownien.

J'ai accompagné un directeur d'une banque d'affaires qui ne parvenait pas à sanctuariser des plages horaires dans son agenda pour son coaching individuel. Il annulait les rendez-vous au dernier moment et s'indignait que mon prochain créneau disponible soit un mois plus tard. Je percevais qu'une partie de lui espérait un accueil inconditionnel et qu'une autre se cadenassait derrière un agenda imprévisible. Quand je lui fis voir la double contrainte dans laquelle il se mettait, il toucha du doigt la négligence dont il faisait preuve vis-à-vis de ses propres besoins. L'instabilité de son agenda lui évitait de se retrouver face à lui-même. Il poursuivit son coaching, toujours selon un tempo chaotique, mais désormais conscient du sens que cela revêtait.

Enfin, je peux décider d'**interrompre mon autosabotage** en laissant s'épanouir mes aspirations profondes. Pour cesser de reproduire des schémas d'automutilation et de dégradation de nous-mêmes, nous devons répondre à une question : « Suis-je prêt à réaliser ce que je porte en moi de plus grand ? » Nous feignons de répondre « oui, bien sûr ! » à cette question, mais nous entretenons une sourde inquiétude à l'idée d'être profondément dignes de cet accomplissement. Comme l'évoque Wilhelm Reich, nous avons à penser par nous-mêmes à notre puissance intérieure pour qu'elle puisse se réaliser en dehors de nos routines mentales.

Je me rappelle un client directeur du développement dans le secteur de la sidérurgie. Polytechnicien de 45 ans issu d'une longue lignée d'X, il s'ennuyait ferme dans une vie confortable mais sans surprise. Ancien entrepreneur déçu, il procrastinait à l'idée de bâtir un projet professionnel. Nous fîmes un exercice consistant à visualiser sa vie professionnelle avec la moitié de ses revenus actuels, puis la moitié de cette somme, puis encore divisée par deux, et ainsi de suite… L'exercice continuait longtemps, avant que ses valeurs les plus profondes soient entamées. En l'invitant à écouter sa voix intérieure, son accompagnement lui fit distinguer les options conformistes des vrais choix moteurs dans son existence ; mû par une éthique de vie simple, l'angoisse venait de l'obligation de faire carrière, pas de son vécu réel. La notion de carrière dans la grande entreprise l'égarait quant à ses propres aspirations, largement comblées pour peu qu'il les célébrât : une vie de famille épanouie, du temps pour vivre et de belles rencontres humaines. En revisitant sa procrastination, il vit la sagesse qu'elle recelait.

En entreprise comme ailleurs, les choses ne vont pas de soi, et pourtant tout ce qui nous arrive est juste. Nous n'avons, certes, pas prise sur les lois qui donnent sens à notre action, mais nous pouvons contribuer à ce qu'elles s'accomplissent. Une façon de vivre cet agir/non-agir est de s'installer dans la joie qui manque tant aux Sisyphe modernes.

La joie comme chemin vers soi

Dans mon expérience, la joie est un phénomène étrange, non contingent aux événements de ma vie et pourtant si insaisissable. Néanmoins, la joie est un état permanent de l'être, un puits auquel je peux m'abreuver à loisir, pour peu que je le décide en pleine conscience. Les Américains parlent de *cheerfulness* pour nommer cette jubilation intérieure, par opposition au *bliss* plus fugitif. Le bonheur a partie liée avec la sphère matérielle et se représente mentalement, la joie désigne davantage une vibration spirituelle ayant une manifestation émotionnelle. Pour le philosophe Clément Rosset, elle est même une « *force majeure* » de l'existence. Dans l'esprit de l'*amor fati* évoqué plus haut, certains y voient même une pratique de vie, une occasion d'éprouver intensément la pulsation du vivant en soi. Comment s'y exercer ?

D'une part, je fais de la joie **un choix *a priori***, une disposition presque irraisonnée. En apparence, il n'y a pas lieu de se réjouir de l'équation de nos vies professionnelle et personnelle. En même temps, le sourire intérieur ne conteste pas cette réalité, il nous conduit à accueillir ce qui advient avec une plus grande ouverture du cœur. Et si nous étions nés pour entretenir la flamme de la joie, contre vents et marées ?

J'ai connu une directrice des affaires sociales dans un de nos cycles didactiques qui avait en toutes circonstances une joie communicative ; sérieuse et légère à la fois, elle jubilait intérieurement de choses insignifiantes comme d'événements supposés grands, avec une égalité d'humeur et de vitalité qui me rendait admiratif. Cela ne l'empêchait pas de traverser des phases de doute et d'agacement, mais qu'elle semblait dissoudre bien vite dans un soupir souriant, entre deux bouffées de cigarette. Elle m'apprit par la suite que sa vie avait basculé il y a dix ans environ, quand son fils s'était suicidé. Non seulement elle y avait survécu, mais elle semblait trouver dans la joie une force de vie inaltérable.

D'autre part, je peux me réjouir à chaque instant pour **rendre hommage à la vie** qui me parcourt. Nous retrouvons cette jubilation émerveillée et pas si naïve dans beaucoup de chants sacrés, dont l'intention est bien de louer ce qui nous met en joie et de nous réjouir de l'acte de louange, et ainsi de suite… J'aime parler de « saut cantique » à propos de cette faculté de célébrer la vie nonobstant les tracas qui émaillent nos actions courantes. Cela me rappelle une autre participante d'un cycle didactique. À 59 ans, consultante en management et coach à ses heures, elle en paraissait 40. J'avais souvent la sensation qu'elle était la plus jeune de tout le groupe, tant elle cultivait sa gaieté et sa joie de vivre. Mais il y avait chez elle autre chose qu'une posture épicurienne : après des années de vie professionnelle tracée et parfois monotone, elle aimait éperdument sa liberté de mouvement, et se réjouissait chaque jour de pouvoir exercer ainsi son gagne-pain. Avec humilité, elle remerciait l'acquis de la profession de consultant indépendant et s'en contentait. Je crois secrètement que cette joie vive était sa principale prestation de services auprès de ses clients.

Enfin, la joie me ramène à une **plénitude intérieure** qui me rend plus étanche aux contingences matérielles ; la crise économique crée, à cet égard, une frontière invisible entre ceux dont l'énergie motrice est dépendante de l'argent, et les autres. Si je perds pied lorsque mon bonus de rémunération est gelé, que mon équipe échoue à un appel d'offres chez un client stratégique ou que mon projet patrimonial est ajourné, sans doute ai-je encore à progresser sur la voie de la plénitude, car l'essentiel m'échappe dès que je rends ma joie contingente des contre-performances que la vie professionnelle égrène. Sentir que ma joie est d'une trempe plus intime et plus forte que les circonstances de la vie peut me densifier dans mes choix de vie.

Je me souviens d'une directrice des ressources humaines qui souffrait des entorses qu'elle se voyait contrainte de faire par rapport à son éthique personnelle pour concilier des enjeux économiques, organisationnels et sociaux souvent complexes. Célibataire de 30 ans environ, diplômée de l'ESSEC, dévouée et plutôt réservée, elle se recroquevillait de plus en plus dans son rôle professionnel. Ses tourments étaient de plus en plus visibles et elle peinait à dépasser ses « états d'âme », comme les nommait son directeur général. Elle m'appela un jour pour me proposer un déjeuner, avec des airs de conspiratrice qui m'intriguèrent. Ce jour-là, elle m'annonça qu'après mûre réflexion elle allait prononcer ses vœux et rentrer dans les ordres. Sa décision était fluide, sa joie palpable, sa vocation semblait sincère. Elle avait choisi une communauté en lien avec la vie laïque, notamment les entreprises d'insertion et les chômeurs. Sans être exaltée ni transfigurée, elle allait composer un rôle économique en cohérence avec des aspirations plus profondes.

La vie active est loin de la vie contemplative ; la joie qui parcourt les deux sphères n'implique pas nécessairement de choisir l'une ou l'autre. Comment garder en soi une propension à se réjouir, ici et là ?

Éprouver l'efficacité de la louange

Les invocations, les louanges et les prières peuvent, sur un plan idéologique, sembler anachroniques dans le monde de l'entreprise. À juste titre, le soupçon sectaire n'est jamais loin quand il s'agit de développement personnel et professionnel. Pour autant, le fait de témoigner de la gratitude à autrui est une compétence reconnue en management et en vente, alors pourquoi ne pas remercier une force plus vaste ? Rendre grâce à ce qui nous dépasse est, par-delà tout endoctrinement et tout prosélytisme, une hygiène personnelle du leader que nous sommes en train de redécouvrir. Dans le mouvement intérieur qui consiste à honorer les énergies qui transcendent notre action, nous contactons une part sacrée de nous-mêmes, sans laquelle la bienveillance, la vision juste ou la mesure n'ont guère de fondement. Qui peut faire longtemps l'économie de cette humiliation volontaire qui sous-tend la réflexion et nous verticalise ?

Premièrement, la louange consiste à **donner sans attendre en retour**. En côtoyant des entreprises de toutes natures, il me semble illusoire de croire que le monde des affaires n'est mû que par l'intérêt individuel. Le marché n'est que la face fonctionnelle de mécanismes humains, affinitaires et aspirationnels bien plus subtils. Beaucoup de postes fonctionnels ont une compétence de service reposant, à y regarder de près, sur la générosité. Plutôt que de parler de clients-fournisseurs ou de réciprocité en mode projet, nous pouvons voir ces fonctions de support comme des offrandes permanentes, vouées à la fluidité humaine de l'entreprise. Ce qu'elles reçoivent en retour est, par définition, indirect, et est peut-être une invitation à mettre autant de générosité et de gratitude dans le contact que les clients et les opérationnels. La qualité d'accueil des hôtesses d'une entreprise n'est-elle pas un indice du climat au sein de celle-ci ?

J'ai connu une ancienne assistante de direction qui avait peu à peu gravi les échelons du cabinet de conseil anglo-saxon où elle était employée pour occuper un poste de responsable du développement des consultants et managers dans toute l'Europe. Insignifiante dans les organigrammes et les budgets de paie, elle était pourtant un rouage essentiel du fonctionnement culturel de l'entreprise. Modeste mais attentive, à l'écoute mais discrète, elle encourageait les uns, réconfortait les autres et instaurait un climat de travail fondé sur la confiance mutuelle et l'authenticité. Son sourire, en particulier, attendrissait les managers les plus glaciaux. Où trouvait-elle sa raison d'être ? Grâce aux preuves de sa contribution immatérielle : dans les modes d'interaction entre consultants, le feed-back devenait contagieux, la reconnaissance aussi.

Deuxièmement, je peux **apprendre à me recueillir**. Quelle que soit notre obédience, nous avons tous bénéfice à préserver un autel intérieur devant lequel nous pouvons nous incliner pour nous ressourcer. L'exaltation professionnelle n'a qu'un temps, et le coaching de soi repose avant tout sur un espace soustrait à l'agitation pour se retrouver et se laisser aller au mouvement intérieur : respirer, observer, méditer. Si je n'ai pas ce rendez-vous régulier avec moi-même, comment soutiendrai-je mon engagement dans l'action ?

J'ai travaillé avec une directrice générale dans l'industrie textile qui était mue par un enthousiasme exceptionnel. De culture espagnole et néerlandaise, elle s'enflammait pour des projets managériaux aux quatre coins de la planète, s'investissant dans plusieurs formations et lieux de développement personnel avec une énergie qui forçait l'admiration. C'était aussi une femme de pouvoir, dont l'autorité était souvent tranchante et sévère avec son équipe de direction. Voulant progresser dans ce registre, elle se lança dans un coaching individuel avec ce même enthousiasme. Peu à peu, sous l'effet du cadre de l'accompagnement, elle ralentit son rythme et redécouvrit sa peur du vide. Un jour, elle arriva épuisée à mon bureau, surmenée et désespérée par sa vanité activiste. Quand elle se retrouvait seule face à elle-même, elle se détestait. Elle apprit peu à peu à s'apprécier en prenant un temps de recueillement chaque jour ; ce n'était pas une méditation, tout juste une manière de se relier à un amour plus grand qu'elle, qui la protégeait et lui donnait de l'énergie. Aujourd'hui, elle est repartie à la conquête de 1 001 projets. A-t-elle préservé ce recueillement fragile ?

Troisièmement, nous pouvons **honorer intérieurement l'énergie invisible** qui fait que les choses ont lieu, tout simplement. Les actions de grâces ont peut-être pour fonction première de consacrer un instant profane, et lui donner du sens en prenant des précautions avec la vie active. Bénir, saluer, remercier ; à chacun son registre selon son référentiel. En réunion plénière, il est flagrant de percevoir l'efficacité des managers qui apportent un soin sincère à appeler et renvoyer les énergies supérieures en introduction et en conclusion. La parole de chacun peut alors circuler sans hostilité, et le niveau de conscience collective s'en trouve significativement augmenté.

J'ai connu une consœur de grand talent qui perfectionnait sa pratique du coaching de dirigeants dans l'un de nos cycles didactiques. Étrangère à l'entreprise mais thérapeute spécialiste de la PNL et de ses dérivés, elle se trouvait maladroite et souhaitait s'acculturer à l'univers des états-majors. Je fus touché qu'à chaque prise de parole, elle rayonne de gratitude et de reconnaissance – selon les circonstances, pour les intervenants, les autres participants, ou le fait d'être ensemble. Remercier était pour elle une constance, sans fausse modestie ni flagornerie. À l'issue de la session qu'elle suivit, elle n'avait pas beaucoup plus d'assurance pour aborder l'Entreprise (qu'elle s'imaginait en majuscule) ; mais elle était plus consciente de son humilité, et savait que les codes et les coutumes du monde des affaires n'étaient qu'un décor parmi d'autres d'une même comédie humaine.

3. *Accomplir sa vocation professionnelle*

Le développement des potentiels suppose que chacun a des ressources en puissance. À l'opposé d'un apprentissage extérieur, le coaching procède aussi de cet épanouissement de soi, vers ce qu'il faut bien appeler une vocation. Qui n'a jamais éprouvé le sentiment diffus d'une mission à accomplir au-delà de son quotidien de travail ? De quoi a-t-on besoin pour déployer ce trésor intérieur dans sa vie professionnelle ? Comment savoir si l'on est à sa juste place ?

Écouter la vibration qui nous appelle

La profession dépasse le métier ; elle suppose une profession de foi, un credo personnel et une voix qui nous appelle. Dans ses travaux sur l'esprit du capitalisme, Max Weber a souligné la proximité lexicale entre *Beruf* (profession) et *Berufung* (vocation). Cela peut sembler anachronique à l'heure où les carrières se font au gré des orientations fortuites d'études, des impératifs familiaux, des changements d'organisation et des aléas de l'existence. On est loin de la promesse enfantine : « Quand je serai grand, je serai... » Et pourtant, c'est d'une vocation plus souterraine et plus lente à émerger qu'il s'agit ici. Chacun d'entre nous recherche intimement un travail hors du commun, qui soit plus qu'un gagne-pain parfois grisant mais vide de sens. À s'y pencher de plus près, nous attendons du « job » idéal qu'il nous ressemble et qu'il nous exalte, en nous satisfaisant sur des plans immatériels. Il n'y a pas de travail à vocation noble dans l'absolu, c'est d'un ajustement subtil entre nous et l'univers que relève cette vocation. Comment trouver son chef-d'œuvre dans le flot de la vie professionnelle ?

D'un côté, je peux disposer d'une **boussole intérieure**. Il y a un sens ontologique du vivant, un programme d'expansion de la vie pour parler comme Teilhard de Chardin. Une pulsion de vie est à l'origine de toute motivation. Ce présupposé concerne aussi notre ADN professionnel, dont le sens caché figure dans la cohérence invisible de tout notre parcours professionnel. Un curriculum vitæ n'est que la face émergée de ces rencontres déterminantes, problématiques, récurrentes et de plus grands communs multiples entre toutes nos expériences. Notre avenir professionnel trouve souvent sa clé dans notre passé, incohérent en apparence. Loin d'une gestion divinatoire des carrières, nous avons à repérer simplement les lignes de force qui se dessinent depuis longtemps dans nos choix profession-nels, et en disent long sur nos aspirations et nos idéaux ; ici ou ailleurs, seul ou avec les autres, auprès d'une figure d'autorité masculine ou féminine, dans l'effort ou dans la facilité, sur un produit matériel ou immatériel, dans le petit commerce ou dans la grande industrie, etc. Notre mission est inscrite dans nos actes les plus élémentaires depuis toujours.

Il y a quelques années, j'ai rencontré une participante à l'un de nos cycles didactiques de formation au coaching de dirigeants. Ex-DRH, chasseur de têtes, elle avait un style décalé et une gouaille incomparable. Directe, volontiers provocante et affi-chant des positions tranchées sur les candidats et les clients, elle détonnait dans sa profession et avait construit un cabinet de recrutement reconnu et performant. Pendant cette année de développement personnel, elle souhaitait s'offrir une pause dans une carrière rapide et peu structurée à ses yeux. En effet, elle recomposa les pièces du puzzle de sa vie : en rupture avec une famille qui l'avait meurtrie, élevée par des grands-parents corses, elle avait traversé des moments de grande soli-tude professionnelle et personnelle, et s'était remise d'un cancer de l'utérus des années auparavant. Éprise de liberté, elle était à la fois élitiste et en quête d'approbation sociale, abrupte et généreuse, insoumise et pleine de respect. Peu à peu, elle comprit que l'énergie de révolte qui la traversait depuis toujours faisait d'elle une femme d'affaires passionnée et combative. Tout d'un coup, elle savait à quoi relier son énergie hors du commun, dans sa lignée familiale et dans un absolu féminin, qui était sa chance et son handicap au contact d'autrui. Dans sa lignée familiale, elle put se relier à cette éner-gie qui la portait, pour le pire et pour le meilleur. À 50 ans, elle se reconnaissait un destin et commençait à aimer sa vie.

D'un autre côté, je peux **me sentir guidé** dans les grandes occa-sions. Il y a une pulsation particulière de nos vies à ces instants que nous devinons décisifs. Cette vibration particulière de notre être, quand elle surgit, nous renseigne sur un rendez-vous important avec ce qu'il nous est donné d'accomplir. Ratio-naliser les signes du destin *a posteriori* est une chose, se sentir porté par une vibration particulière en vivant l'événement présent en est une autre. Parfois, on ne comprend que des années plus tard en quoi tel entretien de recrutement ou telle présentation devant le comité de direction furent déterminants pour notre vie professionnelle. Quand le stress ou la peur m'auraient paralysé en d'autres circonstances, je suis guidé par une force bienveillante qui prend alors le relais de mon énergie propre. Par une conscience acérée de ce qui me guide, ne suis-je pas en train de laisser ma vocation s'incarner ?

Une cliente dirigeante d'un groupe industriel, après une rupture sentimentale et un clash avec ses actionnaires qui l'avaient l'une et l'autre affectée, rentra chez elle un soir avec une lassitude et une envie d'évasion intenses. Sur son répondeur, une amie lui proposait d'utiliser son billet d'avion pour un séjour en Afrique australe, suite à un empêchement. Sans réfléchir, elle comprit que ce voyage était pour elle, et fit aussitôt ses bagages. Au cours de son séjour de huit jours au cœur d'une réserve, elle eut le sentiment de voir la nature dans son état originel et sauvage. Les femmes africaines qu'elle rencontra, et qui semblaient l'attendre et la connaître, les ciels qu'elle vit chaque soir, les transhumances auxquelles elle assista la touchaient au cœur, en lui parlant de son propre paradis intérieur : son talent pour accueillir et soutenir les autres. Elle rentra moins dépaysée que transplantée dans son *axis mundi*. Elle sentait, comme une évidence, que sa vocation était d'aider les autres à grandir dans leur humanité. Elle se lança dans un projet de commerce équitable. « *Qui sait à qui je rends service, aux femmes du village africain ou aux collaborateurs français ?* », me dit-elle à son retour. Puis, après une pause : « *C'est moi qui ai reçu un cadeau formidable, en me laissant guider.* »

Nous partageons tous le renoncement relatif à un rêve commun dans nos vies professionnelles : celui de concilier l'alimentaire et le vocationnel. Sommes-nous prêts à entendre cette voix qui nous rappelle à notre vieux rêve ?

En définitive, je peux **consigner mon rêve le plus ardent**. Je crois que le principal risque de la carrière professionnelle est de se perdre en cours de route. Garder en soi la flamme vive de nos espoirs inaboutis, de nos désirs inassouvis est une façon de rester vivant et motivé par quelque chose de plus grand que le travail lui-même. Que l'on soit junior ou senior, il n'y a pas d'âge pour rencontrer sa vocation, comme pour tomber amoureux. On se respecte profondément en cultivant la frustration, l'attente tranquille ou l'utopie intime qui nous animent, parfois dans des sentiments contradictoires. J'ai connu un client et ancien élève passionné d'histoire et de littérature. Il avait la chance et la malchance d'être l'un des trois fils du patron d'un groupe industriel mondial. Volontiers dandy, talentueux mais indolent, il avait rejoint le Groupe familial pour occuper divers postes de direction de projet, avec ardeur mais sans grande joie. À 35 ans, il promenait sa culture générale et son style germanopratin dans l'état-major d'une industrie lourde, à tous points de vue. Quand je lui confiai l'ennui et le gâchis que je percevais dans son existence professionnelle, je le vis peu à peu faire une place à ses vraies aspirations, nonobstant la pression sociale qu'il subissait de son plein gré. Je crois qu'il prit conscience qu'il était dans une dépression latente depuis son enfance, et que le temps de sa métamorphose approchait. Aurait-il la ressource pour sortir de sa chrysalide ?

Honorer la part sacrée en nous

Nous voici face à la dimension sacrée de notre mission professionnelle : vivre pour accomplir quelque chose de plus grand que ce que la reproduction sociale et psychologique nous pousse à faire. Immanence ou transcendance, essence ou existence, qu'importent les débats théologiques et philosophiques quant à notre vocation dans cette vie. Face au capitalisme tardif, notre vocation résiste à la taylorisation du monde, par sa fragilité et sa singularité mêmes. Voir le chef-d'œuvre derrière notre travail suppose cet « enracinement » dans le sacré dont parle Simone Weil, connexion avec une bonté qui nous dépasse (que l'on nomme amour, Dieu, ou force naturelle) et que nous expérimentons en renonçant à nos idoles égotiques. Comment faire pour honorer cette part sacrée qui s'incarne en nous *via* notre profession (de foi) ?

D'une part, je peux **suivre mon étoile**. En faisant l'hypothèse que mon intuition est toujours juste – c'est l'interprétation de mes actes qui peut être fausse –, je peux faire confiance aux détours que prend mon projet professionnel pour me conduire à ma place. Cette idée heurte nos représentations de la gestion active des carrières, avec un plan d'action rationnel et des choix volontaristes. Jusqu'à un certain point, cela fonctionne pour trouver un emploi convenable. Mais lorsqu'il s'agit de se réaliser professionnellement, comment faire sans écouter la voix de son cœur, sans crainte et avec réalisme ? Nul besoin d'être mystique pour croire en sa bonne étoile.

J'ai accompagné il y a quelques années le dirigeant d'une entreprise pharmaceutique qui avait de plus en plus de peine à se motiver le matin pour aller travailler. À 50 ans, il se sentait de moins en moins en phase avec les options stratégiques et éthiques de son secteur. Ce qu'il prit au début pour un vague à l'âme passager, puis pour un vieux réflexe rebelle, ne cessa de croître en lui. Quand il fut congédié par le conseil d'administration, il fut presque soulagé de cette liberté conditionnelle, qui le forçait à suivre sa pente. Rejoignant d'abord un cabinet de recrutement pour valoriser son portefeuille de contacts, avec comme clients ses anciens collègues, il ne tarda pas à s'apercevoir que le désir d'une autre réalisation professionnelle continuait à le tracasser. Confiant en son étoile mais plein de doutes sur lui-même, il attendait que l'étincelle se manifeste pour la saisir. Au cours d'un dîner entre amis, il entendit parler de la plus grande boutique de médecine naturelle de France qui cherchait repreneur. Il suivit son instinct et rencontra les propriétaires d'alors. En deux mois, il montait un tour de table d'investisseurs et rachetait cette officine pas comme les autres. Quand je le revis, il était bouleversé, tellement il s'y sentait à sa place, comme entrepreneur et comme être humain. Je l'ai revu récemment, toujours enthousiaste sur son activité assez florissante ; chaque produit, chaque soin et chaque client semblent faire vibrer son sentiment d'être utile dans cette pharmacie allopathique. Il en garde une gratitude immense. Mais envers qui ou quoi au juste ?

D'autre part, j'ai le choix **entre ce qui me grandit et ce qui me rétrécit** dans ma puissance intérieure. À côté d'un choix opportuniste de carrière autour de l'équation

« salaire + conditions de travail = sécurité matérielle »,

le besoin d'honorer ma part sacrée se fait entendre. Pour certains, il s'agit d'estime de soi, pour d'autres d'ascription, pour d'autres encore de créativité exercée ou de sentiment d'utilité comblé. Quand je suis complice de mes compromis, je choisis de m'autosaboter dans ma partie lumineuse, au prétexte de la comparaison avec autrui ou avec mon Surmoi, et alors je me rends sourd à cette possibilité de me révéler et m'épanouir « *beyond expectations* », comme disent les grilles d'évaluation des performances.

Il y a quelques années, j'ai accompagné la directrice de la communication d'un groupe de grande consommation, qui souffrait d'un comité de direction où le harcèlement moral était une constante. À 45 ans, elle s'était forgée un détachement cynique à l'égard de la nature humaine comme je n'en ai guère rencontré. Marquée par une jeunesse dorée mais sans attention ni tendresse, refaisant surface après un mariage grand bourgeois fait de violences conjugales subies pendant huit ans, elle menait son coaching comme on envoie un SOS après un naufrage : avec l'énergie du désespoir, mais sans vraiment y croire. Elle était paniquée à l'idée de manquer d'argent, et prête à tout accepter pour taire cette peur. « *Ma vie professionnelle m'indiffère autant que ma vie, seuls les moments passés avec mes deux fils ont du sens pour moi* », me disait-elle souvent. Nous prîmes du temps à reconstruire sa propre confiance en elle et en la vie. Elle se remit à rire, passant de la dérision à l'humour noir, puis à l'amusement et même à l'enthousiasme dans son action. Quelques mois plus tard, je la surpris faisant des projets autres que des options de repli, envisageant des postes internationaux et des secteurs qu'elle ne connaissait pas. Aujourd'hui, elle a changé d'entreprise, gardant un détachement élégant mais troquant son cynisme défensif pour une quiétude qui transpire à chacune de nos rencontres. Elle se voit désormais comme sa propre alliée, et non sa pire ennemie.

Enfin, je peux **faire des « sauts cantiques »**. J'appelle ainsi les moments d'ouverture au sacré qui ne manquent pas de surgir lorsque je laisse s'exprimer ma folie douce, mon ivresse immatérielle sans me soucier du qu'en-dira-t-on. En général, notre vocation n'a pas d'interstice pour s'exprimer dans le quotidien routinier, il lui faut un état altéré de conscience pour révéler le feu qui nous anime. Dans la préparation des discours stratégiques ou des séminaires d'équipe, les dirigeants que je rencontre ont besoin de cette transe pour qu'émerge d'eux la part la plus belle et la plus utile, en définitive.

Le dirigeant d'une entreprise de haute technologie en crise me surprenait à chaque séance par sa vision de plus en plus humaniste, habitée par quelque chose d'extra-économique. Sans tartuferie, il ne trouvait sa raison d'être que dans un « optimisme durable », finalité des technologies qu'il développait. Bien que gestionnaire pragmatique et exigeant, il parlait de la société civile et de l'écologie tantôt comme un politique inspiré, tantôt comme un prophète défroqué. Un divorce difficile lui avait ouvert la voie de ses propres émotions, de celles de son entourage, et par suite d'une compassion inouïe dans son action. Quand il intervenait devant des instances larges, internes à l'entreprise ou pas, je le trouvais presque transfiguré par cette mission immatérielle qu'il portait et incarnait avec brio. Paradoxalement, mon rôle consista peu à peu à lui faire doser ses envolées bucoliques pour s'exalter sans se mettre en danger… Était-ce juste ?

Exercer son Job

Nous voici au terme de ce voyage à la rencontre de la vocation professionnelle. S'ouvrir à une responsabilité transcendée par ce qui me dépasse, cultiver la joie et rendre grâce à l'énergie qui nourrit mon action, cela suffit-il à me faire rencontrer ma vocation ? N'est-ce pas un tableau simpliste et idyllique de nos parcours professionnels ?

Le développement professionnel est un chemin vers la lumière qui passe par les ténèbres. Derrière ce paradoxe surgit une évidence que nous peinons à accepter : ce n'est qu'en regardant mon ombre en face que je peux me surpasser et réaliser ce à quoi je suis appelé. Cette humiliation volontaire me semble incontournable pour se centrer sur soi, et non sur l'ego à la poursuite de ses chimères. Dans le coaching de soi, la stricte observance des principes actifs et la dévotion à notre puissance intérieure ne suffisent pas. Même le juste doit souffrir sur son chemin d'épanouissement personnel.

En somme, il faut s'exercer à être Job : car cette question de la souffrance du juste est au cœur du *Livre de Job* dans le canon biblique. Victime émissaire de ses amis docteurs de la foi pour René Girard, oublieux de sa verticalité et « *en exil de lui-même* » pour Annick de Souzenelle, Job est un antihéros tragique pour Jean Bottéro, qui marque l'avènement d'un dieu unique, absolument transcendant à la Création, origine et fin de tout. Que signifie, ici et maintenant, cette humiliation volontaire pour qu'une énergie plus vaste nous traverse ?

Primo, **tout ce qui m'arrive est juste**. Cette acceptation inconditionnelle, plus facile à énoncer qu'à pratiquer, nécessite un chemin préalable de reconnaissance et d'armistice avec nos ombres et nos volontés d'en découdre avec le réel. Quand je suis à l'endroit où tout ce qui advient est juste selon un ordre des choses qui me dépasse, je peux me laisser pénétrer par la vie sous toutes ses formes, et me dépouiller de tout ce qui entrave mon humilité et ma joie.

J'ai accompagné en supervision un coach de dirigeants d'une quarantaine d'années plein d'énergie, talentueux et insouciant. Un matin, il vint à la session de supervision avec une mine blême. Il venait d'apprendre qu'il était atteint d'un cancer. Son rêve de puissance s'effondrait, ses peurs et sa culpabilité ressurgissaient. Je le vis passer par toutes les phases de déni, de négociation illusoire, puis de détresse et de renaissance. Mais cette dernière étape fut lente à apparaître, tant il menait un combat intérieur avec celui qu'il était auparavant. Au-delà des mots et des postures, il éprouva ce que signifiait de pratiquer le développement personnel, corps et âme. À mesure que le cancer prenait de la place, et du sens dans sa vie, il approfondissait son rapport à soi et aux autres, à la vie et à la mort, au matériel et au spirituel, à la mécanique médicale et à la santé holistique, à la vérité et à l'amour. D'un grand professionnel, la maladie avait fait un être en éveil. À l'heure où j'écris ces lignes, il n'est pas guéri, pas même en rémission. Mais son étoffe et sa beauté grandissantes au fil des mois ne sont-elles pas une forme de salut ?

Secundo, **toute transformation est subversive.** Le chemin vers soi est sans retour, avec tous les risques que signifie cette irréversibilité. Plus j'avance sur mon chemin à l'écoute de ma voix intérieure, plus je m'éloigne de mes propres sentiers battus. Rien n'est sacré en soi, c'est l'intention que je mets dans mes actes qui les rend sacrés ou profanes. Pourquoi la vie professionnelle échapperait-elle à cette loi symbolique ? En nous laissant transformer par les avatars de notre vie professionnelle, nous prenons part à un tremblement de terre dans notre référentiel cognitif et émotionnel. Le sens naît d'un processus d'abandon de vieilles lunes et de purification de nos intentions et de nos actes. Êtes-vous prêt à cette initiation ?

Un ancien collègue devenu ami était un consultant passionné et passionnant, plein de convictions, et d'idéologie humaniste qui lui valait souvent l'ire de sa hiérarchie. Père de cinq enfants, ingénieur passionné par l'action publique, il démissionna de son cabinet pour un poste de chargé de mission dans un ministère. Son salaire réduit de moitié, il déchanta, ses idéaux se heurtant à la réalité bureaucratique de son job. Lorsque sa femme lui annonça qu'elle demandait le divorce après des années de disputes violentes, sa vie bascula. De sa descente aux enfers, il fit une renaissance. Je vis cet athée méfiant à l'égard de tout développement personnel se former à la communication non violente, engager plusieurs thérapies où il prit conscience de souffrances inouïes qu'il avait occultées dans sa vie. Sa souffrance toujours vive est devenue un aiguillon, puis une rédemption laïque. Quand je le vois, je ne le reconnais plus et le trouve tellement plus incarné et proche, de cœur à cœur.

Tertio, nous faisons l'expérience de **mourir et renaître, à l'infini**. C'est dans cette vie-ci (professionnelle *a fortiori*) que nous sommes amenés sans cesse à muer, à laisser nos oripeaux pour aller vers le plus essentiel de nous-mêmes. Ces morts et ces naissances symboliques sont des étapes bien réelles d'accomplissement : enterrer une fausse image de soi, faire le deuil d'un projet dénué de sens, laisser derrière soi des véhicules de réussite qui finissent par être des gares terminus – tous ces processus s'accompagnent de souffrances psychiques, physiques et émotionnelles qui sont autant de chapitres que l'on clôt dans la douleur, en général. Personnellement, je ne sais pas faire autrement pour renaître à la vie, à mon enfant intérieur, à mon adulte responsable, à mon parent aimant.

Je me souviens des tournants majeurs de ma vie grâce aux épisodes de lessivage-essorage internes dont ils s'accompagnent. Derrière mes passages à vide, il y a des passages à niveau, mes somatisations ont toujours signalé un moment de mutation intense. Quand je vais mal, que le sol se dérobe sous mes pas, moi qui ne quittais jamais ma trousse à pharmacie, j'ai appris à ne plus avoir peur, en acceptant de souffrir momentanément et en faisant confiance à la vie. Parfois l'épreuve face à mes ombres est longue, parfois je suis K.O. debout tellement mon ego résiste, et toujours le même processus se produit : lorsque je n'y comprends plus rien, démuni, épuisé ou impuissant, je suis disposé à m'attendrir et « *laisser entrer le soleil* », comme chantait Hair… Il me reste ensuite une gratitude et une compassion toujours plus denses. Le voyage en vaut la peine, même si je n'en suis que le touriste.

Le chemin de Job est une voie aride et inattendue pour le coaching de soi. Peut-être la vie professionnelle n'a-t-elle pas plus de sens que la danse des derviches tourneurs ? Une agitation continuelle et insensée pour qu'enfin, dans une transe où le mental est court-circuité, nous laissions la vocation sacrée nous envahir et crier : alléluia !

Exercice n° 25 : Quelle est ma mission sacrée ?

Installez-vous confortablement dans votre siège, posez les deux pieds bien à plat sur le sol et imaginez qu'un fil doré part de votre tête et vous relie verticalement au ciel. En revisitant les activités que vous avez exercées depuis le début de votre vie professionnelle, même les plus insignifiantes en apparence, répondez aux questions suivantes.

Quel est le point commun que je discerne dans toutes mes actions ?

....

....

À la fin de ma vie, à quoi verrai-je qu'elle a valu la peine d'être vécue ?

....

....

Si je la rencontre un jour, à quoi reconnaîtrai-je ma vocation ?

....

....

Le retour
de la vocation professionnelle

Que diront les archéologues du futur de l'époque actuelle ? Que restera-t-il du monde de l'entreprise, de ses avatars du XXIe siècle que sont le leadership et le coaching ? Ils témoigneront sans doute de deux phénomènes.

Demain, tous coachs de soi

D'un côté, l'accroissement des richesses matérielles détruit du sens : plus les entreprises se standardisent autour d'un modèle unique, plus la professionnalisation tue les spécificités culturelles qui nourrissent ce qui nous lie à notre travail. L'immédiateté promise par les nouvelles technologies abolit le présent, et nous jette dans un système de production amnésique où le sujet n'a plus beaucoup de place. La souffrance individuelle et la violence collective ont de beaux jours devant elles.

De l'autre côté, l'appel d'être en chacun de nous s'amplifie. Beaucoup de personnes, managers, consultants, DRH sont en chemin dans une quête plus essentielle que les mirages de la réussite professionnelle. Refusant le « prêt-à-penser » managérial et les sagesses pour temps incertains que sont le cynisme, le stoïcisme et l'épicurisme, ils sont nombreux à mener un travail personnel en profondeur, qui englobe la pratique d'exercices philosophiques ou spirituels, l'exploration des nouvelles disciplines de l'âme et la recherche métaphysique. Les nouvelles cathédrales sont à l'intérieur de chacun de nous.

Il se pourrait bien que l'économie de l'entreprise nous mette au défi de concilier cette aporie extérieure avec notre vitalité intérieure. Ce livre est une tentative parmi d'autres pour guérir de l'utilitarisme en commençant par nous-mêmes. En faisant escale à bord du coaching de soi, nous avons retissé le fil de cette vocation qui revient nous questionner sur la finalité de nos vies professionnelles. De quoi est-ce annonciateur ?

Le leader héliocentré

Le coaching n'est pas l'aboutissement du management par la performance : parcouru de contradictions et d'ambiguïtés, c'est une praxis hybride où le pire côtoie souvent le meilleur. En panne d'essence, on n'en finit pas d'annoncer un nouveau paradigme de l'entreprise : la nouvelle économie, l'entreprise 2.0, l'éco-responsabilité… Le niveau de conscience planétaire est en hausse, et je ne vois pas ce qui pourrait l'arrêter. Car un mouvement tellurique est en marche, qui révolutionne nos façons de penser et d'agir en entreprise : l'homme émancipé du sacré est un barbare en puissance. Après deux-cent cinquante ans d'« aveuglantes Lumières », nous avons rendez-vous avec un humanisme plus humble et moins égocentrique, plus libre et plus mesuré. À côté des sciences de gestion, nous redécouvrons la nécessité d'une gnose managériale, laissant sa part aux mystères de la fragilité humaine, de l'intelligence collective et du besoin de verticalité qui sommeillent en chacun.

Le Coaching de soi nous incite à retrouver une transcendance extra-économique pour gouverner le monde. La valorisation croissante de la performance immatérielle produit un leadership plus incarné et plus inspiré, où l'intention compte autant que le résultat. Tandis que la frontière entre vie privée et vie professionnelle s'estompe, nous aurons de plus en plus

© Groupe Eyrolles

affaire à des salariés, des actionnaires et des clients citoyens du monde et préoccupés de leur écologie personnelle. Saurons-nous y faire face ?

Êtes-vous prêt pour le Nouveau Monde ?

Les lecteurs qui se retrouvent dans ces lignes sont les précurseurs de ce nouveau rapport à soi, dans leur travail et au-delà. Ces leaders, artistes, thérapeutes, artisans ou experts sont les pionniers de ce Nouveau Monde, où l'espace intérieur de leurs vies est un temple à entretenir. Ils se reconnaissent en une ligne de conduite qui n'a pas sacrifié la logique du cœur au profit de la raison cartésienne. Ils savent que le développement personnel relève d'un mouvement centripète et non centrifuge à partir de leurs zones de faille. Ils savent que leur vocation professionnelle les conduit de l'avoir vers l'être. Ils savent écouter leurs voix pour tracer leur voie. Et ils savent aussi que tout ce qu'ils croient savoir n'est rien au regard de ce qui les attend dans ce chemin d'éveil à soi. Il n'y a rien à faire : juste être là pour s'émerveiller du vivant, honorer l'énergie qui nous porte et saluer la magie qui opère, en silence.

Table des exercices

Bibliographie

Introduction : L'imparfait du subjectif

Michel Foucault, *L'Herméneutique du sujet : Cours au Collège de France (1981-1982)*, Seuil, 2001.

Emmanuel Levinas, *Totalité et infini*, Martinus Nijhoff, 1971.

Robert Misrahi, *La Jouissance d'être*, Les Belles Lettres, 2009.

François Roustang, *Savoir attendre*, Odile Jacob, 2006.

Sénèque, *La Vie heureuse*, Flammarion, 2005.

Daniel Sibony, *Don de soi ou partage de soi ?*, Odile Jacob, 2000.

Annick de Souzenelle, *Manifeste pour une mutation intérieure*, Le Relié, 2003.

Chapitre 1 : Apprendre à s'intérioriser

Chris Argyris, *Teaching Smart People How to Learn*, Harvard Business School Press, 2008.

Jacques Derrida, Jürgen Habermas, *Le Concept du 11-Septembre*, Galilée, 2004.

Norbert Elias, *La Civilisation des mœurs*, Calmann-Lévy, 1991.

Thich Nhat Hanh, *La Colère*, Jean-Claude Lattès, 2002.

Théodore Monod, *Le Chercheur d'absolu*, Le Cherche Midi, 1997.

Mathieu Ricard, *L'Art de la méditation*, Nil, 2008.

Marshall B. Rosenberg, *Les Mots sont des fenêtres : Introduction à la communication non violente*, La Découverte, 1999.

François Roustang, *Influence*, Éditions de Minuit, 1991.

François Roustang, *La Fin de la plainte*, Odile Jacob, 2001.

François Roustang, *Le Thérapeute et son patient*, Aube, 2003.

Jacques Salomé, *Le Courage d'être soi*, Le Relié, 2005.

Ken Wilber, *Le Livre de la vision intégrale*, InterÉditions, 2008.

Chapitre 2 : Faire vœu de simplicité

Jean-Léon Beauvois, Robert-Vincent Joule, *Petit traité de manipulation à l'usage des honnêtes gens*, Presses universitaires de Grenoble, 2004.

Mihaly Csikszentmihalyi, *Vivre : La psychologie du bonheur*, Robert Laffont, 2004.

François Garagnon, *Jade et les sacrés mystères de la vie*, Distribooks, 2002.

Joseph Kessel, *Les Mains du miracle*, Gallimard, 1960.

Philippe Léotard, *Clinique de la raison close*, Les Belles Lettres, 1997.

Roger von Oech, *Expect the Unexpected or You Won't Find it*, Berret-Koehler, 2002.

Marshall Rosenberg, *Les Mots sont des fenêtres*, La Découverte, 2004.

Andreu Solé, *Créateurs de mondes*, Éditions du Rocher, 2000.

Chapitre 3 : Reconnaître son enfant intérieur

Marie Balmary, *La Divine Origine*, Grasset, 1993.

Bruno Bettelheim, *Psychanalyse des contes de fées*, Robert Laffont, 2003.

Claire Carrier, *Le Champion, sa vie, sa mort, psychanalyse de l'exploit*, Bayard, 2002.

Françoise Dolto, *La Cause des enfants*, Robert Laffont, 1985.

Françoise Dolto, *Tout est langage*, Gallimard, 1994.

Françoise Dolto, *Parler juste aux enfants*, Gallimard, 2002.

Paul Grimault, *Le Roi et l'Oiseau*, DVD Studio Canal, 1980.

Nancy Huston, *Lignes de faille*, Actes Sud, 2006.

Kathleen Kelley-Lainé, *Peter Pan ou l'enfant triste*, Calmann-Lévy, 2005.

Joy Manné, *Les Constellations familiales*, Jouvence Éditions, 2005.

Michel Meyer, *Petite métaphysique de la différence*, PUF, 2008.

Alice Miller, *Le Drame de l'enfant doué*, PUF, 1992.

Alice Miller, *C'est pour ton bien*, Aubier, 1998.

Daniel Pennac, *Chagrin d'école*, NRF Gallimard, 2007.

Jean Racine, *La Thébaïde ou les Frères ennemis*, Théâtre complet vol. 1, Gallimard, 1993.

Antoine de Saint Exupéry, *Le Petit Prince*, Gallimard, 1999.

Annick de Souzenelle, *Œdipe intérieur*, Albin Michel, 1998.

Gunthard Weber, *Zweierlei Glück*, Carl Auer Verlag, Heidelberg, 1999.

Donald Winnicott, *Jeu et réalité*, Gallimard, 1975.

Chapitre 4 : Accepter ses quatre vérités

Saint Augustin, *La Cité de Dieu*, Gallimard, Bibliothèque de la Pléiade, 2001.

Eugène Enriquez, *L'Organisation en analyse*, PUF, 2000.

Victor Frankl, *Découvrir un sens à sa vie*, Éditions de l'Homme, 1998.

Henri Gougaud, *Les Sept Plumes de l'aigle*, Seuil, 2002.

Daniel Grosjean, *Trouver la force d'oser*, InterÉditions, 2006.

Byron Katie, *Aimer ce qui est, vers la fin de la souffrance*, Ariane, 2003.

Françoise Kourilsky, *Du désir au plaisir de changer*, Dunod, 1995.

James Lawley, Penny Tompkins, *Des métaphores dans la tête*, InterÉditions, 2006.

Arouna Lipschitz, *L'Un n'empêche pas l'autre*, Le Souffle d'Or, 2003.

Myriam Orazzo, *Trop stressé(e) ?*, InterÉditions, 2003.

Scott Peck, *Le Chemin le moins fréquenté*, Robert Laffont, 2002.

Platon, *Théétète*, Flammarion, 1999.

Michel Serres, *Les Cinq Sens*, Grasset, 1985.

Michel Serres, *Genèse*, Grasset, 1986.

Christiane Singer, *Où cours-tu ? Ne sais-tu pas que le ciel est en toi ?*, Albin Michel, 2001.

Paul Watzlawick, *Changements, paradoxes et psychothérapie*, Seuil, 1975.

Chapitre 5 : Apprendre à échouer

Boris Cyrulnik, *Un merveilleux malheur*, Odile Jacob, 1999.

Antonio Damasio, *L'Erreur de Descartes*, Odile Jacob, 1997.

Emotional freedom technique (EFT) : http://eftfrance.free.fr.

Robert Fisher, *Le Chevalier à l'armure rouillée*, Ambre, 2009.

Jay Haley, *Un thérapeute hors du commun*, Desclée de Brouwer, 2007.

Alice Miller, *L'Avenir du drame de l'enfant doué*, PUF, 1999.

Henry Mintzberg, *Des managers des vrais, pas des MBA*, Éditions d'Organisation, 2005.

Théodore Monod, *Révérence à la vie*, LGF, 2002.

Marc-Alain Ouaknin, *Dieu et l'art de la pêche à la ligne*, Bayard, 2001.

John Renesh, *Conscious leadership*, Brown Heron, San Francisco, 2002.

Peter Senge, Alain Gauthier, *La Cinquième Discipline*, First, 1992.

Michel Serres, *Genèse*, Grasset, 1986.

Daniel Sibony, *Entre-deux*, Seuil, 2003.

Irvin Yalom, *Le Bourreau de l'amour*, Galaade, 2007.

Chapitre 6 : Transmettre un capital symbolique

Roger Caillois, *L'Homme et le Sacré*, Flammarion, 1988.

Joseph Campbell, *Le Héros aux mille et un visages*, Robert Laffont, 1977.

Régis Debray, *Critique de la raison politique*, NRF Gallimard, 1981.

Régis Debray, *Vie et mort de l'image*, Gallimard, 1985.

Umberto Eco, *Comment voyager avec un saumon*, Grasset, 1998.

Mircea Eliade, *Le Sacré et le Profane*, Gallimard, 1987.

Jean-Claude Guillebaud, *La Refondation du monde*, Seuil, 2008.

Lynne McTaggart, *L'Univers informé*, Ariane, 2005.

Georg Steiner, *Dans le château de Barbe bleue*, Gallimard, 1986.

Chapitre 7 : Masculin-féminin : s'assumer sans dualité

Carlos Castaneda, *Histoires de pouvoir*, Gallimard, 1974.

Carlos Castaneda, *Passes magiques*, Éditions du Rocher, 1988.

Robert Castel, *La gestion des risques : De l'anti-psychiatrie à l'après-analyse*, Éditions de Minuit, 1981.

Paolo Coelho, *Manuel du guerrier de la lumière*, Anne Carrière, 2004.

Guy Corneau, *Père manquant fils manqué*, Éditions de l'Homme, 2003.

David Deida, *The Way of the Superior Man*, Sounds true Inc, San Francisco, 2004.

Norbert Elias, *La Civilisation des mœurs*, Calmann-Lévy, 1974.

Michel Foucault, *Histoire de la sexualité*, NRF Gallimard, 1984.

Jean-Luc Godard, *Masculin féminin*, GCTHV, 1968.

Erving Goffman, *Gender Advertisements*, Harper Collins, London, 1979.

Edward T. Hall, *La Dimension cachée*, Seuil, 1971.

Carl Gustav Jung, *Les Racines de la conscience : Études de l'archétype*, Buchet Chastel, 1995.

Jean-Yves Leloup, *Une femme innombrable*, Albin Michel, 2002.

Arouna Lipschitz, *L'Un n'empêche pas l'autre*, Le Souffle d'Or, 2003.

Jean-François Lyotard, *Le Différend*, Éditions de Minuit, 1984.

Friedrich Nietzsche, *Ainsi parlait Zarathoustra*, Flammarion, 2006.

Pier Paolo Pasolini, *Médée*, GCTHV, 1969.

Daniel Quinn, *Ishmaël*, Anne Carrière, 1997.

Virginia Woolf, *Orlando*, Delamain et Bouteleau, 1957.

Chapitre 8 : Pratiquer le mimétisme compassionnel

Hannah Arendt, *Le Concept d'amour chez Augustin*, Rivages, 2000.

Saint Augustin, *Confessions*, Gallimard, Bibliothèque de la Pléiade, 1998.

Catherine Bensaïd, Jean-Yves Leloup, *Qui aime quand je t'aime ?*, Albin Michel, 2005.

Carlos Castaneda, *L'Herbe du diable et la Petite Fumée*, Christian Bourgois, 2002.

David Cooperrider, *Constructive Discourse and Human Organisation*, Elsevier, New York, 2004.

Emile Durkheim, *Le Suicide*, PUF, 2007.

André Gide, *Les Nourritures terrestres*, Gallimard, 1977.

René Girard, *Des choses cachées depuis la fondation du monde*, LGF, 1983.

René Girard, *Le Bouc émissaire*, LGF, 1986.

René Girard, *La Violence et le Sacré*, Hachette Littératures, 1998.

René Girard, *Je vois Satan tomber comme l'éclair*, Grasset, 1999.

Pier Paolo Pasolini, *L'Évangile selon saint Matthieu*, Carlotta, 1964.

Daniel Sibony, *Les Trois Monothéismes*, Seuil, 1992.

Morrnah Simeona, *L'Identité de soi-même par Ho'oponopono*, Pacifica Seminars, Honolulu, 1990.

Chapitre 9 : *Amor fati*, rendre grâce à ce qui nous transcende

Jean Bottéro, *Naissance de Dieu*, Gallimard, 1986.

Pierre Teilhard de Chardin, *Le Milieu divin*, Seuil, 1998.

Gilles Deleuze, Félix Guattari, *Capitalisme et schizophrénie : L'anti-Œdipe*, Éditions de Minuit, 1972.

René Girard, *La Route antique des hommes pervers*, LGF, 1988.

Esther Hicks, *La Loi de l'attraction*, Guy Trédaniel, 2008.

Friedrich Nietzsche, *Le Gai Savoir*, Gallimard, 1989.

Wilhelm Reich, *Écoute petit homme !*, Payot, 1990.

Clément Rosset, *La Force majeure*, Éditions de Minuit, 1983.

Annick de Souzenelle, *Job sur le chemin de la lumière*, Albin Michel, 1999.

Baruch Spinoza, *L'Éthique*, Gallimard, 1994.

Max Weber, *L'Éthique protestante et l'Esprit du capitalisme*, Pocket, 1989.

Simone Weil, *La Pesanteur et la Grâce*, Pocket, 1993.

Conclusion : Le retour de la vocation professionnelle

Raymond Abellio, *Approches de la nouvelle gnose*, Gallimard, 1981.

Régis Debray, *Aveuglantes lumières*, Gallimard, 2006.

Henri Gougaud, *Le Rire de la grenouille : Petit traité de philosophie artisanale*, Carnets Nord, 2008.

Jean-Marie Gustave Le Clézio, *L'Inconnu sur la terre*, Gallimard, 1978.

Michel Serres, *Hominescence*, Le Pommier, 2001.

Darius Shayegan, *La Lumière vient de l'Occident*, Éditions de l'Aube, 2001.

Index

www.ingramcontent.com/pod-product-compliance
Lightning Source LLC
Chambersburg PA
CBHW061126220326
41599CB00024B/4179